Attilio Brilli
Als Reisen eine Kunst war

Attilio Brilli

Als Reisen eine Kunst war
Vom Beginn des modernen Tourismus:
Die ›Grand Tour‹

Aus dem Italienischen von
Annette Kopetzki

Verlag Klaus Wagenbach   Berlin

Die italienische Originalausgabe erschien 1995 unter dem Titel
Quando viaggiare era un 'arte bei Società Editrice il Mulino, Bologna

Wagenbachs Taschenbuch 274
Originalausgabe

© 1995 Società Editrice il Mulino, Bologna
© 1997 für die deutsche Ausgabe: Verlag Klaus Wagenbach, Ahornstraße 4,
10787 Berlin. Umschlaggestaltung Groothuis+Malsy unter Verwendung
einer Radierung aus der *Voyage pittoresque en Italie* von de Musset, Paris
1780. Das Karnickel auf Seite 1 zeichnete Horst Rudolph. Gedruckt auf
chlor- und säurefreiem Papier und gebunden durch die Druckerei Wagner,
Nördlingen. Printed in Germany. Alle Rechte vorbehalten.
ISBN 3 8031 2275 9

Die Reisewirklichkeit: die Stunden in der Kutsche

Poststationen, Gasthäuser und Herbergen

Schlußwort

Zur Orientierung auf der ›Grand Tour‹

Bevor es auf die Reise geht

»Wie gerne wird doch gegen das Reisen gepredigt! Laurence Sterne, der an die Engländer schrieb, sie sollten nur ja zu Hause bleiben, war ständig auf Reisen; und der Cavaliere Pindemonte reiste, veröffentlichte eine Predigt gegen das Reisen und ging dann wieder auf Reisen. Statt vieler Predigten, die vom praktischen Tun dann doch widerlegt werden, wünschte ich mir, jemand schriebe endlich ein wirklich nützliches Büchlein darüber, ›wie man mit Gewinn und Nutzen reist‹.«
Ugo Foscolo an Gian Battista Giovio da Brescia, 27. August 1807

Wer auf Reisen sei, sagte Montaigne, dem ergehe es wie denjenigen, die, während sie noch in die Lektüre eines Buches vertieft sind, schon befürchten, es werde zu früh enden. Der Vergleich läßt sich ebensogut umkehren, zumal das Lesen sich schon immer des Wortschatzes bedient hat, der für die Schilderung gefahrvoller Reisen üblich ist. Es soll also nicht verwundern, wenn wir die Lektüre dieses Buches als eine Reise durch die Welt des Reisens betrachten und dem Leser einige nützliche Informationen über die Strecke auf seine Reise mitgeben. Daß dieses Buch seinen Anfang in weiter Ferne nimmt, ist selbstverständlich. Da es sich mit dem kulturellen Phänomen der Grand Tour beschäftigt, macht es seine ersten Schritte in den Heimatländern derjenigen, die sich zwischen dem 16. und dem 19. Jahrhundert anschicken, eine Rundfahrt durch Europa und Italien zu unternehmen. So können zunächst einmal die komplexen und sich ständig wandelnden Denkweisen, die Beweggründe, die ästhetischen Einstellungen, die Geschmäcker und Vorlieben untersucht werden, die dem (zunächst in Europa, später auch in Amerika) so bedeutenden Phänomen des Reisens zum Zwecke der Erziehung, der Bildung und der Zerstreuung vorausgehen und zu seiner Verbreitung beitragen.

Der Reisende, der in diesem langen Zeitraum über die Straßen Europas fährt, ist ein weltlicher Pilger, der den Wegen nachgeht, die das Wissen der Menschheit seit der Antike genommen hat. Sie gelten ihm als Wege zur Erkenntnis, ob es sich nun um einen jungen Mann handelt, der soeben seine Studien beendet hat, um einen Lehrling im diplomatischen Dienst, um einen Naturphilosophen oder um einen Kunstsammler. Eine besondere Rolle ist den weiblichen Reisenden vorbehalten, die mit dem 18. Jahrhundert zu Hauptfiguren dieser kulturellen Gepflogenheit werden und höchstes literarisches Ansehen genießen. Als unsterbliches »Land der Klassik«, als Ursprung und unbestrittener Hüter der künstlerischen Tradition bildet Italien das eigentliche Ziel der großen Rundreise durch die Länder Europas, und es ist das Land, in dem amerikanische Schriftsteller und Künstler sehnlichst wünschen, Station zu machen. Da die ersten Akteure und Nutznießer der Bildungsreise junge Menschen sind, die in ihren jeweiligen Heimatländern soeben ein Studium beendet haben, darf man zu Recht davon sprechen, daß Italien über einen langen historischen Zeitraum hinweg der Ort ist, wo, um einen gelungenen Werbespruch zu paraphrasieren, die Jugend Europa begegnet.

Ein weiteres Thema des Buches bildet die Reise als Ortsveränderung, bei der es um den Besuch und das Kennenlernen bestimmer Stätten geht. Wir werden untersuchen, wie die Bedeutung einzelner Reiseziele je nach Jahreszeit wechselt, und einen Überblick über die vorgeschriebenen Aufenthalte in den berühmtesten Städten geben. Zu diesem Teil gehört eine Rekonstruktion der meistbefahrenen Strecken Europas und der Wege, die die Globetrotter auf der italienischen Halbinsel einschlagen, von den Alpen über die Ebene von Paestum bis nach Sizilien.

Heute neigen wir dazu, eine Reise als schnellen Wechsel von einem zu einem beliebigen anderen Ort dieses Planeten anzusehen. Früher war das Reisen ein einschneidendes Erlebnis, das geduldige Vorbereitung und großes organisatorisches Geschick erforderte. Das Gelingen einer Reise, die Monate,

1 J.M.W. Turner, *Die Mole von Calais*
Französische Fischer machen sich zum Auslaufen fertig,
das englische Paketboot läuft ein, 1803

wenn nicht, wie die Grand Tour, Jahre dauern konnte, hing
von den Erfindungen der Technik und von der Unterstützung
der Handwerkskünste ab. Wagenbauer, Tischler, Schmiede,
Sattler, Tapezierer sind nur einige der Handwerker, die damit
beschäftigt waren, wendige und robuste Fahrzeuge zu bauen.
Außerdem wurden sie gebraucht, um *nécessaires de voyage* herzustellen, die das häufig unterbrochene Vorankommen auf den
Straßen Europas weniger beschwerlich machen sollten. Ein
Teil dieses Buches ist daher den materiellen Aspekten der
Reise gewidmet, denn es gibt zwar eine umfangreiche Literatur über das Reisen, doch sie hat bekanntlich die hartnäckige
Angewohnheit, kein Wort über die endlosen Stunden zu verlieren, die in der Kutsche und beim Warten auf den Pferdewechsel oder auf die nächste Postkutsche verbracht wurden.
  Ungeachtet der kaum vorstellbaren Zwischenfälle und Unannehmlichkeiten, mit denen der Reisende früherer Zeiten auf
den Straßen wie in den ungastlichen Wirtshäusern rechnen

mußte, haben die fortgeschrittensten Kulturen das Reisen immer gepriesen: als nützliche Gegenüberstellung des Bekannten mit dem Unbekannten, des Vertrauten mit dem Fremden, und daher als einen Weg, menschlich zu reifen und sich geistig wie körperlich zu erneuern. Seinem Sohn, der wegen eines Schadens an der Kutsche zu Fuß weitergehen mußte, gab Lord Chesterfield zu Bedenken, daß die Grand Tour mit all ihren Mühen und Wonnen im Grunde eine Metapher der Reise durch das Leben sei. Man darf sagen, daß so unterschiedliche Kulturen wie die britische, die deutsche oder niederländische das Reisen vor allem als eine Kunst betrachteten, eine Tätigkeit, die von Anfang bis Ende mit Umsicht, Sorgfalt und Hingabe ausgeübt werden mußte. Es sind nun eben die Regeln dieser Kunst, die, ausgehend vom Beispiel der Grand Tour bis hin zu Überlegungen über das Schicksal des Reisenden unserer Zeit, auf den folgenden Seiten deutlich werden sollen.

Die Grand Tour ist bekanntlich ein typisches Phänomen des 18. Jahrhunderts. Unsere Untersuchung reicht jedoch weit über das 18. Jahrhundert hinaus. Auf der einen Seite geht sie zurück bis zum elisabethanischen Zeitalter, in dem das Reisen zur Mode wurde und Francis Bacon einen entsprechenden Regelkanon aufstellte. Auf der anderen erstreckt sie sich bis zur Mitte des 19. Jahrhunderts, als sich mit der Eröffnung wichtiger Eisenbahnstrecken, der Veröffentlichung der ersten Baedeker und dem genialen Unternehmen Thomas Cooks die Bedeutung, die Philosophie und der Zweck des Reisens radikal verändern. Eine Veränderung, die John Ruskin mehrmals mit einer Mischung aus Wehmut und Groll konstatierte. Wir erinnern an seine prophetischen Worte: »Die Menschen haben nicht besonders viel von der Welt gesehen, als sie langsam vorankamen, es ist kaum zu erwarten, daß sie mehr sehen, wenn sie schnell vorankommen!«

Kunst- und Literaturgeschichte der Grand Tour

Die Vorgeschichte der modernen Bildungsreise

»Homer stellt uns Odysseus als den weisesten aller Griechen vor, denn er war viel gereist und hatte die Städte und Sitten vieler Völker gesehen (...). Auch der junge Mensch von heute sollte nach Italien reisen und seinen Geist durch die Größe und die Grundsätze eines Landes bereichern, das die ganze Welt zivilisiert hat und die Menschheit lehrte, was es bedeutet, Mensch zu sein.« So beginnt der berühmte Führer von Richard Lassels, *An Italian Voyage*, aus dem Jahre 1635. Was im englischen Adel Mode geworden war, die Reise auf den Kontinent, hatte bereits ein breites Echo in Shakespeares Theaterstücken gefunden, von wo es noch heute mit unverminderter Lebendigkeit widerhallt. Im *Kaufmann von Venedig* zum Beispiel fertigt die schöne Portia den jungen Werber aus England mit der spöttischen Bemerkung ab: »Wie seltsam er gekleidet ist! Ich glaube, er hat sein Wams in Italien gekauft, seine Pluderhosen in Frankreich, seine Kappe in Deutschland und seine Manieren wo immer es auch sei.« Der junge Stutzer, der die grellbunten Zeichen seiner Fahrt durch den Kontinent zur Schau trägt, war mit dem ersten der *tour* durch Europa gewidmeten Roman auf die Bühne getreten, dem *Unfortunate Traveller* (1594) von Thomas Nashe: »Da ich ein Jüngling von englischem Wuchs bin (...) habe ich in meiner Kleidung vier oder fünf verschiedene Länder gleichzeitig nachgeahmt.« Tatsächlich können wir unter der Herrschaft Königin Elisabeths die ersten Exkursionen durch Europa – und besonders nach Italien – beobachten. Es sind adelige junge Menschen, die der Wunsch antreibt, andere Länder und Kulturen kennenzulernen. Junge Menschen, muß sofort präzisiert werden, die mit der Reise auf den

2 Joos de Momper, *Landschaft mit Reisenden*, um 1600

Kontinent ihr Universitätsstudium – im allgemeinen ein Studium der Rechte – krönen möchten und sich daher von all jenen
unterscheiden, die für einen langen Studienaufenthalt ins Ausland gehen. In einigen Fällen bietet sich die Reise als Heilkur
gegen die Melancholie an – das wahre *mal du siècle* des jungen
Intellektuellen dieser Zeit –, in anderen wiederum wird auf die
Notwendigkeit hingewiesen, Grundkenntnisse in der Kunst der
Diplomatie, der Beherrschung von Fremdsprachen und der Erfahrung fremder Kulturen zu erwerben, eine Forderung, die
der Schatzmeister Königin Elisabeths, William Cecil, aufstellt
und für die Francis Bacon in seinem Essay *Of Travel* aus dem
Jahre 1612 die theoretische Begründung liefern wird. Der Graf
von Essex spricht ebenfalls ganz im Sinne der Königin, wenn
er feststellt, daß »der Zweck des Reisens darin besteht, hand-
feste Erkenntnisse zu erlangen und nützliche Erfahrungen
zu machen, um so als guter Diener Ihrer Majestät zurückzu-
kommen«.

Im einen wie im anderen Fall versucht man, eine sich immer weiter ausbreitende Begeisterung für das Reisen zu begründen, eine Mode, die in ganz Europa zum ersten Mal über klar festgelegte und begrenzte Reisezwecke und -aufträge hinausgeht. Noch über ein Jahrhundert lang wird man weiterhin nach unterschiedlichen Beweggründen suchen, mit denen sich eine neue, moderne Vorstellung vom Reisen ausstatten läßt, die wenig mit den langen Studienaufenthalten an den Universitäten des Kontinents, besonders Italiens, und nahezu gar nichts mit der *pietas* der Pilger oder der Handels- und Geschäftstätigkeit von Händlern und Bankleuten zu tun hat. Was sich mit dem Ausklang des 16. Jahrhunderts unter den englischen und französischen Adeligen oder den deutschen Höflingen auszubreiten beginnt, ist eine neuartige Vorstellung vom Reisen, zu der Neugier und das Bedürfnis nach Ablenkung verführen, eine Vorstellung, die empfänglich ist für den Reiz der klassischen Kultur und doch getragen wird vom Geist empirischer Beobachtung der »Neuen Wissenschaft« Bacons oder der neuen Denkweise der französischen Geschichtsschreibung. Die bedeutendsten italienischen Städte, das eigentliche Ziel und der Höhepunkt der Reise, gelten, wie eindrucksvoll bemerkt wurde, als »die große Werkstatt einer künstlerischen Revolution von allergrößter internationaler Bedeutung«, als Modell der humanistischen Tradition, die in ganz Europa aufgekeimt war, ja sogar – um es mit Joseph Addison zu sagen – als das außergewöhnlichste und vielfältigste Museum politischer Strukturen.

Zweifellos ist es ungewöhnlich, daß die ersten Stimmen, die von einer neuen und außerordentlich modernen Auffassung des Reisens zeugten, lange Zeit ungehört blieben. Es war ihnen verwehrt, zu Vorbildern zu werden und sich Anhänger ihres scharfsinnigen und nüchternen Erzählstils zu schaffen. Möglicherweise wären sie gerade aufgrund ihrer Modernität für die Zeitgenossen kaum verständlich gewesen: Man denke an das *Journal de voyage en Italie* von Montaigne – zwischen 1580 und 1581 auf dem Rücken eines Maultiers verfaßt, aber erst 1774 publiziert – und an seine Betonung der geistigen

Unruhe und Neugier, die, damals noch einzig in ihrer Art, den Verfasser dazu treiben, »von einem Ende der Welt zum anderen zu laufen« und »sich mit dem eigenen Gehirn an dem der anderen zu reiben«; oder man denke an das angelsächsische Pendant dieses »touriste à la moderne«, an John Evelyn mit seinem *Diary*, dessen auf die Wanderungen bezogener Teil zwischen 1644 und 1646 geschrieben wurde, das aber erst sehr viel später, im Jahre 1818, veröffentlicht werden konnte. Aus den Seiten Montaignes oder Evelyns klingt uns vielleicht noch das Echo ferner Stimmen entgegen, die niemals bis zu unseren Ohren vorgedrungen sind, obwohl sie irgendwann einmal mit melancholischen oder freudigen Untertönen in den Straßen Frankreichs, Italiens, der deutschen Kleinstaaten oder der Niederlande widerhallten. Es sind die Stimmen der ersten großen modernen Reisenden wie Sir Philip Sidney, Robert Greene, Lord Herbert of Cherbury, Thomas Hobbes, John Locke, John Milton und vieler anderer, die dazu beitrugen, die Tradition der Tour durch Europa und Italien zu begründen und sie allmählich unter den adeligen und bürgerlichen Familien, ja, unter allen gebildeten Menschen ihrer Heimatländer zu verbreiten. Das 17. Jahrhundert beginnt nicht zufällig mit der Veröffentlichung des ersten großen Führers für diejenigen, die sich rüsten, zu Studienzwecken und zum Vergnügen eine Rundreise durch den Kontinent zu unternehmen, dem *Itinerary* von Fynes Moryson, der um das Jahr 1593 geschrieben wurde und 1618 erschien. Dieses Buch stellt einen Einschnitt dar in der langen Folge der *libri indulgentiarum*, der »Leitfäden« für die Pilger, die es zu den großen europäischen Heiligtümern oder in das Heilige Land zieht.

Lange Zeit hat man in den Studenten aus England, Frankreich, Deutschland und aus anderen Ländern, die zwischen dem 15. und dem 16. Jahrhundert an italienischen Universitäten eingeschrieben waren, wie auch in den angelsächsischen Humanisten von William Grocyn über Lyly, Colet und Linacre bis zu Pole, die an die Höfe und in die kulturellen Zentren Italiens auswanderten, die direkten Vorläufer der großen Reisenden des 17. und 18. Jahrhunderts gesehen. Heute gelten sie uns eher als ein Verbindungsglied zwischen dem »modernen« Reisenden und der langen mittelalterlichen Tradition der heiligen und profanen Reise. Mit dem Niedergang der italienischen Universitäten, der mit der Neuordnung der europäischen Hochschulen nach den kulturellen Maßstäben des Baconschen Empirismus oder des Cartesianischen Rationalismus, also nach der puritanischen Ethik einhergeht, wird der langjährige Aufenthalt auf dem Kontinent oder in Italien obsolet. Statt dessen stellt sich nunmehr die relativ zügige Reise oder Wanderung von Stadt zu Stadt als die neue Erfahrung dar, die es zu machen gilt; eine Erfahrung, die dazu geeignet ist, aus den Söhnen der Aristokratie und der aufsteigenden Gesellschaftsschichten – den Händlern, den Staatsdienern und den Angehörigen freier Berufe – wahre Männer von Welt und zukünftige Diplomaten zu machen. Um diesem neuen, weitgespannten Ziel unter ganz anderen historischen und kulturellen Bedingungen gerecht zu werden als zur Zeit der Renaissance, entsteht jene besondere Institution, die am Ende des 17. Jahrhunderts die Bezeichnung Grand Tour erhält. Es handelt sich um eines der interessantesten Phänomene der europäischen Kultur der Neuzeit, in dem sich das Vergängliche und das Dauerhafte, Oberflächlichkeit und Freude an genauer Beobachtung, Neugier und Abenteuerlust mischen. »Man unternimmt eine Reise nicht, um die Moden, sondern um die Staaten zu begutachten«, bemerkt der Graf von Cork und Orrery, »nicht um von Weinen, sondern um von verschiedenen Regierungsformen zu kosten, nicht um Samtstoffe und Spitzen, sondern um Gesetze und politische Systeme zu vergleichen.«

Der Archäologe der Grand Tour kann nicht umhin, auch ein kurzes Streiflicht auf andere, noch ältere Vorläufer zu werfen, die den Intellektuellen und den Sprößlingen der europäischen Adelshäuser des 17. und 18. Jahrhunderts gewissermaßen den Weg bereitet haben, nämlich die Pilger, die Händler, die Bankleute, die Diplomaten des Hofes und der Kurie, die Söldner und die wandernden Schauspieltruppen. Wenn Staatsraison und sparsame Zeiteinteilung den Diplomaten und den Händler oft daran hinderten, sich bei Gelegenheit zum Transportmittel

3   James Russel, *Britische Connaisseurs in Rom*, um 1750

anderer Kulturen zu machen, so war es die religiöse Begeisterung, die es dem frommen Wallfahrer gewöhnlich verwehrte,
Augenzeugenberichte zu verfassen, die mehr waren als unterwegs hingekritzelte, vage Anmerkungen. Das ändert nichts daran, daß die lang andauernde mittelalterliche Pilgerfahrt nach
Rom oder nach Venedig – dem Hafen, von dem aus man sich
in Richtung auf das Heilige Land einschiffte – ein frühes Netz
wichtiger Strecken bildet, das zu berücksichtigen sein wird,
wenn wir die großen Wege des abendländischen Wissens rekonstruieren. Mehr kann man von dem frommen Wallfahrer,
dessen Augen vor der unwesentlichen Realität verschlossen
und auf eine Sphäre jenseits des Menschenwerks, jenseits des
»Jahrmarkts der Eitelkeiten« gerichtet waren, wie John Bunyan
in seinem *Pilgrim's Progress* behauptet, nicht verlangen.

Seit Chaucer, oder besser, seit dem »Weib aus Bath«, jener
unsterblichen, weltlichen Schutzheiligen des Reisens, die
keine Heuchelei kannte, was die fleischlichen Absichten ihrer

Pilgerfahrten betraf, bildete das Umherziehen eines der verbreitetsten Mittel für den Umlauf von Ideen und die Auseinandersetzung mit unbekannten, neuen Realitäten. Es wurde damit auch zu einer Möglichkeit, die auffälligsten Unterschiede zwischen den Völkern, Kulturen und Staaten des europäischen Kontinents zumindest zeitweilig zu entschärfen. »Jeder Bürger hat gegenüber seinem Land die Pflicht, die in anderen Staaten geltenden Regierungsformen zu respektieren und in seinem Heimatstaat jene Formen durchzusetzen, die auf Weisheit und auf den rechten politischen Sinn gegründet sind«, beginnt eine Rede Thomas Robinsons im Jahre 1734 vor dem Unterhaus. »Wir müssen die Eigenart unserer Verfassung mit allergrößter Vorsicht bewahren, denn was in dem einen Staat ein notwendiger Artikel des Gesetzes sein kann, mag sich in einem anderen als verderblich erweisen.« Zwischen dem Ende des 16. und dem 19. Jahrhundert gibt es keinen europäischen Intellektuellen – vor allem keinen angelsächsischen – der nicht auf die eine oder andere Weise seine Pilgerfahrt nach Italien unternommen hätte. Wie bereits erwähnt, wird das Reisen durch die Länder Europas und durch Italien damit zum Gegenstand einer unermeßlich großen Anzahl einander sehr ähnlicher Führer, Vademekums, Tagebücher, Aufsätze, Chroniken, Berichte und echter wie fingierter Briefwechsel. An die Stelle der langen Aufenthalte an den Universitäten von Siena, Padua oder Bologna – oder auch von Montpellier, Leiden oder Wittenberg – tritt nun immer häufiger die neue Mode der Reisen auf den Kontinent, deren Verlauf nicht durch längere Aufenthalte unterbrochen wird. Zu Begriffen wie *travel, journey, voyage* – mit Ausnahme des letzten, der häufiger für Seereisen verwendet wird, im wesentlichen Synonyme – gesellt sich nun der Begriff *tour*, der speziell zur Bezeichnung einer »Rundfahrt« durch die Länder des Kontinents dient, bei der Abfahrts- wie Ankunftsort in der gleichen Stadt liegen.

Der Reisende des 17. Jahrhunderts

Das, was am Ende des 17. Jahrhunderts als Grand Tour bezeichnet wird, trägt einige Hauptmerkmale, die sich vor allem der geistigen Haltung und den Interessen des Reisenden des 17. Jahrhunderts und damit der Vorherrschaft der Ideen Bacons und der empiristischen Philosophie verdanken. Einer der berühmtesten Aphorismen Bacons, nach dem wir mit Hilfe der aristotelischen Philosophie schwankende und unsichere Schritte gemacht, mit der Entdeckung der Magnetnadel jedoch die Meere durchpflügt und die Kontinente durchquert haben, scheint wie eigens geprägt für ein Loblied auf das Reisen, das als Entdeckung und Erforschung verstanden wird, jene Form des Reisens also, mit der sich Bacon selber im achtzehnten seiner *Essays*, unter dem Titel *Of Travel* mit unverkennbar pädagogischen Absichten beschäftigt hat. Der Reisende des 17. Jahrhunderts, der seine klassische Bildung schon mit der Muttermilch einsog, der ein Liebhaber der italienischen Kunst, aber ein nicht weniger leidenschaftlicher Erforscher von Naturphänomenen war, der die unterschiedlichsten Interessen verfolgte, dabei aber immer um die Aufstellung systematischer Verzeichnisse bemüht war, scheint wie geschaffen, um den hübschen Aphorismus Walter Benjamins zu widerlegen, in dem es heißt, auf eine das Universum erforschende Renaissance sei als Gegenstück ein Barock gefolgt, das die Bibliotheken durchstöberte. Gerade in diesem Zusammenhang sollten wir vielleicht darauf hinweisen, daß sich zwischen zwei so unterschiedlichen Geistern des 17. Jahrhunderts wie dem klaustrophilen Robert Burton, der in seiner *Anatomy of Melancholy* eine wundersame Reise durch die Erzeugnisse der abendländischen Einbildungskraft unternimmt, und dem nicht minder wissenssüchtigen, klaustrophoben John Evelyn, der diese Reise auf den unwegsamen und gefahrenreichen Straßen des Kontinents macht, eine seltsame Übereinstimmung ergibt. Diese Übereinstimmung tritt darin zutage, wie die Durchführung beider Reisen jeweils dem zweifachen Gesetz der Ordnung und der Unordnung, der Taktik und des Abenteuers,

4   François-André Vincent,
Pierre-Jacques-Onésyme Bergeret de Grancourt, 1774

der Sammlung von Vorgefundenem und der Erfindung, des
Vergänglichen und des Dauerhaften folgt. Der Reisende des
17. Jahrhunderts wird nämlich von »Neugier« angetrieben und
beabsichtigt, durch die Reise zu einer vollendeten »Erfahrung« zu gelangen. Der Begriff der Neugier umfaßt ein ganzes
Universum des sinnlich Wahrnehmbaren, er beinhaltet das
Sammeln und Katalogisieren von Kunstwerken sowie von seltenen Naturalien, mit denen sich die Wünsche und Leidenschaften des »Meisters« und des Sammlers befriedigen lassen;
das Studium der Sitten und Gebräuche verschiedener Völker;

die Analyse ihrer Regierungs- und Rechtsformen; die systematische Erforschung ganzer Kulturen und ihrer Ordnungen. Der Begriff der Erfahrung dagegen umgreift den geistigen Prozeß, mit dem sich eine derartig ausschweifende Neugier befriedigen und in ihren Ergebnissen geordnet verwahren läßt. So durchquert der Naturforscher John Ray zwischen 1633 und 1636 den Kontinent, um in seinen *Travels through the Low-Countries, Germany, Italy and France* »ein Verzeichnis der ausländischen Pflanzen« aufzustellen, während zu Beginn des folgenden Jahrhunderts Jonathan Richardson nach Holland und Italien reist, um eine vollständige Liste aller vorhandenen Statuen und Gemälde anzulegen. In ähnlicher Weise bilden die Italienreisen des Grafen von Arundel in Begleitung von Inigo Jones und später des Grafen von Burlington die Archetypen der britischen Tradition des Sammelns italienischer Kunstwerke und trugen entscheidend zum Entstehen der Palladio-Mode in England bei. Auch die Reisen von John Evelyn, von Thomas Coryate mit seinen *Crudities* (1608) – ein ungewöhnlicher Titel, der sich auf die »Grobheiten« des Stils bezieht – und später die Reisen des anglikanischen Bischofs Burnet sind, wenngleich in anderer Form, Sonden, die in das umfangreiche italienische und europäische Universum herabgelassen werden, um dessen vielgestaltige Natur mit ihren Wandlungen und jeweiligen Unterschieden unter politischen, wirtschaftlichen, künstlerischen, anthropologischen und religiösen Aspekten zu erforschen.

Neben dem Enthusiasmus Miltons, der von sich erklärt, er sei »regiones exteras et Italiam potissimum videndi cupidus«, oder dem nüchterneren Thomas Palmer, der die fünf Dinge aufzählt, die den Besucher in Italien anziehen: das Klima, die antiken Kunstwerke, die Höfe, die Regierungsformen und die Universitäten, tragen die Anhänger der empiristischen und mechanistischen Philosophie in entscheidender Weise dazu bei, jenen scharfsinnigen Blick, jene kühne Vielfalt der Interessen und jene unersättliche Wißbegierde auszubilden, denen sich die sehr beeindruckenden, umfassenden Reiseführer und -berichte des 17. Jahrhunderts verdanken. Sie entwickeln auch den Kanon stilistischer Regeln, an denen sich alle Führer der folgenden Jahrhunderte in ihrer Darstellungsform und im Stil orientieren.

Zuletzt darf nicht vergessen werden, daß die Ausländer während ihrer Tour durch die Länder Europas in einigen Fällen willentlich oder unwillentlich zu Informanten über die Aktivitäten ihrer Landsleute oder der Ausgebürgerten werden. In anderen Fällen verwandelt sich die Gepflogenheit, eine Nation oder die politische Ordnung eines Staates gründlich zu erforschen, in eine heimliche Kontrolle von Ereignissen, die internationale Bedeutung haben. Nicht zufällig hielten sich Engländer gerade in dem Moment in Siena auf, als die Stadt durch die Spanier ihre Rechte als freie Gemeinde verlor, wie Thomas Hoby, der Schwager von Sir William Cecil und Onkel Francis Bacons, außerdem Übersetzer des *Libro del Cortegiano* von Castiglione, uns berichtet. Man denke auch an den toskanischen Briefwechsel von Sir Henry Wotton aus dem Jahre 1592 oder an seine kaum verborgenen Anspielungen auf seine Funktion als Informant: »Man sagt mir, ich solle mich noch länger hier aufhalten (...). Ich habe die Anweisung erhalten, noch in der Toskana zu bleiben ...« Es ist ungewöhnlich, daß der junge Anwärter auf den Diplomatendienst Kenelm Digby einige Jahre später, 1625, auf seiner Italienreise in Siena Station macht, um dort in einer der angesehensten Akademien einen Vortrag über Geheimschrift zu halten.

Der Zweck der Grand Tour

Im Wortschatz der Reiseliteratur taucht der Begriff der Grand Tour mit dem Band von Richard Lassels, *An Italian Voyage, or, Compleat Journey through Italy* (1697) auf, obwohl er schon seit einiger Zeit eine gebräuchliche Wendung sein dürfte. Lassels sagt: »Niemand kann Cäsar oder Livius so verstehen wie derjenige, der die gesamte Grand Tour durch Frankreich und die Rundreise durch Italien unternommen hat.« In Wirklichkeit – und auch im Hinblick auf die mal mehr, mal weniger turbulenten geschichtlichen Ereignisse der jeweiligen Zeit – konnte der

Ausdruck den Besuch bestimmter Teile einiger europäischer Länder von Flandern über Deutschland, die Schweiz und Frankreich bis Italien umfassen. Aufgrund einer langen Tradition tritt Italien jedoch als bevorzugtes Ziel – oder als wichtigste Etappe – der Grand Tour auf, ja, der Ausdruck »Italienische Reise« wird sogar lange vor Goethe und seiner *Italienischen Reise* zu einer oft gebrauchten Wendung und kann teilweise mit dem Begriff der Grand Tour konkurrieren. Zwischen dem 16. und dem 17. Jahrhundert will man also mit dem Ausdruck Grand Tour im weiteren Sinn die Reise durch den europäischen Kontinent, besonders nach Frankreich und Italien bezeichnen, eine Reise, die ganze Generationen von Adeligen und Bürgerlichen aus Europa, vor allem aber aus England in dem Moment unternehmen, da sie sich vom jugendlichen Menschen zum Erwachsenen entwickeln.

Im 18. Jahrhundert, jener Epoche, in der das Phänomen seinen Höhepunkt erreicht und alle Kennzeichen eines unverzichtbaren Bestandteils jeder guten Erziehung erwirbt, schwankt das Alter, das als der richtige Zeitpunkt für die Reise der *grandtourists* angesehen wird, zwischen sechzehn und zweiundzwanzig Jahren. Von der Unternehmung erhoffte man sich, so steht es in jedem Wörterbuch, »die Krönung einer guten Erziehung«. Im engeren Sinn wurde, nicht zuletzt als Folge des bedeutenden Aufsatzes von John Locke, *Some Thoughts Concerning Education* (1693), erwartet, daß der junge Mensch durch die Erfahrung der »großen Rundfahrt« Fähigkeiten wie Unternehmungsgeist, Mut, das Vermögen, andere Menschen zu führen, Kraft zu schnellen Entschlüssen, Vertrautheit mit Sitten, Manieren, Anstandsregeln und nicht zuletzt Fremdsprachenkenntnisse erwerben würde. All diese Fähigkeiten und Kenntnisse waren für die Mitglieder einer neuen gesellschaftlichen Führungsschicht sowohl auf dem Gebiet der öffentlichen Verwaltung als auch bei der Ausübung freier Berufe von großer Bedeutung, und den Sprößlingen der Aristokratie nützten sie bei der umsichtigen und zeitgemäßen Verwaltung ihrer Vermögen. Die allgemeine Bedeutung, die man der Grand Tour zur Zeit ihrer größten Popularität nicht nur für die

Erziehung junger Menschen, sondern auch für betagtere Pilger beimaß, drückt sich besonders klar und umfassend in Laurence Sternes wunderbarer Predigt *The Prodigal Son* aus:

»Die Liebe zur Vielfalt oder auch die Neugierde auf unbekannte, neue Dinge, welch eigentlich die gleiche oder mindestens eine ihr verwandte Leidenschaft ist, scheint allen Söhnen und Töchtern Adams eingewoben zu sein. Gewöhnlich sprechen wir von ihr als einer der Frivolitäten der Natur, obwohl sie uns zu einem guten Zweck eingepflanzt wurde, nämlich unseren Geist zu neuen Erkundungen und Erkenntnissen zu bewegen: entziehe sie uns, und der Geist würde, fürchte ich, über der gerade aufgeschlagenen Seite für immer einschlafen; und wir alle hätten vollauf an den Dingen Genüge, die wir in der Gemeinde oder Region erblicken, wo wir unseren ersten Atemzug taten. Diesem Stachel, der uns seit jeher im Fleisch sitzt, verdanken wir unsere ungeduldige Sehnsucht nach dem Reisen. An sich ist diese Leidenschaft keineswegs schlecht, sie wird es erst, genau wie andere auch, wenn sie in falscher und übertriebener Weise gelebt wird. Wird sie richtig genutzt, verdienen ihre Vorteile, daß man ihr nachgeht; und die wichtigsten dieser Vorteile sind, Sprachen zu lernen und die Gesetze und Sitten, die Interessen und die Regierungen anderer Nationen zu verstehen – damit man Weltgewandtheit und Sicherheit im Benehmen erwirbt und den Geist zur Geschmeidigkeit bei Konversation und menschlichem Umgang erzieht – und wir endlich der Gesellschaft unserer Tanten und Großmütter entwöhnt werden und unsere Kinderstubenfehler hinter uns lassen können. Werden uns auf Reisen neue Gegenstände oder alte in einem neuen Licht vor Augen geführt, so können wir Urteile revidieren – wer fortwährend von der ganzen Vielfalt der Natur kostet, wird lernen, was *gut* ist – wer die Kenntnisse und Künste der Menschen beobachtet, wird begreifen, was *ernst* und *aufrichtig* ist – wer so viele unterschiedliche Charaktere und Verhaltensweisen erlebt, wird in sich selbst hineinblicken und seinen eigenen ausbilden.«

Mit seiner Mischung typischer Motive des Jahrhunderts, wie sie sich auch der Philosophie Lockes und Humes eingeprägt haben, zeugt dieses lange Zitat von den unterschiedlichsten Zwecken und Beweggründen, die der Grand Tour zugrundeliegen können. Nebenbei erklärt es, warum die Grand Tour im

Mittelpunkt des *Tristram Shandy* steht und auch das Thema des folgenden Werks, der bezaubernden, ironischen *Sentimental Journey* (1768) bildet.

Das Gegenstück zu diesem Zitat bildet ein nicht minder aufschlußreicher, vom typisch britischen Pragmatismus lebender Passus bei Gibbon, der sich ausführlich mit der Figur des Reisenden, seinem Wesen und mit der kulturellen Ausstattung, die er mitbringen sollte, beschäftigt:

»Über den Nutzen von Auslandsreisen ist oft in ganz allgemeiner Form diskutiert worden, aber der Schluß, zu dem man am Ende gelangt, muß letztlich auf den Charakter und die besonderen Umstände jedes einzelnen Individuums bezogen werden. Es geht mir hier nicht um die Erziehung von jungen Menschen, um die Frage, *wo* oder *wie* man sie einige Jugendjahre mit dem geringsten Schaden für sie selbst oder andere verbringen lassen sollte. Aber nachdem ich Urteilsfähigkeit, eine anständige Menschenkenntnis und Belesenheit, sowie eine gewisse Freiheit von einheimischen Vorurteilen einmal als grundlegende und unerläßliche Erfordernisse des Reisens vorausgesetzt habe, werde ich nun in Kürze die Fähigkeiten beschreiben, die ich bei einem Reisenden für wesentlich erachte. Er sollte sowohl geistig wie auch körperlich über eine große, unerschöpfliche Energie verfügen, die jeder Fortbewegungsart standhält und ihm erlaubt, alle Widrigkeiten der Straße, des Wetters und des Gasthauses mit einem Lächeln zu ertragen. Sie muß ihn außerdem zu unermüdlicher Neugier antreiben, ihn bei jedem Halt ungeduldig machen, ihn zu einem Kampfe gegen die Zeit anstacheln und ihm jede Furcht vor Gefahren nehmen. All dies bringt ihn dazu, zu jeder Tages- und Nachtzeit Überschwemmungen zu trotzen, Berge zu erklettern oder in Minen hinabzusteigen, sobald sich nur die geringste Gelegenheit zu bieten scheint, sich zu vergnügen oder etwas zu lernen. Die Kunst des Lebens erlernt man nicht im Studierzimmer; unter seine umfangreichen Vorräte an klassischer und historischer Bildung muß mein Reisender das praktische Wissen der Landwirtschaft und der Handwerkskünste mischen; er sollte ein Chemiker, ein Botaniker und ein Fachmann für Mechanik sein. Ein musikalisches Ohr wird die Wonnen einer Reise durch Italien vervielfachen; doch ein scharfes und gut geschultes Auge, das die Landschaft eines Landes überblicken, den

Wert eines Bildes einschätzen und die Proportionen eines Gebäudes ermessen kann, ist noch enger mit den feineren Regungen des Geistes verbunden, daher kann das flüchtige Bild festgehalten und durch geschickten Gebrauch des Pinsels genau beschrieben werden. Für den Schluß habe ich eine Tugend aufgehoben, die an ein Laster grenzt: das geschmeidige Wesen, das sich, vom Hof bis zur Hütte, jedem gesellschaftlichen Ton anpassen kann...«

Mit ihren aufschlußreichen Bemerkungen skizzieren Sterne und Gibbon, jeder auf seinem Gebiet, die Figur des Reisenden des 18. Jahrhunderts. Die Merkmale dieser Figur, die sich der Pädagogik Bacons und Lockes verdanken, fallen sofort ins Auge. Allerdings billigte man der Reise auch die Funktion einer Art Initiationsritus zu, so daß sich der junge Mensch, wenn er aus der Heimat Aretinos oder Casanovas – das hing jeweils vom Geist der Zeit ab – zurückkehrte, als in die Welt der Erwachsenen aufgenommen betrachten durfte. Dieser Zweck – der häufig im Vordergrund steht, verständlicherweise zumindest aus der Sicht der Reisenden – bleibt jedoch unausgesprochen. Gemäß den strengen Vorschriften der sogenannten Reiseliteratur wird er nicht nur äußerst selten offen zugegeben, er bleibt auch in den Falten eines feierlichen Rituals verborgen, das außer dem Hauptzweck, nämlich der Analyse fremder Kulturen und Sitten, verbindlich vorschreibt, was veröffentlicht werden kann und muß, und was dagegen Teil der Privatsphäre zu bleiben hat. Persönlichkeiten, die nicht im Geringsten nach Tugendhaftigkeit strebten, wie der Marquis de Sade, haben uns Berichte von ihrer Reise nach Italien hinterlassen, die züchtiger sind als die Schriften eines Schuljungen. Der zweiundzwanzigjährige William Beckford, einer der reichsten Sprößlinge des englischen Adels, war gezwungen, die erste Ausgabe seines Buches über seine Tour durch Europa vernichten zu lassen, aus Angst, die erotischen Anspielungen und die jugendlichen – allerdings auch stilistischen – Ausschweifungen könnten seiner Karriere schaden. Der besagte geheime Zweck wurde jedoch gutmütig in einer gängigen Redewendung zusammengefaßt, nach der die jungen Männer doch irgendwann »auf dem Pferdchen reiten« mußten, womit das

5 Hugh Douglas Hamilton, *Antonio Canova und Henry Tresham im Atelier vor ›Cupido und Psyche‹*, 1788–9

Thema erledigt war. Manchmal scheint er in weniger bedeutenden Werken hindurch, weil diese weitaus häufiger als die große Literatur ohne Umschweife Themen und Motive aufgreifen, die in der Luft liegen, auch wenn sie das Siegel des Verbotenen tragen. So zum Beispiel im Fall der boshaften Biographie des jungen Byron, die sein Arzt und Reisebegleiter in Italien, John William Polidori, in Form einer Novelle mit dem Titel *The Vampyre* (1819) verfaßte: »Unser Held tat also den Erziehern kund, daß die Zeit gekommen sei, wo auch er jene Grand Tour unternehmen müsse, die seit vielen Generationen als unerläßlich für die Vollendung der Bildung eines jeden jungen Menschen angesehen wurde; man war nämlich der festen Überzeugung, daß die jungen Männer eine gewisse Vertrautheit mit dem Laster erwerben müßten, um den Alten durchaus Paroli bieten zu können und nicht jedes Mal als Einfaltspinsel dazustehen, wenn einer Gesellschaft der Sinn nach einer Unterhaltung über heikle Themen steht.« Der Passus bei Polidori ist recht vielsagend, weil hier ein Rest von Zensur von den Schlachten im *boudoir* auf die Gespräche im Salon übertragen wird. Wollte man in dieser Richtung weitergehen, müßte man nur das italienische Tagebuch Boswells aufschlagen – ausgesprochen persönliche Aufzeichnungen, die jüngst unter dem Titel *Boswell on the Grand Tour* erschienen sind – und die Geschichten seiner Liebschaften in Florenz und Siena nachlesen, oder so lebendige kleine Skizzen heraussuchen, wie die vom jungen Zimmermädchen, das ihm in Berlin eine Tasse Schokolade bringt: »Ich begann sie zu necken, bis ich erfuhr, daß sie schwanger war. Oho! Da sind wir ja vollkommen sicher! Wir gehen in mein Zimmer. ›Du hast einen Mann‹, sage ich, ›Ja, er ist bei den Wachen in Potsdam.‹ Ab ins Bett! Schnell wie der Blitz... aufs Pferd. Ich ritt munter drauflos, halb ausgehungert, halb lachend. Dann schickte ich sie fort.«

Wertvolle Quellen, in denen der heimliche Zweck der Grand Tour hindurchschimmert, bilden die satirischen Schriften oder das negative Zerrbild dieses Rituals, außerdem die Traktatliteratur zum Lob und zum Tadel dieser Institution. Schon im elisabethanischen Zeitalter gibt es mindestens zwei bedeutende Zeugnisse, aus denen über einen langen Zeitraum hinweg immer wieder exemplarische Ermahnungen zitiert werden. Das erste ist der berühmte Traktat über Erziehung von Roger Ascham, *The Scholemaster* (1570), in dem der Verfasser beklagt, daß die aus Italien heimkehrenden jungen Menschen mehr denn je »dazu neigen, die Institution der Ehe zu verachten und andere von dieser Haltung zu überzeugen«. Das zweite Zeugnis bildet ein kleines satirisches Werk des Bischofs Joseph Hall, *Quo Vadis? A Just Censure of Travel* (1617). Seine Tiraden und Bannflüche gegen das verfrühte Alter, in dem die Reise unternommen wurde, und gegen die Unerfahrenheit sogar der Erzieher und Reisebegleiter werden anderthalb Jahrhunderte später in der bereits zitierten Predigt von Laurence Sterne widerklingen und 1764 in einer bekannten Rede von Adam Smith, der selber häufig als Reisebegleiter fungierte, folgendermaßen zusammengefaßt: »Ein junger Mann, der sich mit siebzehn oder achtzehn Jahren ins Ausland begibt und mit einundzwanzig zurückkommt, entpuppt sich im all-

6
Der zurückgekehrte Sohn,
Radierung nach
S. H. Grimm, 1770

gemeinen als eitler, prinzipienloser, zerstreuter und unfähiger,
sich dem Studium oder der Arbeit zu widmen, als er sich ge-
zeigt hätte, wäre er im selben Zeitraum zu Hause geblieben.
Der widersinnige Brauch, derart verfrüht, in einer so unreifen
Phase des Lebens auf Reisen zu gehen, verdankt sein hohes
Ansehen ausschließlich dem Mißkredit, in den die Universitäten geraten sind.« In der *Dunciad* von Pope konzentriert sich
der sarkastische Spott der Gegner des Reisens als erzieheri-
sches Mittel in einem Zweizeiler. Von dem jungen Menschen,
der Europa bereiste, heißt es dort: »Led by my hand, he saun-
tered Europe round / And gathered every vice on Christian
ground.« Die Tagespresse ihrerseits versäumt es nicht, ebenso
pikante wie moralistische Anmerkungen zu machen. 1725
schreibt eine Zeitung: »Die englischen Touristen in Paris trinken bis um zwei oder drei Uhr morgens, dann gehen sie nach
Hause, es sei denn sie enden in irgendeinem Bordell, über das
sie unterwegs gestolpert sind (...). Die Bilanz ihrer Reise beschränkt sich somit auf eine Aufzählung der leergetrunkenen

Flaschen und der käuflichen Liebeleien.« In den Führern für Touristen und den Handbüchern für Reisende tauchen immer häufiger Warnungen vor den Hinterlisten der Kuppler und Prostituierten auf.

Als Gegengewicht zur wachsenden Flut der Reisebücher, die seit dem Ende des 17. Jahrhunderts die Büchermärkte halb Europas überschwemmt, keimt im allgemeinen Klima der Begeisterung und des übermäßigen Vertrauens auf den Bildungseffekt der Grand Tour eine länger andauernde kritische Debatte auf. Während die Einwände der ironischen und satirischen Literatur des absolutistischen Zeitalters, wozu neben anderen Zeugnissen die Glossen Steeles im »Spectator« und die Betrachtungen Smolletts im *Peregrine Pickle* gehören, sowohl vom Mißtrauen gegen jede kulturelle Mode, als auch von den verbreiteten Vorurteilen gegenüber Italien, seinem Ruf als Land der Papisten und Machiavellisten mit verderbten Sitten und korrumpierten politischen Führern genährt werden, entstehen andere Bedenken, als man nach den tatsächlichen Ergebnissen forscht, die das Phänomen im Laufe mehrerer Generationen gezeitigt hat. Daher stößt man nun im Urteil der Gelehrten und Wissenschaftler auf eine gewisse Vorsicht, und sieht sie häufig darin übereinkommen, sich, wie zum Beispiel Oliver Goldsmith, kaum mehr als mittelmäßige Ergebnisse von der Grand Tour zu erwarten. Es wird allgemein anerkannt, daß sie einen beachtlichen Anreiz zum Studium von Fremdsprachen darstellt, außerdem sieht man in ihr eine Möglichkeit, sich von nationalen Vorurteilen zu befreien, aber viel mehr auch nicht. Ein ausgewogenes und gelassenes Resümee dieser jahrhundertelang währenden Debatte zieht im Jahre 1764 Richard Hurd mit seinem Werk *Dialogues on the Uses of Foreign Travel,* das sich auch im darauffolgenden Jahrhundert noch großer Beliebtheit erfreut.

Während die *querelle* über dieses kulturelle Phänomen besonders Pädagogen und Schulmänner beschäftigt, scheint der beeindruckende Besucherstrom in französische und italienische Städte davon völlig unberührt, denn um die Mitte des Zeitalters der Aufklärung wird die stolze Zahl von etwa vierzigtausend ausländischen Besuchern pro Jahr verzeichnet. Es ist nicht einfach, den typischen Reisenden oder wenigstens seine Hauptmerkmale auszumachen. Sterne unterscheidet ironisch zwischen verschiedenen Klassen von Reisenden: die Arbeitsscheuen, die Neugierigen, die Lügner, die Stolzen, die Hypochonder, die Galgenstricke, die Unglücksmenschen, die Unschuldigen und außerdem die *empfindsamen* Reisenden... Mitten in diesem beweglichen Mikrokosmos, genauer, zwischen den jungen Adeligen, den Söhnen der »squires« oder der wohlhabenden Bürgerlichen einerseits und den Reihen der betagteren Adeligen und erfolgreichen Händler andererseits, findet sich eine Schar Reisender, die weitaus reicher an Ideen als an Geldmitteln sind – Schriftsteller, verarmte Adelige, Abenteurer – und die nicht selten als Begleiter und Erzieher berühmter Sprößlinge reisen. Von all jenen, die die Funktion des Reisebegleiters innehatten, erinnern wir nur an Schriftsteller und Philosophen wie Robert Wood, Adam Smith, Thomas Hobbes, John Locke, François Misson, James Spence und Richard Lassels. Ihnen verdanken wir die ungeheure Fülle unterschiedlichster Betrachtungen, Berichte, Tagebücher, Briefwechsel und Führer, aus denen sich die sogenannte Reiseliteratur zusammensetzt, die ihren Höhepunkt in qualitativer wie quantitativer Hinsicht bekanntlich im kosmopolitischen 18. Jahrhundert erreicht. Unter den scharfsinnigsten und aufmerksamsten *voyageurs* aber muß – auch dies ist ein typisches Phänomen des Jahrhunderts – besonders an die weiblichen Schriftstellerinnen von Madame Dubocage über Lady Mary Wortley Montagu bis zu Hester Lynch Piozzi erinnert werden, die sich geschickt in ein relativ neues literarisches Genre einfügen und in vielen Fällen dessen beste und originellste Erzeugnisse hervorbringen.

Das Goldene Zeitalter des Reisens
und seine Weltanschauung

Das 18. Jahrhundert ist das Goldene Zeitalter des Reisens, eine Epoche, in der die Kultur fest in den Maßstäben einer optimistischen, kosmopolitischen und vor allem beweglichen Vernunft verankert ist. Zwei Ereignisse gestatten es, das Phänomen und auch die Definition der Grand Tour genau einzugrenzen, um diese Form des Reisens mit ihren aufklärerischen Merkmalen vom Fluß der Geschichte des Reisens zu unterscheiden.

Das erste bildet die Veröffentlichung der *Remarks upon Several Parts of Italy* (1710) von Joseph Addison, mit der das 18. Jahrhundert die Höhepunkte einer großen Tradition in neuer Form wiederholt. Denn dieses Jahrhundert dehnt nun das Reisen, das bereits im Begriff ist, zu einer echten Gepflogenheit zu werden, auch auf die aufstrebende, bürgerliche Klasse aus und versieht es mit strengen, auf lange Zeit verbindlich festgelegten Vorschriften. Im Laufe des Jahrhunderts wächst die Zahl der Reisenden von Jahr zu Jahr und verzeichnet einen besonders großen Zuwachs, als sich 1763, mit dem Ende des Siebenjährigen Krieges, die diplomatischen Beziehungen zwischen England und den katholischen Königshäusern auf dem Kontinent entschieden verbessern. Im Jahre 1772 bemerkt ein Beobachter: »Auf einen Engländer, der unter den beiden Georges reiste, kommen jetzt zehn, die gerade auf der Grand Tour sind. Die Sucht nach dem Reisen ist an einem Punkt angekommen, an dem es keinen gutsituierten Bürger mehr gibt, der sich nicht einer sei es auch noch so flüchtigen Kenntnis Frankreichs, Italiens und Deutschlands erfreuen möchte.«

Das zweite Ereignis bildet den Abschluß des Phänomens – zumindest verliert es mit ihm jene Merkmale, die der Mentalität seiner Reisenden entsprachen, welche fast ausschließlich vom Geist des Puritanismus und einer Kultur absolutistischer Prägung beseelt waren. Gemeint ist, am Ausgang des Jahrhunderts, der Beginn der napoleonischen Feldzüge, die die europäische Ordnung gründlich durcheinanderbringen und die

Modewelle der großen Reisen fünfzehn Jahre lang unterbrechen. Mit erneuerten Kräften werden sie 1815, nach dem Wiener Kongress, wieder einsetzen, als, mit den Worten von Joseph Sheridan Le Fanu in seiner Erzählung *A Room at the Dragon Volant*, »der europäische Kontinent den Engländern, die sehnlich wünschten, sich ins Ausland zu begeben, um, sagen wir ruhig, ihren Geist zu verjüngen, endlich nicht mehr verschlossen war«.

Das Zeitalter der großen Reisen, das 18. Jahrhundert, trägt unverwechselbare Merkmale, die zwar komplex und vielfältig sind, doch mit dem kulturellen Gesamtgefüge des Jahrhunderts übereinstimmen. So groß ist die Bedeutung der Grand Tour, daß sie tiefe Spuren und lebhafte Zeugnisse in der Literatur des Jahrhunderts hinterlassen hat, und zwar besonders in der Gattung, die am besten zu ihr paßt, und mit der sie sich mitunter gerne verwechseln ließ, nämlich dem Roman. Die Gründe, die das Reisebuch im Zeitalter der Aufklärung zum meistverbreiteten Erzeugnis der Literatur werden ließen, das ein ungeheuer großes Lesepublikum begierig verfolgte, berühren die wichtigsten Merkmale des gesamten kulturellen Gefüges dieser Zeit. Hinter Bemerkungen wie Addison sie im »Tatler« macht, wo er verkündet: »Es gibt keine Bücher, an denen ich mehr Vergnügen habe als an jenen, die vom Reisen erzählen«, und Behauptungen wie derjenigen des englischen Herausgebers der *Travels* (1793) von Moritz, der feststellt: »Eines der charakteristischen Merkmale unseres Jahrhunderts ist die Begeisterung der Menschen für Reisebücher« – Bemerkungen, die das Jahrhundert in bezeichnender Weise eröffnen und beschließen, und denen man eine umfangreiche Sammlung ähnlicher Worte hinzufügen könnte, mit denen sich jedes seiner Jahrzehnte, wenn nicht Jahre markieren ließe –, nimmt man unschwer den kosmopolitischen Geist einer Epoche wahr. Eine Epoche, oder besser, eine Kultur, die die Welt kennenlernen möchte, in der sie lebt, die an die Idee vom Menschen als Naturwesen glaubt, dem es dank der latent gleichförmigen Struktur der menschlichen Natur – jenseits aller Unterschiede an der Oberfläche – möglich ist, mit anderen ethnischen und

7 Charles Grignion, *Charlotte Clive*, dilettierende Malerin, 1787

kulturellen Gruppen zu kommunizieren, sie in der Eigenart
ihrer Sitten und Gebräuche zu verstehen und die Sprachbar-
rieren zu überwinden. In diesem Sinne ist der Erfolg der Reiseliteratur auch Frucht einer Reihe philosophischer Postulate
von Hume bis Voltaire, von Shaftesbury bis Hutcheson und
Johnson, denn trotz der Unterschiedlichkeit der jeweiligen
Bezugssysteme folgt aus jedem dieser Postulate, daß der Vielfalt der Sitten, der Gesetze, der Verhaltensweisen und der
Sprachen aller Völker und Nationen doch immer die gleiche

grundsätzliche Bewegung der Leidenschaften und die Wahrnehmung einer allgemeinen, natürlichen Moral zugrundeliegt.

Dieser zuletzt genannte Aspekt bildet im geistigen Gefüge des Jahrhunderts die Grundlage für die allgemeine Moral, also den Sinn für das, was recht ist und was nicht recht ist, und fördert im optimistischen Glauben an eine gemeinsame Sprache für Bezugnahme und Verständigung das wohlwollende Verhalten den Mitmenschen gegenüber, das auch Verschiedenheit und Vielfalt, überhaupt alles Neue, mit Freude aufnimmt. Zur Entstehung dieses optimistischen Glaubens an eine gemeinsame Menschennatur und allen Menschen gleichermaßen eingeborene Anlagen trugen die französischen *idéologues* ebenso bei wie die englischen Empiristen, die britischen *latitudinarians* ebenso wie die Deisten, die Erben der absolutistischen Tradition ebenso wie die liberalsten Vertreter der bürgerlichen Schicht. Er ist der eigentliche Reisepaß für die Grand Tour, der Geist einer Epoche, die jemanden wie Johnson eine Art Minderwertigkeitskomplex empfinden läßt, weil er die Reise nach Italien versäumt hat.

Wenn ein Rezensent von Reisebüchern im 18. Jahrhundert über die einzelnen Beispiele dieses literarischen Genres sagt, sie seien wirkliche Abhandlungen zur »Philosophie des Empirismus«, befindet er sich in größter Nähe zu den Ideen Humes. Nach Hume gelangt man durch das induktive Verfahren der Wissenschaft – eben die empiristische Philosophie – über die Erfahrung der Vielfalt von Verhaltensweisen zur Erkenntnis der Einheitlichkeit aller individuellen Gefühle und Neigungen: »Der hauptsächliche Nutzen der Geschichte besteht darin, die konstanten und allgemeinen Gesetze der menschlichen Natur zu entdecken. Die Geschichte zeigt die Menschen in allen nur denkbaren Umständen und liefert uns so das Material, aus dem wir unsere Beobachtungen beziehen können, und auf dessen Grundlage es möglich ist, sich über die gleichbleibenden Quellen der menschlichen Taten und Verhaltensweisen zu informieren.« Auch vom Voltaire des *Essai sur les mœurs* ist unser Rezensent nicht weit entfernt. Für Voltaire dient die ungeheure Menge auf Reisen gesammelter, empirischer Daten letztendlich dem Zweck, das Wissen über den Menschen als Naturwesen zu vertiefen, also jenes Bild des Menschen zu zeigen, das auf jedem Breitengrad und in jedem Land das gleiche ist: »Alles was eng mit der menschlichen Natur zusammenhängt, ist sich von einem zum anderen Ende der Welt ähnlich; alles was von den Sitten abhängen kann, ist unterschiedlich, und es ist reiner Zufall, wenn es sich ähnelt. Das Reich der Sitten ist weitaus größer als das der Natur, es erstreckt sich über den Bereich der Verhaltensweisen und über den der Gebräuche; es verbreitet die Vielfalt über das Gesicht der Welt. Die Natur dagegen verbreitet Einheit; überall errichtet sie eine kleine Anzahl unveränderlicher Gesetze: So ist der Boden überall derselbe, und die Kultur bringt unterschiedliche Früchte hervor.« In Form einer Randbemerkung schreibt Montesquieu während seiner Rundreise durch Italien: »Man reist, um andere Sitten und Gebräuche zu beobachten, nicht um sie zu kritisieren.«

Die Ästhetik der Gleichförmigkeit

Dieser ethischen Einstellung entspricht eine analoge, ästhetische Neigung zu einem empirischen Ideal der Vermittlung zwischen Gleichförmigkeit und Verschiedenheit, zwischen Vertrautem und Neuem, zwischen dem Allgemeinen und dem Besonderen. Damit ist ein Verhalten verbunden, das der Geistesgeschichtler A. O. Lovejoy als »uniformitaristisch« bezeichnet hat. Eine umfassende Grammatik der Wahrnehmung – der ästhetischen Wahrnehmung, aber nicht nur dieser – und des kognitiven Zugangs zu den Dingen leitet den besonders aufmerksamen Reisenden, konditioniert und strukturiert seine Sichtweise. Diese Grammatik, durch die er die Welt nicht so wahrnimmt, wie sie eigentlich ist, sondern nur seine kulturell geprägte Auswahl reflektiert, formuliert eine Reihe von Prinzipien, auf denen auch die unverwechselbare Physiognomie der *travel literature* basiert. Vor allem kann der Reisende gar nicht umhin, sich ausschließlich *la belle nature*, also den angenehmen und schon vertrauten Seiten der umgebenden Dinge zuzuwenden, und deren unangenehme oder allzu fremdartigen Seiten zu vernachlässigen. Es handelt sich dabei also um eine Annehmlichkeit, die aus der Wahrnehmung vertrauter Erscheinungen in unbekannten Zusammenhängen entspringt.

Dieses Prinzip ist entscheidend, denn es bringt den Reisenden dazu, stillschweigend über groteske, außergewöhnliche oder auch nur pittoreske Elemente der menschlichen und natürlichen Landschaft hinwegzugehen – abgesehen von den üblichen Vorurteilen und Gemeinplätzen, die sich durchaus erhalten. Er ist sogar imstande, bei seiner schriftlichen Bilanz der Reise kein einziges Wort über eine ganz besondere Landschaft zu verlieren, die in der folgenden Epoche außerordentliche Bedeutung erlangen wird. Ein recht schlagendes Beispiel dieser Tendenz ist die eilige und stereotype Weise, mit der auf die Alpenlandschaft hingewiesen wird, die doch das dramatische Hindernis, die Schicksalsprüfung für jeden Reisenden darstellt, der sich auf dem Weg nach Italien befindet. Die in diesem Zusammenhang verwendeten Epitheta stammen aus einem für die Literatur typischen, manieristischen Bezugssystem, das mit dem tatsächlich bezeichneten Gegenstand recht wenig zu tun hat. Andererseits ist dies vielleicht der einzige Fall, in dem der Reisende nicht davon ausgehen darf, irgendwelche vertrauten Anklänge zu wecken, denn er beschreibt eine Landschaft, zu der er dem Leser keinen einleuchtenden Vergleich anbieten kann. Es ist also kein Zufall, wenn erst mit Horace Walpole, allerdings auch dann nur in schüchterner und unsicherer Form, die Wahrnehmung des Schrecklichen und des Erhabenen der Landschaft auftaucht, die Marjory Hope Nicholson mit Bezug auf den Mythos der Alpen »the mountain glory« genannt hat. Einem Vorgänger wie John Evelyn war diese Wahrnehmung noch vollkommen fremd. Er bemerkt prosaisch, es scheine ihm, »als ob die Natur sich daran gemacht hätte, mit einem Besen den Abfall der Erde aufzuhäufen, um so die Alpen zu bilden und Platz für die lombardische Ebene zu schaffen«. Andere Regeln der zeitgenössischen Ästhetik bestehen auf der Einheitlichkeit der Anschauung: von der klassi-

8   Philipp Hackert, *Der Hafen von Alinuri bei Sorrent*, 1785

zistischen Tendenz, Gebilde zu schaffen, die eine Synthese der
in der Natur getrennt vorkommenden Teile bilden; über die
Neigung, stets die durchschnittliche Form jeder biologischen
Spezies zu sammeln oder nur die herausragenden, gleichförmigen und bekannten Seiten der umgebenden Welt zu erfassen; bis hin zum Vorzug, der dem allgemeinen Typus des
Menschen vor seinen individuellen Varianten gegeben wird.
In gewisser Weise könnte man sagen, daß der Reisende des
18. Jahrhunderts versucht ist, vom Orient bis zum Okzident
eine Welt einander sehr ähnlicher Menschen zu erblicken, die
sich nur in ganz nebensächlichen, lokalen Charakteristika unterscheiden, ohne daß damit die grundsätzliche Gleichheit
aller Menschen berührt wäre. Den bezeichnendsten Gemein-
platz des Jahrhunderts faßt Johnson in aufschlußreicher Weise
zusammen: »Betrachtet man sie ohne ihren Flitter und ihre

zufälligen, kurzlebigen Verkleidungen, herrscht eine derartige Gleichförmigkeit in den menschlichen Verhältnissen, daß es praktisch keine einzige Form des Guten oder Bösen gibt, die nicht dem ganzen Menschengeschlecht eigen wäre.«

Befreit man sich erst einmal von der Angewohnheit, von jedem *travel book* eine romantische Sichtweise und einen romanhaften Erzählstil, eine Psychologisierung der Landschaft und eine Handlung voller Abenteuer und spannender Begegnungen zu erwarten, fällt nicht nur auf, daß ihre scheinbare Monotonie in Wirklichkeit das Resultat einer absolutistischen und neoklassischen Perspektive ist, die sich über einen langen Zeitraum hinweg erhalten hat, und der die Betonung von Unterschieden ihrem eigenen Begriff nach fernsteht. Man bemerkt auch, daß diese Literatur, statt die besonders häufig auftretenden Besonderheiten auszuschließen, vermittels einer geeigneten Auswahl gerade dieser Besonderheiten zur Beschreibung des Typischen, des Gleichförmigen und des Vertrauten gelangt. Nach R. S. Crane neigt der Theoretiker des Neoklassizismus dazu, das Kriterium ästhetischer Vollkommenheit ebenso wie das ethischer Vollkommenheit – und beide haben ihr Fundament in der Einheitlichkeit der menschlichen Natur – in Begriffen der Vermittlung zwischen zwei entgegengesetzten Polen oder, wenn man so will, als eine Art Verschmelzung unterschiedlicher Eigenschaften zu formulieren. Zusammenfassend können wir daraus schließen, daß die besten Reiseschilderungen eine so überzeugende Beziehung zum grundsätzlichen Wesen aller Menschen herzustellen vermögen, daß sie, kaum erschienen, sofort von allen so gelesen werden, als wären Neuheit und Originalität eine Art Erinnerung an Vertrautes. Vielfalt, Neuheit und Originalität sind als Eigenschaften eines Reisebuchs nur dann Qualitätsmerkmale, wenn sie beim Leser zur Entdeckung und Bestärkung ihres Gegenteils führen.

Die Vorbilder der Reiseliteratur

Diese ethisch-ästhetischen Prinzipien bilden den allgemeinen Regelkanon, an dem die Reiseliteratur des 18. Jahrhunderts sich mehr oder weniger bewußt orientiert. Sie tragen außerdem dazu bei, daß sich jene praktischen, handfesteren Zwecke ausprägen, die wir jetzt in jedem einzelnen Werk, unabhängig von seinem besonderen literarischen Wert, ausdrücklich erklärt finden. Das Jahrhundert beginnt mit zwei beispielgebenden Texten: den *Remarks on Several Parts of Italy* (1705) von Joseph Addison und der *Tour Thro' the Whole Islands of Great Britain* (1724–25) von Daniel Defoe. Abgesehen von den beschriebenen Reisezielen und den unterschiedlichen Absichten, die sie jeweils charakterisieren, legen beide gemeinsam die allgemeinen Regeln dieser literarischen Gattung fest. Vor allem geht es ihnen darum, einen klaren Unterschied zu machen zwischen dem wahrheitsgetreuen Reisebericht (dem *true travel account*) und den pikaresken oder, nach dem Vorbild von Nashes *Unfortunate Traveller* und Smolletts *Peregrine Pickle*, vielfach romanhaft ausgeschmückten Reiseberichten, sowie den Phantasiereisen, deren – allerdings antithetische – Helden eindeutig Gulliver und Robinson sind.

Addison überquert 1699 den Ärmelkanal und kehrt im Jahre 1704 in sein Vaterland zurück. Nachdem er unter William III. aus England abgereist ist, betritt er unter Königin Anne wieder den heimatlichen Boden. Es ist also kein Zufall, wenn seine *Remarks* den Beginn des Zeitalters der Grand Tour durch den Kontinent anzeigen und sich als der erste moderne Reiseführer empfehlen. Ein Führer, der sich mit seinem ständigen Vergleich zwischen Gegenwart und klassischem Erbe – auf dem Weg von Venedig nach Rom »überschreitet er wie Cäsar« den Rubikon, und »in den Wäldern, wo der Clitunno seine süßen Quellen verbirgt«, erinnert er an Properzius – einerseits der kulturellen Atmosphäre des Absolutismus verdankt, der andererseits aber auch das Ergebnis einer unbeirrbaren, absoluten Distanz zu dieser Kultur ist. Wer Addison eine alles beherrschende Monotonie und durchweg verflachende

Beschreibungstechnik vorwirft, vergißt, daß der Wert seines Werks ganz in Übereinstimmung mit dem Zeitgeschmack, ja, diesen zum großen Teil vorwegnehmend, gerade darin besteht, daß es den Regelkanon einer neuen literarischen Gattung festlegt, durch die Dichter wie Pope und Warton dann eine Beschreibung des Landes der klassischen Altertümer aus erster Hand erhalten, und daß es zum maßgeblichen Vorbild für viele Autoren von Boswell über Lady Wortley Montagu bis zu Walpole und Gibbon wird, die ein ganz unterschiedliches Interesse an der antiken Tradition haben.

Nicht alles bei Addison läßt sich als Apologie der Antike verstehen. In seiner *tour* scheinen auch handfestere Zwecke durch, die wir in den vorgeschriebenen Rahmen einer Lehrzeit als künftiger Diplomat einordnen können. Aber auch in dieser Hinsicht sind seine Beschreibungen des politischen Lebens in Venedig, der Verfassungsgrundsätze von San Marino und der Florentiner Gesellschaft durch die typische Haltung des Vertreters einer hochentwickelten Kultur gefiltert, in der Einschübe mit nebensächlichen oder allzu persönlichen Bemerkungen nicht gestattet sind. Wie Nicholson bemerkt hat, vermitteln Addisons *Remarks* den Eindruck von »Gefühlen, die in aller Ruhe nachträglich ins Gedächtnis zurückgerufen wurden«; sie verraten weder Enthusiasmus noch polemisches Ressentiment. Diese *aurea mediocritas* – übrigens dem wissenschaftlich-experimentellen Geist, der den Reisen des 18. Jahrhunderts zugrundeliegt, durchaus angemessen – bildet mit ihrem charakteristischen Bezug auf die gemeinsamen klassischen Wurzeln der abendländischen Kultur eine der Grundregeln der Reiseliteratur aus der ersten Hälfte des 18. Jahrhunderts. Addison ist außerdem zu verdanken, daß mit ihm jene verächtliche Einstellung gegenüber den Italienern einsetzte, die mit wechselnden Tonlagen ebenso lange andauern sollte, wie die Mode der Grand Tour selbst, denn nach den Sympathien einiger weniger Romantiker tauchte sie mit der Bitterkeit Ruskins und mit James' Gleichgültigkeit wieder auf. Bei Addison handelt es sich weniger um nationalistische Überheblichkeit als um einen zähen, wenngleich gezügelten Groll – nicht so

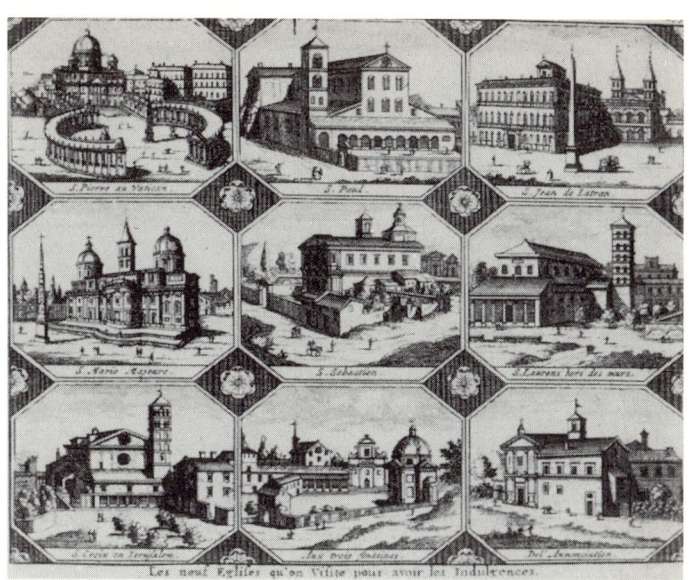

9 De Rogissart, *Basiliken und Kirchen in Rom*, Paris 1706

bissig wie bei Sharp oder Smollett – gegen ein Volk, das das
klassische Erbe und seine ethischen Lehren verraten hat. Addison ist in diesem Sinn der erste Sprecher eines Bürgertums,
das die Kraft seines unternehmerischen Geistes mit dem si-
cheren Bewußtsein um die Tatsache verbindet, daß die neue
absolutistische, empiristische und rationalistische Kultur gar
nicht anders kann, als sich zum einzigen und wahren Erben
der Tugend und Weisheit des antiken Rom zu erklären.

Es ist nicht verwunderlich, wenn der andere der beiden
Dioskuren, Defoe, den Schwerpunkt auf den praktischen
Zweck der Reise legt. Addison und Defoe bilden die beiden
Gesichter einer Epoche: Der eine setzt Lassels' Motto in die
Praxis um, indem er seine Gegenwart durch die Aktualität Cäsars und Livius' filtert – hatte nicht auch Gulliver sich vorgestellt, den Großen der Vergangenheit, von Alexander bis Bru-
tus und Thomas Morus zu begegnen? Und hatte nicht Des-
cartes behauptet, man reise »um mit den Menschen anderer

Jahrhunderte zu sprechen«? –, der andere betrachtet die Gegenwart der verschiedenen Nationen als ein Phänomen, das um seiner selbst willen erforscht werden muß. Der eine versteckt die konkreten Zwecke seiner Reise im Bodensatz der Kulturgeschichte, in Daten und Zitaten; der andere unterstreicht sie im praktischen Tun. Absolutistischer Humanismus und puritanische Ethik treten in den beiden Werken symbolisch gegeneinander an. Während man zwischen den Zeilen Addisons noch den humanistischen Mythos eines ganzheitlichen Menschen aufscheinen sieht, der über die Klassiker, über die Vorbilder antiker Führer wie die *Græciæ Descriptio* des Pausanias reflektiert und sie mit seiner Gegenwart vergleicht, der seiner Aufgabe als Pädagoge nachkommt, akustische Experimente durchführt und sich mit der empiristischen Philosophie auseinandersetzt, zeichnet sich hinter dem Werk Defoes ein neuer, praktischer, ungeachtet der Breite der Interessen wesentlich um Spezialisierung bemühter Geist ab, der sich in jedem Fall an der Ausbildung zu einem bestimmten Beruf orientiert. Defoe läßt der Reise eine detaillierte Liste mit unverzichtbaren Verpflichtungen vorausgehen, wozu die Beschreibung der »wichtigsten Städte und Ortschaften, ihrer Lage, Größe, Regierung und Gewerbe«, der »Sitten, Gebräuche, Sprache, sozialen Rangordnung, Tätigkeiten und Berufe der Menschen«, der »Erzeugnisse und Fortschritte der Landwirtschaft, des Handels und der Industrie«, der »Häfen und Küstenbefestigungen, der Flußschiffahrt und des Verlaufs der Flüsse«, der »öffentlichen Gebäude und der Häuser der Vornehmen und des Adels« gehört. Das Ganze garniert mit »nützlichen Beobachtungen«. Mit Defoe setzt sich in neuer Form ein systematisches Konzept des Reisens durch, in dem die spezialisierte Bildung des Geographen und des Ökonomen, des Anthropologen und des Architekten zusammenwirken. Es handelt sich um eine empiristisch begründete und am Fortschritt orientierte Bildung, die den praktischen Zielen einer bürgerlichen Schicht im Moment ihrer stärksten Entfaltung vollkommen entspricht, eine Bildung im Einklang mit den enzyklopädischen Perspektiven der Zeit.

Die Physiognomie der Reisebücher

Wie unterschiedlich der Geist auch ist, der aus ihren Büchern spricht, Addison und Defoe legen doch gemeinsam die allgemeinen Regeln des *travel book* fest. Vor allem verleihen sie ihm eine Identität und die literarischen wie formalen Würden, die den vorhergehenden Epochen unbekannt waren. Die Formel, die am häufigsten in diesen Werken zitiert wird, oder der sie alle stillschweigend nachkommen, ist das Horazische *miscere utile dulci.* Sie wird in einer schönen Seite der «Critical Review« aus dem Jahre 1770 geschickt zusammengefaßt:

»Ein Reisebuch, dessen Gegenstände von allgemeiner Bedeutung sind und angemessen behandelt werden, stellt eines der fesselndsten und lehrreichsten literarischen Erzeugnisse dar. In einem solchen Buch bemerkt man eine gelungene Mischung des *utile* und des *dulce*; es unterhält und regt die Phantasie an, ohne Zuflucht zur romanhaften Fiktion nehmen zu müssen; es liefert uns eine große Menge an nützlichen und erbaulichen Informationen, ohne die Langeweile einer systematischen Behandlung. Es fördert und erleichtert die Beziehung zwischen weit voneinander entfernten Städten; es reinigt unseren Geist von unvernünftigen, trüben Vorurteilen gegenüber Gebräuchen, Sitten, Religions- und Regierungsformen, in denen wir nicht erzogen worden sind; es macht den Menschen sanftmütig und umgänglich gegenüber seinen Mitmenschen; es bewirkt, daß wir uns gegenseitig und die ganze Menschheit als Brüder betrachten, als Geschöpfe eines höchsten und gütigen Schöpfers: eine Wahrheit, die theoretisch ebenso einleuchtend ist wie sie praktisch unbeachtet bleibt.«

Ein aufschlußreiches Zitat, das die historische Realität dank seiner doppelten Argumentation wirkungsvoll zusammenfaßt. Es beschwört nämlich einerseits den kosmopolitischen Optimismus, der sich mit dem universalen Begriff einer als unteilbare Identität aufgefaßten menschlichen Natur begründet, ein Prinzip, das, wie die Güte, zur Grundlage des Naturrechts gehört; und andererseits bezieht es sich auf eben jene Horazische Formel, mit der der formale Gestaltungsrahmen der Reisebücher eingeführt wird.

Wenn die Aufgabe und gleichzeitig der Zweck des *travel book* darin besteht, die Phantasie anzuregen, um zukünftige Reisende, aber auch den normalen Leser – den sogenannten *fireside traveller* – über die vielgestaltigen und doch stets gleich- bleibenden Eigenarten von »man and manners« zu unterrich- ten, ohne auf romanhafte Phantasien zurückzugreifen, wie ließe sich die tatsächlich erlebte Wirklichkeit dann besser be- glaubigen, als durch die Briefform oder die Form des Reiseta- gebuchs mit ihren Zeit- und Ortswechseln und dem ständigen Bezug auf den fahrenden Helden? Tagebücher und Briefe tau- chen als Begriffe schon in den Titeln vieler Reisebücher auf, und dieses literarischen Kunstgriffs – der auch im zeitgenössi- schen Roman sehr häufig ist – bedienen sich die besten Exem- plare des Jahrhunderts, vom *Journal of a Voyage to Lisbon* (1755) von Fielding, über die *Letters from Italy* (1766) von Sharp, die *Tours through France and Italy* (1766) von Smollett, bis zu Boswells *Grand Tour* (1766) und Gibbons *Journey from Geneva to Rome* (1764).

Daß die Tagebuch- oder Briefform nur ein Kunstgriff ist, der die Wahrhaftigkeit der Reise, den Duft der persönlich, mit eigenen Sinnen erlebten Erfahrung beglaubigen soll, beweist die Tatsache, daß die Bücher in den meisten Fällen *a posteriori* verfaßt oder nachträglich überarbeitet werden. Dies geschieht mit Hilfe einer Erinnerungsarbeit, die außer den selber ge- machten Erfahrungen und den Kenntnissen aus eigener Hand, auch Fakten und Nachrichten aus anderen, vergleichbaren Büchern oder anderen Quellen mit einbezieht. Das von der »Critical Review« erwähnte Muster einer Abhandlung, die sich von einer allzu strengen Form der Darlegung befreit hat und von jeder langweiligen Weitschweifigkeit gereinigt wurde, taucht in der Reiseliteratur weniger als alternative Form denn als Ergänzung der Tagebuchstruktur auf, in der die rituellen Etappen der Reise aufgelistet werden. Im Verhältnis zu diesen beiden Formen bietet der Briefwechsel ein breiteres Spektrum an Möglichkeiten. Zwar sind die *Remarks* von Addison kein Ta- gebuch im engeren Sinn, sie sind aber doch in Rubriken auf- geteilt, die – als Ersatz für die zeitliche – auf eine räumliche

10   Titelblatt und Illustrationen des ersten Bandes des
Itinerario istruttivo di Roma von Mariano Vasi, 1791

Gliederung hinweisen, ob es sich nun um Städte oder Dörfer
oder um verschiedene, im jeweiligen Stadtzentrum liegende
Monumente handelt, die er besucht hat. Zusammenfassend
kann man sagen, daß das Reisebuch des 18. Jahrhunderts sich
häufig in zwei Teile gliedert: der eine nimmt die Form des Ta-
gebuchs (oder des Briefwechsels) an, der andere die Form einer Abhandlung unter dem gerne verwendeten Titel »Allgemeine Betrachtungen«. Dieses Schema zieht sich durch das gesamte Jahrhundert und gipfelt in den besonders minuziösen
Führern, in denen sich, ist der Rundweg durch die Stadt, die
Region oder das Land erst erschöpfend behandelt, immer wieder die gleichen Hinweise auf allgemeine Charakteristika des
Ortes, seine Einwohner, seine auffälligen Sitten und Gebräuche finden.

Das Verhältnis und die Anordnung der beiden Teile (Tagebuch und Abhandlung) können sich ändern und variieren
je nach den Adressaten, an die sich der Band richtet. Ein

bezeichnendes Beispiel hierfür bilden Youngs *Travels in France* (1792), denn der Autor gesteht treuherzig, den ersten, tagebuchartigen Teil des Buches, der prallvoll ist mit ausführlich beschriebenen Zwischenfällen, Unfällen auf der Reise, zahlreichen Begegnungen und Beobachtungen am Rande, »zum Vergnügen der Eltern und Freunde« geschrieben zu haben, und alle seine Kräfte dem zweiten Teil gewidmet zu haben, der den »Allgemeinen Betrachtungen« über die Natur des Landes, die Wirtschaft und die Sitten der Nation vorbehalten war, den Teil also, der für die wirklichen Anhänger und für die Fachleute bestimmt war. Nicht weniger interessant ist unter diesem Aspekt der *Account of Corsica* (1768) von Boswell, ein historisch-dokumentarischer Querschnitt durch die Insel, an den er, auf den Rat eines »gebildeten Freundes« hin (aller Wahrscheinlichkeit nach Johnson), das *Journal of a Tour to Corsica and Memoirs of Pascal Paoli* anhängt. Hier wechseln Begeisterung für das Ursprüngliche und Bewunderung für ein freies Volk mit Beschreibungen der Umgebung und der patriarchalischen Sitten dieser »Heimat des Cincinnatus«. Unter Verweis auf eben dieses Bändchen von Boswell erfaßt Dr. Johnson das Doppelgesicht des Reisebuchs und das Verhältnis seiner beiden tragenden Funktionen mit großer Genauigkeit: »Zwischen der Historie und dem Tagebuch (dem *Account* und den *Memoirs*) besteht ein Unterschied, es ist der gleiche, den wir stets antreffen werden, wenn es darum geht, Kenntnisse, die von außen, und Kenntnisse, die aus dem Inneren gewonnen wurden, miteinander zu verbinden. Deine Historie stammt aus Büchern, dein Tagebuch entspringt eigenen Erfahrungen und Beobachtungen. Du hast Bilder entworfen, die sich, nachdem sie mit großer Intensität auf dich eingewirkt haben, mit Gewalt auch deinen Lesern einprägen. Ich wüßte keine andere Erzählung zu nennen, die mich neugieriger gemacht und reicher beschenkt hätte als diese.« Die um die Mitte des Jahrhunderts erschienenen Reisebücher wahren ein grundsätzliches Gleichgewicht zwischen der belehrend-informierenden Funktion – die Geschichte, die Gebräuche und Sitten, die wirtschaftliche Realität – und dem tatsächlichen Bericht von der Reise mit seinem Schatz an Ereignissen und Anekdoten, die den Erzähler allerdings in keinem einzigen Fall zum Hauptdarsteller machen. Unter einer anderen Perspektive kann diese Dichotomie in den Begriffen zusammengefaßt werden, mit denen die »Critical Review« das Reisebuch definiert: »Wissenschaft, die mit der Erzählung von Ereignissen verbunden ist«, wobei unter »Wissenschaft« ein Komplex aus Informationen über die Umgebung und unter »Ereignissen« die unterschwellig autobiographische Handlung zu verstehen ist, die es erlaubt, diese Ereignisse unterhaltsam zu schildern. So unterhaltsam, daß – wie im Fall Boswells – die Reise sogar dann, wenn sie wirklich und wahrhaftig stattgefunden hat, nach dem Modell der zweiten von *Gulliver's Travels* gestaltet werden kann, mit einem winzigen Boswell zu Besuch bei dem Riesen Paoli.

Im zweiten Teil des Jahrhunderts verzeichnet die Geschichte der Reiseliteratur in ihren Werken eine fortschreitende Verschiebung des Schwerpunktes von der »Wissenschaft« in Richtung auf den Handlungsstrang der »Ereignisse«, wodurch jenes erzählende Ich, das Addison und Defoe noch unterdrückt hatten, und das, wenn überhaupt, nur in den privaten Tagebüchern auffindbar war, Schritt für Schritt an Kontur gewinnt. Dieser grundlegende Wandel, an dem verschiedene Faktoren, einschließlich der fortschreitenden Spezialisierung auf dem Gebiet der Naturwissenschaften, der Geschichtsschreibung, der Ökonomie und Anthropologie zusammenwirken, ist ein Reflex der schillernden Stellung des Reisenden, wie sie von Sterne schon vorausgesehen wurde. Zum »philosophischen« Reisenden des frühen 18. Jahrhunderts, der sich der Betrachtung von Sitten und Gebräuchen, von antiken Monumenten und Naturschönheiten hingibt und mitunter auch unterhaltsame Belehrungen liefert, indem er die Ereignisse auf der Reise nüchtern beschreibt, wobei er aber niemals ein Wort über seine eigene Rolle als Augenzeuge der Rundfahrt verliert, zu diesem Typus des Reisenden gesellen sich, ihn dann allmählich verdrängend, der »hypochondrische« und der »empfindsame Reisende« mit ihrer emotionalen Unbeständigkeit, ihren Gefühlen und wechselnden Herzensangelegenheiten.

Exemplarisch verkörpert wird der *splenetic traveller* vom Buch des Arztes Samuel Sharp *Letters from Italy* (1766) – gegen dessen verleumderische und giftige Gemeinplätze über das Wesen der Italiener Baretti seinen berühmten *Account of the Manners and Customs of Italy* (1768) veröffentlichte – und auf einem höheren Niveau von Smollett und seiner *Tour through France and Italy* (1766).

Einerseits bringt die Bissigkeit Sharps und Smolletts lediglich die seit jeher bestehende, geheime Verachtung der Engländer für eine Kultur zum Ausdruck, die ihrer Ansicht nach von der Redlichkeit und Größe Roms abgefallen und bis zur finstersten Sittenlosigkeit und politischen wie moralischen Verderbnis degeneriert ist. Andererseits aber führt sie nur in weitaus schärferer Form jene stereotypen Einführungen fort, mit denen die gewöhnlichen Reiseführer sich anmaßen, das Wesen eines Landes und seiner Bewohner zusammenfassend darzustellen. Ein Seitenblick auf die Perspektive, unter der die Engländer die Italiener jahrhundertelang betrachtet haben, von der Zeit an, als sie (in Wahrheit nicht ganz zu Unrecht) noch der Überzeugung waren, die »Hitze, das Heilige Uffizium und die Straßenräuber« stellten die größten Gefahren dar, bis zu dem Zeitpunkt, als Ruskin über die Nachlässigkeit klagt, mit der »diese Affengesichter« ihre antiken Monumente behandeln, wirft Licht auf eine zählebige angelsächsische Neigung, zunächst die verschiedenen Staaten und Städte der Halbinsel und dann das gesamte nationale Territorium als einen Lustgarten, ein riesiges Museum, eine unvergleichliche anthropologische und folkloristische Musterkollektion, ein Sanatorium für zimperliche, brustkranke Nordländer und zuletzt als ein enormes Jagdgebiet zu sehen, das den höher oder vermeintlich höher entwickelten Kulturen zur freien Verfügung steht. Diese Ansicht, in der Italien als ungeheures, vielgestaltiges Kulturreservat erscheint, hält sich auch noch bis weit in das 19. Jahrhundert hinein, obwohl sie in der Romantik teilweise korrigiert wird – man denke an die Werke Lady Morgans oder an Mary Shelley, von Madame De Staël ganz zu schweigen. Jetzt entdeckte man bei den Italienern jene natürliche

Begabung zur Menschlichkeit und Sensibilität, die den puritanischen Kulturen so sehr fehlte. Oder man erblickte, wie P. B. Shelley oder Leigh Hunt, in Italien einen idealen Boden, auf dem revolutionäre Utopien und Phantasien gedeihen.

Seine besonders professionelle Erzählkunst verführt allerdings vor allem Smollett dazu, das dichtgesponnene Netz seiner Beobachtungen und Reflexionen über die besuchten Orte auch noch mit Anspielungen auf die Zwischenfälle und Unbequemlichkeiten des Reisens auf der Straße, wie Achsenbrüche der Kutschen, Streitigkeiten mit Wirtsleuten und Kutschern – berühmt geworden ist die Episode bei Buonconvento, der gefürchteten Strecke, auf der es von Siena in Richtung Rom geht – kurz, mit zahlreichen Einschüben über unbedeutende Ereignisse und pittoreske Szenen auszuschmücken. Als der literarische *topos* des klassischen hypochondrischen Reisenden – eine gerne verwendete Figur, die auf das sehr häufig zitierte Vorbild in Horaz' »Reise nach Brindisi« (*Satiren*, I, V) zurückgeht – immer mehr zur Mode wird und keiner tatsächlichen Notlage mehr entspricht oder in irgendeiner Weise mit therapeutischen Notwendigkeiten verbunden ist, hat der Narzismus des Reisenden endlich alle Freiheiten, sich mal anmutig, mal aufdringlich zur Schau zu stellen, wie die beiden unterhaltsamen Reiseberichte *The Idler in Italy* (1839) von Lady Blessinton und das Anna Brownell Johnson zugeschriebene *Diary of an Ennuyée* (1826) schon im Titel verraten.

Der empfindsame Reisende

Im Gegensatz zur Unterschiedlichkeit der Erlebnisse, der Reisestrecken und vor allem der Persönlichkeiten ihrer Verfasser ist der Regelkanon der Reiseliteratur ausgesprochen bindend und gestattet nur eine eingeschränkte Flexibilität. Dies zeigen zum Beispiel die *Observations and Reflections Made in the Course of a Journey through France and Italy* (1789) von Hester Lynch Piozzi, wo auf die »Beobachtungen«, das heißt, die Beschreibungen dessen, was im Verlauf der Reise vor den eigenen

Augen geschieht, die »Reflexionen« folgen, also der ethische und ästhetische Kommentar, zu dem die beschriebenen Szenen anregen. Der Band Piozzis ist wahrscheinlich das letzte geschlossene Beispiel der Literatur der Grand Tour, er bildet eine Grenze, hinter der man zwei unterschiedliche Tendenzen erblickt: einerseits die nüchterne, pragmatische Form des Reiseführers – die sich mit reinen Beschreibungen begnügt – und andererseits die psychologische Darstellung seelischer Zustände und Reflexionen, die in Gestalt gefühlsmäßiger Reaktionen auf den verführerischen Zauber der Reiseziele auftreten. Es ist übrigens kein Zufall, daß in diesen, durch Beobachtungen hervorgerufenen Reflexionen das spekulative Modell der aufklärerischen Ästhetik hindurchscheint, demzufolge der Geist eine Reihe von Sinnesdaten »reflektiert«, die bereits im Akt der Wahrnehmung in zweckmäßiger Weise durch kulturelle Maßstäbe selektiert werden.

Das Werk, das die literarische Tradition der Grand Tour völlig verändert und die Mode des »empfindsamen Reisenden« einführt, ist zugleich ihr bestes und unter literarischen Gesichtspunkten schöpferischstes Beispiel: die *Sentimental Journey* (1768) von Sterne. Mit diesem Buch führt der Autor seine Parodie der Reiseliteratur und ihrer formalen Regeln zur Vollendung und begründet damit ein neues Genre, in dem das Unbedeutende, Ungewohnte und Flüchtige die Stelle der traditionell abgehandelten Themen einnimmt. Die ausschließliche Beschäftigung mit dem, was die Empfindungsfähigkeit des Erzählers stimuliert, unterstreicht sein Vermögen, auf den Fluß der Ereignisse, wie sie sich zufällig verknüpfen, wieder auseinanderfallen und melancholisch vergehen, direkt zu reagieren. So wird stark aufgewertet, was die herkömmliche Reiseliteratur bis dahin gerade zu verbergen suchte: die subjektive und »egozentrische« Anwesenheit des Erzählers. Statt der vorgebildeten, an der klassischen Ästhetik ausgerichteten Maßstäbe darf von jetzt an die Willkür seiner Gefühle darüber entscheiden, was dargestellt und beschrieben werden soll. Mit seinem Subjektivismus, seiner Anteilnahme an den unbedeutenden Details und an der Flüchtigkeit der Szenen, am Herz-

11
Rosalba Carriera,
Horace Walpole,
1742

ergreifenden, das noch vom ungewohntesten Anblick ausgeht, führt der empfindsame Reisende jenes geschickte Spiel mit der romanhaften Fiktion wieder ein, dessen Verbannung am Beginn des Jahrhunderts die neue Gattung des *travel book* hatte entstehen lassen. Es waren dies sachbezogene, an der klassischen Tradition orientierte Werke gewesen, distanziert und belehrend und in ihren englischen Beispielen nicht ganz frei von latentem Ethnozentrismus.

Zwischen Deskription und Reflexion, um ein im späten 18. Jahrhundert beliebtes Hendiadyoin zu gebrauchen, scheint das Sternesche Buch bei oberflächlicher Betrachtung ersterer den Vorzug zu geben. In Wirklichkeit vollzieht sich gerade in seinen Beschreibungen jener Austausch zwischen Gefühl und nachträglicher emotionaler Einkleidung der Szene, mit dem es ihm gelingt, eine auf die ausschließliche Herrschaft der Vernunft gegründete Tradition zugunsten einer ironischen Sensibilität der Wahrnehmung umzustürzen. Es ist vor allem diese mal ironisch gebrochene, mal bis an die Grenze zur Rührseligkeit getriebene Empfänglichkeit für das Detail, die bescheidene alltägliche Erscheinung, der sich der große Einfluß der *Sentimental Journey* auf die Reiseliteratur verdankt. Er zeigt sich nicht nur in zahlreichen Nachahmungen oder Fortsetzungen der ziellosen *tour* des Helden Yorick, sondern auch darin, daß das Buch, indem es eine neue vorbildliche Figur einführt, einen Reisenden, der für jede einzelne Randerscheinung empfänglich ist, zu einem grundlegenden Wandel der aufklärerischen Sichtweise führt. Viele Jahre später sollte dieses Modell extreme und auf ihre Weise originelle Ergebnisse in Washington Irvings *Tales of a Traveller* (1822) zeitigen. Irving neigt nämlich zu Meditationen über Ereignisse wie Unterbrechungen der Reise, Gäste eines Wirtshauses, die er gar nicht gesehen hat, Langeweile, Müdigkeit, Krankheiten, kurzum zur Beschreibung einer »inneren Reise«, die er aus zufälligen Anlässen und Unterbrechungen der äußeren Reise formt.

Sternes Neuerung hat übrigens tiefe Wurzeln, die sich nicht in der Parodie einer Gattung erschöpfen, der er besonderes Glück gebracht hat. Wenn Yorick die Erzählung von seiner exzentrischen Fahrt »eine Reise durch die menschliche Natur« nennt, faßt er lediglich in einer Formel zusammen, was Sterne in seinem Briefwechsel ausführlich bekannt hat. Die Absicht, die der *Sentimental Journey* zugrundeliegt, so erklärt Sterne dort, sei es, uns zu lehren, die Welt und unsere Mitmenschen mehr zu lieben als wir es gewöhnlich tun: »Aus diesem Grund habe ich mich besonders auf jene hochherzigen Leidenschaften und jene zarten Gefühle konzentriert, die uns dabei behilflich sein können.« Zweifellos geht die Reise Yoricks von der Sichtweise des 18. Jahrhunderts aus, die bemüht war, jene gemeinsame, dem Wesen aller Menschen eingeschriebene Identität zu erfassen, die wahrnehmbar wird, wenn man sich ihnen wohlwollend nähert. Eben auf dieser Suche aber kehrt Sterne den Blickwinkel der Autoren des *travel book* sozusagen um, indem er die Untersuchung vom Äußeren des Menschen – den Sitten und Gebräuchen – auf sein Inneres – die Regungen des Herzens, die Gefühle – verlegt, um sich zu einem Spiegel zu machen, der weniger dazu dient, die umgebende Welt zu reflektieren, als vielmehr auf diese Welt seine eigene, von Wohlwollen, Witz und Melancholie getragene Empfindungsfähigkeit zu projizieren. Er weiß sehr gut, daß die Welt ein Theater aus bloßen Scheinhaftigkeiten und unvollkommenen Auftritten, ein Labyrinth an Gefühlen und widerstreitenden Empfindungen ist, dank dessen Verführungskraft wir jedoch – in einer Art Aufschub des Todes – winzige Bruchstücke einer wahrhaften Gleichheit, einer allgemeinen Moral und eines gemeinsamen Fühlens erkennen dürfen. Dieser unwandelbare Wesenskern der menschlichen Natur, dem Yorick nachforscht, kann sich in den unbedeutendsten und zufälligsten Ereignissen verbergen oder hinter Masken und Konventionen versteckt werden, auf deren Anblick der gutherzige Yorick – als Maske des ironischen Sterne ein echter Vertreter der »benevolent school« – zwangsläufig verwirrt reagieren muß, wodurch er selber an dieser unendlichen Zersplitterung seelischer Zustände und unterschiedlichster Wesenheiten teilhat. Aus der Perspektive der Reiseliteratur aber – unabhängig von Sternes Vertrauen auf eine allgemeine Gleichheit der menschlichen Natur – ist es gerade dieser Prozeß innerer Zersplitterung des Individuums, dieses Sich-Überschneiden und Zerfließen unterschiedlicher seelischer Zustände, der sich in der Außenwelt spiegelt und so eine neue, sich ständig wandelnde Beziehung zur Wirklichkeit der Reiseziele herstellt. Diese Beziehung läßt nun die Anekdote, die zufällige, kleine Szene, die unerwartete Begegnung jeweils in den Vordergrund treten, als bildeten unterdrückte ironische Bemerkungen, überhaupt alles, was verschwiegen wird, das geheime Tagebuch eines institutionalisierten Fremdenführers. Mit ihnen betreten auch die Persönlichkeit des reisenden Erzählers – eigentlicher Katalysator des Pathos wie der ironischen Sentimentalität einer Szene – sowie seine Fabulierkunst und der Roman seiner Ideen und Empfindungen die Bühne.

Das Schreckliche und das Erhabene

Der Wandel, der mit der neuen Gestalt des *man of feeling*, des empfindsamen Reisenden, des *amiable humorist*, von den siebziger Jahren des 18. Jahrhunderts an in der Reiseliteratur eintritt, hebt ein Erzeugnis von unbezweifelbarem literarischen Wert in den Rang einer innovativen literarischen Gattung, die damit ihren Einfluß auf das Gebiet der Romantradition ausdehnen kann. Paradoxerweise kann man sagen, daß das beste und originellste Beispiel der Reiseliteratur des Jahrhunderts ausgerechnet mit dem Zerfall des Kanons an Regeln entsteht, die ihr solides Fundament gebildet hatten. Wie lebenskräftig diese Gattung dennoch ist, bezeugt die Aufmerksamkeit, die ihr von Seiten der größten Schriftsteller seit jeher zuteil wurde, beginnend mit Addison, der am Anfang des Jahrhunderts bemerkt, es gebe keine Lektüre, die ihm größeres Vergnügen bereite und ihn besser unterhalte als die Reiseliteratur, über Richardson, der die literarische Beziehung zwischen Lovelace und Clarissa festigt, indem er von der soeben abgeschlossenen Grand Tour des Liebhabers erzählt, bis zu Jane Austen, die die Heldinnen ihrer Romane am Ende des Jahrhunderts sagen läßt, sie verschmähten diese Art Lektüre keineswegs.

Die Sensibilität in den Naturbeschreibungen der Romantiker, denen die Natur wie ein Geschöpf erscheint, das mit den Stimmungen des Betrachters – ob Maler, Schriftsteller oder einfacher Wanderer – in Einklang steht, hat uns so nachhaltig geprägt, daß wir uns, wären da nicht die bereits beschriebenen ästhetischen und moralischen Prinzipien, kaum erklären könnten, warum der Reisende im 18. Jahrhundert sich so seltsam zurückhaltend gegenüber der Naturszenerie verhält. So fertigt Addison zu Beginn des Jahrhunderts den Anblick der Alpen (den Anblick, wohlgemerkt, und nicht das, was dann die *Erscheinung* und später die *Anschauung* sein wird) mit knappen, stereotypen Bemerkungen ab, und wenig später durchquert Boswell ein so unberührtes Land wie das rauhe und wilde Korsika, als wäre es die lieblichste und vertrauteste aller Gegenden.

Die zweite Hälfte des 18. Jahrhunderts entwickelt jedoch eine Reihe komplexer Poetiken, durch die die Natur demjenigen Reisenden, der bereit ist, den Regungen seines Herzens und ihrem wechselnden Einklang mit den Eigenschaften der Landschaft zu folgen, in einem neuen Bild erscheint. Das Erhabene, von Burke in der *Enquiry into the Origin of the Sublime and Beautiful* (1756) theoretisch beschrieben als Lobpreis der furchterregenden Großartigkeit, die – um Schillers Worte zu gebrauchen – den Geist des Menschen »der engen Sphäre des Wirklichen und der drückenden Gefangenschaft des physischen Lebens« entreißt, führt die Begriffe eines neuartigen Verhältnisses zwischen Mensch und Natur ein, bei dem es nicht mehr um Unterwerfung, um Kontrolle oder um freundliche Bevormundung, sondern um die Betrachtung der Natur als einer unerschöpflichen Macht und Bedrohung geht. Was als erhaben bezeichnet wird, ist nämlich der besondere Reiz der Landschaft, den man nun als eine Gelegenheit für den menschlichen Geist begreift, sich mit der unermeßlichen Größe der Natur, mit der drohenden Gefahr ihrer Gewalten und gleichzeitig mit dem Gefühl der eigenen menschlichen Hinfälligkeit auseinanderzusetzen. Die Natur, mit der der Mensch sich vergleicht, ist jetzt nicht mehr die anmutige Natur der Gärten, auch nicht die manieristisch malerische Natur Salvator Rosas, und am allerwenigsten die heroische und ideale Poussins, sondern »der Anblick unbegrenzter Fernen und unabsehbarer Höhen, der weite Ozean zu seinen Füßen und der größere Ozean über ihm«, die wilde Landschaft der Alpen und die Trostlosigkeit des Apennin, die melancholische, grenzenlose Ödnis der römischen Campagna und die ungezähmte Wut von Wasserfällen und Vulkanen.

Die Beziehung zwischen der Hinfälligkeit des Individuums und der Großartigkeit der Natur kehrt auch im Begriff der historischen Landschaft wieder. Er ist nicht minder geeignet, ein moralisches Urteil, eine furchtbare Mahnung angesichts der Engstirnigkeit der Gegenwart hervorzurufen. Ein Beispiel hierfür bildet die leidenschaftliche Verherrlichung der Ruinen, durch die die vergangene Größe Roms mit seiner düsteren

12 Abraham Louis
Ducros, *Die Cascata
delle Marmore*, bei
Terni in der Nähe
von Rom, um 1780

Pracht spricht. Ruinen, wie sie Silva in seinem *Dell'arte dei giar-
dini inglesi* (1799) erschienen, sind von ihrer pittoresken Rolle als rührendes oder melancholisches Detail befreit worden:
»Alle Ruinen veranlassen den Geist dazu, einen Vergleich zwischen dem früheren Zustand und der Gegenwart anzustellen;
sie rufen uns andere Zeiten und ihre vergangenen Ereignisse
zurück; und die Einbildungskraft findet in den Monumenten,
die sich ihr darbieten, einen Anlaß, weiter vorzustoßen als das
Auge reicht, und sich zwischen Bildern, den geheimen, aber
reichen Quellen der Freude und zärtlichen Melancholie, zu
verlieren. Dies sind die moralischen Wirkungen der echten
Ruinen, und da die Nachahmungen so gemacht sind, daß sie
eine geglückte Illusion hervorbringen, können sie nahezu die-
selben Gefühle auslösen.« Es sind Ruinen, zwischen denen
auch das Gedenken an vergangene Zeitalter und ihre beklem-
mende Macht seinen Ausdruck findet. »Dieses Gefühl des Er-

habenen«, bemerkt Schiller, während er der neuen Beziehung zwischen Mensch und Natur, Mensch und Geschichte, Mensch und Unendlichem nachgeht, »ist ein gemischtes Gefühl. Es ist eine Zusammensetzung von Wehsein, das sich in seinem höchsten Grad als ein Schauer äußert, und von Frohsein, das sich bis zum Entzücken steigern kann.« Es handelt sich nämlich um ein gleichzeitig ästhetisches wie moralisches Gefühl, das Enttäuschung voraussetzt, eine Lust, die Desorientierung und Angst auslöst, »eine Art Genuß«, wie Burke bemerkte, »voller Schrecken«.

Im ästhetisch-topographischen Sinn – dies ist nämlich der Maßstab, auf den wir uns beziehen – zwingt das Gefühl des Erhabenen den Reisenden dazu, bestimmte Vorlieben zu pflegen, wie Schlegel sie zusammengefaßt hat:

»Wie das Rauschen des Waldes, das Brausen der Quelle uns ewig in dieselbe Schwermut versenkt, wie das einsame Geschrei wilder Vögel eine schmerzlich freudige Unruh und Begierde der Freiheit ausdrückt, so fühlen wir in dem Anblick der Felsen immer die Natur selbst; denn nur in den Denkmalen alter Naturzeiten, wenn Erinnerung und Geschichte in großen Zügen vor unser Auge tritt, tun wir einen Blick in die Tiefe dieses erhabenen Begriffs, der nicht beim Genuß der angenehmen Oberfläche schon hervortreten mag.«

Die Verführungskräfte des Pittoresken

Im Jahre 1772 macht der Priester und Schullehrer William Gilpin eine Rundreise an den Ufern des Flusses Wye mit der Absicht, »sich nicht auf eine Untersuchung des Anblicks zu beschränken, den die Landschaft bietet, sondern die Regeln der pittoresken Schönheit zu studieren; sich nicht nur an die reine Beschreibung zu halten, sondern die Beschreibung des natürlichen Szenariums den Prinzipien der künstlichen Landschaft anzupassen«. Gilpins Formulierung faßt klar und geschickt eine neuartige Vorliebe für das pittoreske Szenarium zusammen, die zumindest teilweise schon in der *Description of the Lakes and Vale of Keswick* (1767) von John Brown, in den Gedichten

John Daltons, in Arthur Youngs und Thomas Grays Berichten von ihren Reisen im englischen Lake District, in den *Letters from Snowdown* (1770) von Joseph Cradock und in der *Voyages dans les Alpes* (1799) von H. B. de Saussure zum Vorschein gekommen ist. Als ein echter Theoretiker des Pittoresken – einer ästhetischen und psychologischen Einstellung, die zwar tiefgreifende Veränderungen durchlaufen, sich aber doch bis zu Henry James' Bemerkungen über die Länder des Alten Kontinents lebendig erhalten wird – offenbart Gilpin seine aufklärerischen Wurzeln, indem er die Natur durch den Filter des Künstlichen betrachtet, und beabsichtigt, die natürliche Landschaft nach den Maßstäben eines Gemäldes zu beurteilen.

Dazu ist vor allem eine präzise Unterscheidung zwischen der Natur und der Kunst erforderlich. Denn die Natur entfaltet ihre visuellen Botschaften in einem sehr großen Rahmen, die Kunst dagegen bedient sich eines äußerst reduzierten Ausschnitts, um die Elemente des gewählten Motivs isoliert darzustellen. Der Zweck des Pittoresken ist es also, »die aus einer oberflächlichen Ansicht der Natur herausragenden Einzelheiten dem Auge des Menschen anzupassen«. Im pittoresken Bildausschnitt verbirgt sich außerdem eine ständige dialektische Bewegung zwischen der Einheitlichkeit aller Elemente der künstlerischen Komposition und der bunten Vielfalt der natürlichen Gegenstände. Zusätzlich entsteht eine umgekehrte Dialektik zwischen der geschmeidigen Harmonie des künstlerischen Entwurfs und der strengen Symmetrie der Natur. Am Rande des allgemeinen Regelkanons der klassizistischen und aufklärerischen Ästhetik, die gerade darauf abzielt, das Vielfältige und Unterschiedliche im harmonischen, einheitlichen Bild zusammenzuführen, entwickelt sich daher eine neue Empfänglichkeit für Lichtkontraste, bescheidene und bruchstückhafte Szenen, ein Geschmack am Unbestimmten. Die Vorbilder für diese Betrachtungsweise der Landschaft sind abwechselnd Claude Lorrain, Poussin, Salvator Rosa und, vor allem für die Genreszenen, flämische Maler wie Ostade. Nachdem er einen Überblick über die Gesamtkomposition gegeben hat, beschäftigt Gilpin sich ausführlich mit der Rolle der menschlichen

Gestalten. Sie dürfen lediglich als Ornamente der dargestellten Szenen angesehen werden, an der Genauigkeit der Formen, der Anatomie oder des Ausdrucks besteht kein Interesse mehr. »Wir müssen nur noch erwägen«, bemerkt Gilpin, »wie sie angeordnet sind, sowie ihre Kleidung und Beschäftigungen in Betracht ziehen; welche uns häufig vom reinen Zufall in viel größerer Vielfalt eingegeben werden, als irgendeine Auswahl uns hätte bieten können.« Die Kulissen aus menschlichen Gestalten auf den zeitgenössischen Stichen und Aquarellen, die als Illustrationen der Reiseführer dienen, sind die unmittelbaren Ergebnisse dieser künstlerischen Konzeption. Sie erweisen sich als recht dauerhaft und werden noch weit bis in das folgende Jahrhundert hinein sehr verbreitet sein.

Auf das Vorbild Lorrains geht übrigens auch der unter Anhängern des Pittoresken beliebte Gebrauch des sogenannten *Claude glass* zurück. Dabei handelt es um einen kleinen konvexen Spiegel aus leicht braun gefärbtem Glas mit einem Futteral, der als Camera Obscura fungiert. Mit diesem Spiegel konnte der Wanderer nach Belieben in einen gerahmten Ausschnitt der Landschaft blicken und besaß so gleich an Ort und Stelle Bilder, die mit ihren Maßen und ihrer Farbtönung echten pittoresken Skizzen gleichkamen. In solchen Bildern realisiert sich die von Gilpin beabsichtigte künstliche Reduktion der Natur.

Aber die wirklich neue Kraft, die Gilpin, weit über seine eigentlichen Absichten hinaus, freisetzt, ist vor allem die Fähigkeit zur Einbildung, das Vermögen, die Landschaftsszenerie – anstatt sie zu reflektieren – erstrahlen zu lassen, sie mit eigenem Leben auszustatten, mit einem Wort, sie neu zu erschaffen. Es ist bezeichnend, daß sich der *picturesque traveller* an einem bestimmten Punkt veranlaßt sieht, einen umgekehrten Weg einzuschlagen, der ihn von den Raffinessen der Kunst zum Unbestimmten der Natur führt. Angesichts einer Landschaftsszene, die in ihrer Klarheit den künstlerischen Stempel des Menschen zu tragen scheint, bemerkt der Reisende, daß »ihr nichts fehlt außer dem, was ihr die Einbildungskraft verleihen kann, das heißt, die Verwandlung dessen, was geschliffen ist, in das, was uneben und rauh ist«. Wägt man Kunst und natürliche Szenerie vorsichtig gegeneinander ab, »wird die Einbildungskraft selbst zur Camera Obscura, aber mit dem Unterschied, daß die Camera Obscura die Gegenstände so wiedergibt, wie sie in Wirklichkeit sind, die Einbildungskraft dagegen, da sie den Eindruck der schönsten Szenen und die Zügel der Kunstregeln in sich trägt, ihre eigenen malerischen Szenen nicht nur aus den bewunderungswürdigsten Teilen der Natur, sondern auch mit dem besten Geschmack formt«. Die Tätigkeit der Einbildungskraft mündet in das Wiedererschaffen aus der Erinnerung, in die *rêverie*, die noch befriedigender ist als die unmittelbare Erfahrung: »Ich meine, daß die Naturalisten wie die Tiere größeren Genuß aus dem Wiederkäuen als aus dem viel plumperen Kauen ziehen. Die Erinnerung, bei der wir uns mit Hilfe weniger, flüchtiger Linien erneut die Szenen vorstellen, die einmal unsere Bewunderung erregten, kann uns ein größeres Vergnügen bereiten als wir im damaligen Augenblick empfanden.«

Mindestens ebenso interessant scheint unter diesem Aspekt der *Essay on the Picturesque* (1794–98) von Uvedale Price, in dem das *Pittoreske* als eine dritte Kategorie neben den Kategorien des *Schönen* und des *Erhabenen* vorgeschlagen wird. In diesem Verhältnis tendiert das Pittoreske dazu, als Korrektiv des Erhabenen aufzutreten. Während letzteres nämlich nach Einheitlichkeit strebt, indem ein einzelner, dominierender Effekt betont wird, der alle geistigen Fähigkeiten in seinen Bann zu ziehen vermag, weckt das erstere im Geist gerade ein vielfach differenziertes Interesse, indem es mit der Verschiedenartigkeit, mit der bloßen Erscheinung, mit Verwicklungen und mit dem Unvollendeten spielt. Vom künstlichen Spiegel (des Malers) der Natur wird das Pittoreske nun in den Rang einer kunstphilosophischen Kategorie gehoben. Will man verstehen, welch enormen Einfluß eine Abhandlung wie diese nicht nur auf Landschaftsmaler, sondern auch auf die Vorläufer der Reiseliteratur gehabt hat – nicht zufällig schmücken sich die Reisehandbücher in dieser Zeit mit pittoresken Stichen, mit Genreszenen, mit Skizzen des Landlebens –, sehe man sich nur die Aufzählung jener Elemente an, die Price als zur Kategorie des Pittoresken gehörig anführt. Unter anderem erscheinen dort die Ruinen von Gebäuden als Zeichen des Bruchs mit der formalen Vollendung und mit der Symmetrie; die gotische Architektur; die willkürlichen Anordnungen von Schuppen, Hütten und Mühlen; aufgewühlte Wasserspiegel; knorrige und moosbedeckte Bäume; Böcklein, Hirsche und Esel (anstelle der Schafe und Pferde aus der Tradition der Schäfermalerei); Zigeuner, Bettler, Dörfler und adelige Personen, »vorausgesetzt sie sind fortgeschrittenen Alters und im Exil«.

Zweifellos trägt das Pittoreske einerseits den Keim zu dem in sich, was dann zur verbreiteten, im Grunde bereits veralteten Manier der Skizzenmalerei werden wird; andererseits führt es zum ästhetisierend und wehmütig ausgekosteten Erlebnis bestimmter Orte. Und doch müssen wir, wenn wir uns einmal auf das Thema der Ruinen beschränken, anerkennen, daß sie auf recht vielfältige Weise faszinieren können. Überwältigend ist ihr Zauber, der dem entspringt, was Wordsworth – der Dichter, der auf seiner Fahrt an den Ufern des Wye die berühmten Verse über Tintern Abbey schreibt – »den unvorstellbaren Hauch der Zeit« nennt, der an die Vergänglichkeit aller menschlichen Bauwerke gemahnt. Und auch den sehr viel produktiveren Impuls, der bei ihrem Anblick die Einbildungskraft zu unermüdlicher Tätigkeit anregt, wollen wir keineswegs verschweigen. Der aufmerksame Reisende jedenfalls, oft ein *amateur* im Zeichnen oder Aquarellieren, trägt als Reiseproviant auf seiner Grand Tour die Unterweisungen der Theoretiker des Pittoresken bei sich, die wir mit einem denkwürdigen Ausspruch Gilpins zusammenfassen können: »Unter allen Gegenständen der Kunst wird der pittoreske Blick vor allem von den eleganten Ruinen der antiken Architektur, von verfallenen Türmen, gotischen Bögen und den Überresten von Schlössern und Abteien angezogen. Dies sind die wertvollsten Erbschaften der Vergangenheit. Sie sind von der Zeit geweiht und verdienen nahezu dieselbe Verehrung, die wir den Werken der Natur entgegenbringen.«

Vedutenmaler und Visionäre

Mit der nahenden Jahrhundertwende taucht ein Autor auf, der sich der Aufgabe widmet, die Ideale des Pittoresken à la Gilpin weiterzuentwickeln. Er verbindet sie mit einer rasenden Empfindlichkeit, die bereits den Regelkanon der romantischen und ästhetisierenden *travel literature* des 19. Jahrhunderts vorwegnimmt. Obwohl die Spannbreite der Reisebücher damals schon sehr unterschiedliche Formen umfaßte, ging sein *dérèglement* doch so weit, daß dieser Autor, der »Kalif« Beckford, es für angebracht hielt, die soeben gedruckten Exemplare seiner *Dreams, Waking Thoughts, and Incidents* (1783) zu vernichten, um sie erst viele Jahre später unter dem weitaus harmloseren Titel *Italy, with Sketches of Spain and Portugal* (1834) zu veröffentlichen. Knapp zwanzigjährig unternimmt Beckford, immer zwischen Überdruß und Ausschweifung schwankend, mit einem recht ansehnlichen Gefolge – ein Hauslehrer, ein Arzt, ein Musiker, ein Aquarellmaler, Postillione und Bedienstete – eine Rundreise durch Europa. Welchen Ton sein Buch durchweg anschlägt, zeigen schon die ersten Sätze:

»Soll ich dir meine Träume erzählen? Immer wieder schweben Nebel vor meinen Augen, und durch diese hindurch erblicke ich Gegenstände, so flüchtig und unscharf, daß Formen und Farben mich jederzeit täuschen können. Ein seltsames Bekenntnis für einen Reisenden, wird da der weise Mann sagen; reizende Berichte wird dieser Mensch hier von fernen Ländern geben, und seine Briefpartner werden großen Nutzen aus derartigen Betrachtungen eines Halbblinden ziehen. Einen Augenblick, meine lieben Freunde, habt ein wenig Geduld! Ich beabsichtige nicht, mich mit der Abfassung einer einzigen Beobachtung während meiner Reise zu brüsten; ich werde froh sein, wenn N. N. sich mit meiner Sichtweise als Visionär zufriedengibt; und dann werde ich mit der Gewandtheit des Herrn A., des Herrn B., des Herrn C. und tausend anderer schreiben, und meine Briefe werden in den höchsten Kreisen Anlaß zur Bewunderung geben.«

Als Reise eines Schlafwandlers bilden Beckfords *Dreams* eine Parodie dieser literarischen Gattung und eine Weiterentwick-

13 Jacob More,
Selbstporträt, 1783

lung des Pittoresken, das, mit zahlreichen Variationen über eine
ununterbrochene Linie bis zu Lady Morgan oder den italienischen Tagebüchern des Malers Samuel Palmer und des frühen
Ruskin führt. In gewisser Weise scheint der Leser des *Vathek*
von den visionären und damit normenverletzenden Eigenschaften des Pittoresken an sich angezogen zu werden. In vielen
seiner Briefe aus Italien sind sie spürbar, wie zum Beispiel in der
Beschreibung der Kuppel von Sankt Peter in Rom:

»Ich würde die Fenster mit durchsichtigen Gardinen aus gelber
Seide verhängen, um den Widerschein eines ewigen Sommers zu
erzeugen. Lampen aller Formen und Größen, so viel man will, würden uns an China erinnern, und so wie sie von der Decke des Pa-
lastes hängen, würden sie uns an den Palast des Kaisers Ki denken
lassen, der gut zweimal höher war als Sankt Peter; und das Ganze
wäre von Wachskerzen erleuchtet, da Ihre Kaiserliche Majestät, der
Sonne überdrüssig, auf einem Firmament eigener Schöpfung und
einem künstlichen Tag besteht. Ist das nicht eine phantastische

Idee? Nichts begehrte ich mehr, als hier mit denen, die ich liebe, eingeschlossen zu sein, alle Zeiteinteilung zu vergessen, den Mond zu meiner Verfügung zu haben, und eine Sonne, die wie eine Bühnenvorrichtung nach meinem Belieben auf- und untergeht.«

Was dem Text Beckfords, abgesehen von einzelnen Ausbrüchen seiner üppig blühenden Phantasie, jedoch grundsätzliche Bedeutung verleiht, ist eine das ganze Buch prägende Fähigkeit, Bilder zu erzeugen und kompositorisch so geschickt anzuordnen, daß jede Szene, jedes Detail wie in einer Pose oder wie in der Perspektive eines Gemäldes erstarrt erscheint. Dieses Zusammenwirken von beschreibender Prosa, der Wahl eines malerischen Bildausschnitts und dem feinen Gefühl für Farbgebungen geht, wenigstens zum Teil, auf die von Cozens erhaltenen Lektionen in Aquarellmalerei zurück. Hiermit beginnt eine langandauernde Tradition innerhalb der *travel literature* der Romantik, die über die konventionellen Landschaften romantischer Kupferstich- und Aquarellkünstler wie Prout, Harding und Fielding und später über die imaginären Landschaftsentwürfe Turners führt, um in die historischen Naturszenerien Ruskins, des Tagebuchschreibers, Kunsttheoretikers und tadellosen Aquarellmalers zu münden. Eine weitere wesentliche Komponente in Beckfords Stil und seiner unverwechselbaren Vorliebe für perspektivische Bildausschnitte bildet die ganz persönliche Art und Weise, wie er Gilpins Unterweisungen und besonders der Insistenz folgt, mit der dieser gesehene oder erahnte Dinge auf seinen Bildern durch das »unbestimmte und verformende« Licht der Abenddämmerung, durch seine Vorliebe für rauhe Oberflächen, verwirrende Linienführung und die Kontraste von Licht und Schatten unscharf macht. So werden dann aus den unregelmäßigen Umrissen von Hügeln, den Gruppen von Zypressen und aneinander gedrängten Hütten Zutaten für Szenen, wie »Zuccarelli sie gerne malte«, während Grotten, Wäldchen und verfallene Türme augenzwinkernd auf die Art Szenarium anspielen, »welches Poelenburg und Pieter van Laer in ihre Landschaften einführen«.

Diese Form des Zugangs offenbart eine direkte Wechselbeziehung zwischen der gefühlsmäßigen Wirkung einer Szene

und ihrer beschreibenden Wiedergabe. Der reisende Schriftsteller – und umso mehr der Zeichner – ist nicht mehr jemand,
der Reflexionen über einen bestimmten Ausschnitt der Umgebung anstellt, wobei er die Einzelheiten einer Landschaft nach
vorgeprägten Maßstäben auswählt, egal ob sie ihm nun vom
Claude glass, von der neoklassischen Ästhetik oder der vorro-
mantischen eines Price eingegeben werden, sondern er ist jemand, in dem beim Kontakt mit dieser Landschaft mächtige
Gefühle hervorbrechen, in deren Licht er die Szene zu aller-
erst wahrnimmt. Als Beispiel dieser typisch romantischen
Dynamik à la Wordsworth können wir die folgende Szene ansehen, in der Beckford den mustergültigen *topos* der romantischen Reiseliteratur beschreibt – eine Alpenschlucht:

»Ein Ziegenpfad führte mich am Rand des schäumenden Wassers
entlang in die Tiefe der steilen Felsschlucht hinab, wo ein Bach
sprudelt, der weiter unten Hals über Kopf gegen den Ausläufer eines aschgrauen Felsens stößt und die gefährlich hervorragenden
Büsche mit Tautropfen besprengt. Bei jedem neuen Schwall aus
Wasserspritzern bilden sich große Tropfen, sie funkeln auf den von
der sterbenden Sonne halb vergoldeten Blättern. Ihre erschöpften
Farben tauchen die Berggipfel in ein sanftes Licht und verbreiten
ein göttliches Gefühl der Stille und Ruhe in diesem entlegenen
Schlupfwinkel, der mir wie der äußerste Zipfel der Erde und wie
das Eingangstor zu einer anderen Sphäre des Lebens, einer anderen, glücklichen Welt erschien, jenseits der düsteren Pinien-
wäldchen und Felsgrotten dieser schauerlichen Berge.«

In Anbetracht der Ausdrucksweise Beckfords und besonders
im Zusammenhang mit dem Erscheinungsdatum – 1782 – ver-
wundert es nicht, daß der Autor sich genötigt fühlte, seinen
sechsundzwanzig, zwischen wehmütigen Introspektionen und
erregten Visionen hin- und herschwankenden Briefen einen
abschließenden siebenundzwanzigsten Brief hinzuzufügen,
der – im endgültig letzten Rückgriff auf eine bewährte Tradition – den *Reflections on the Economy, Politics, and Fine Arts of
General European Nations* gewidmet war.

Der romantische Reisende

Das Pittoreske bewirkt eine entscheidende Veränderung in der Sichtweise des Reisenden; auf Tagebuchseiten und Skizzenblättern läßt es nun eine lange und facettenreiche Abfolge von Landschaften auftauchen, die sich von einer Stadt zur anderen ziehen. Die Stadtreise des 18. Jahrhunderts, bei der das Hauptinteresse des kosmopolitischen Reisenden den verschiedenen Formen der urbanen Topographie, den politischen Institutionen und den bürgerlichen Sitten galt, wird jetzt um die Entdeckung der gefühlsmäßigen Ressourcen bereichert, die die Landschaften außerhalb der Städte bergen. Die Entdeckung dieser Landschaft mit ihrem ganzen Reichtum unterschiedlicher Töne und Eindrücke bildet ihrerseits eine neue Sensibilität im Verhältnis zum architektonischen Gesamtbild der Städte aus.

Noch der uninspirierteste Reisende wirft die Frage auf, wieviel im Jahre 1814, als die unterbrochenen Verbindungen wieder aufgenommen werden, vom Reisenden des 18. Jahrhunderts noch übrig geblieben ist. Dieser Typus des Reisenden war bereit, über alles Konversation zu machen; verstand durchaus etwas von Kunst, Geologie, Botanik, Hydraulik, ohne darum schon Fachmann für irgendeine Wissenschaft zu sein; war geistig offen und verpflichtete sich doch zur genauen Beobachtung unbedeutender Dinge; vertraute auf die Möglichkeit allgemeiner Verständigung zwischen den Menschen und studierte gerade darum klug die Sprachen und Sitten jedes Landes; wußte gewitzt mit der Feder umzugehen, ohne sich jedoch irgendeine Freiheit herausnehmen zu können ... Wer die wertvollen Bände von Joseph Forsyth oder Lady Morgan durchblättert – die letzten hoch angesehenen und weit verbreiteten Reiseführer vor dem Aufkommen der Baedeker und Murrays und ausgezeichnete Beispiele populärer Literatur –, spürt, wie jene vielfältigen Begabungen allmählich zurückgehen und die Suche nach verborgenen Gegenden außerhalb der Stadtzentren, nach unbesiedelten oder wilden Landstrichen deutlicher hervortritt. Auf diese Gegenden projiziert sich ein

14 Claude-Joseph Vernet, *Küstenszene bei Genua*, 1734

unbewußtes Bedürfnis nach Flucht und Unterschlupf, nach
einem erneuten Andenken an die Geschichte und nach wilder
Unberührtheit. So gräbt, um ein Beispiel zu geben, Forsyth im
mythischen Gedächtnis eines Ortes, um dort das ferne Echo

anderer Kulturen und Völker zu vernehmen: »Als wir in das päpstliche Staatsgebiet hineinfuhren, stimmte uns die eintönige Farbe der trockenen Lehmerde zunächst für lange Zeit traurig. Schließlich erhob sich vor uns Acquapendente, umgeben von uralten Eichen, grünen Abhängen, die sich eines zweiten Frühlings zu erfreuen schienen, schwebenden Weinbergen, Hügeln und Felsgrotten, die von herabhängendem Laubwerk bedeckt wurden. Der Bolsenasee, der bei San Lorenzo breiter wird, zeigte uns seine Inseln, die von Burgen überragten Felsen, die Ufer, bekränzt von unberührten Wäldern und von Ruinen, auf noch älteren Ruinen errichtet, Bolsena, das auf Volsini herabstürzt ...« In seiner Beschreibung desselben Ortes auf einem Abschnitt der Straße zwischen Siena und Rom bezieht sich der Architekt Joseph Woods ausdrücklich auf die Prinzipien des Pittoresken: »Auf der Fahrt nach Süden wird das Naturschauspiel zum Ergreifen schön, die Straße führt zwischen herrlichen Bäumen hindurch, und das verfallene, wegen der Malaria verlassene Dorf San Lorenzo, das sich an einen hervorspringenden Felsblock klammert, stellte die Quintessenz des Pittoresken dar. Das Städtchen Bolsena und sein Schloß, ein wenig weiter, standen dem um nichts nach. Der Anblick war von außergewöhnlicher Schönheit, er hatte jenen Anflug des Rauhen und Pittoresken, der jede Vorstellung von Ebenmaß auslöscht und der, wie Uvedale Price sagt, ein Teil des Schönen selbst ist.« Mit seiner Suche nach dem Unebenen, Alten, Düsteren, den typischen Eigenschaften des Pittoresken, beschwört der romantische Reisende in visuellen Begriffen den letzten realen Anhaltspunkt der schöpferischen Einbildungskraft, und den gleichen Zweck verfolgt er, wenn er sich, in anderen Zusammenhängen, in die historische Erforschung der Folklore und der lokalen Mythen vertieft.

Vielleicht spürt der Reisende früher als jeder andere Intellektuelle oder Schriftsteller, wie die Welt sich erbarmungslos verhärtet vor der »eiskalten Wahrheit« – jener von der Wissenschaft aber auch der bevorstehenden Industrialisierung und der politischen Restauration erzeugten, eisigen Wahrheit. Auf der Suche nach den Landstrichen, die von der Zivilisation ver-

15 Ernst Meyer, *Ein römischer Schreiber liest einem Mädchen laut einen Brief vor*, 1833

schont blieben, aber immer unauffindbarer werden, schiebt er die geistigen und materiellen Grenzen seiner Wanderungen so weit hinaus wie kein anderer. Mit gewohntem Scharfsinn bemerkte Leopardi, ein großer Reisender in der Phantasie: »Die merkwürdigsten und interessantesten Reisen, die man heutzutage in Europa, also einer zivilisierten Gegend, machen kann, sind die Reisen in weniger zivilisierte Länder wie die Schweiz, Spanien und ähnliche Länder, die trotz allem noch ein wenig Natur und Eigenart bewahrt haben. Die Beschreibungen der Sitten, der Charaktere, der Meinungen, der Gebräuche dieser Länder zeichnen sich immer durch Mannigfaltigkeit, Unvergleichbarkeit, Kuriosität und Bedeutung aus.« In dieser Überlegung Leopardis finden wir die maßgeblichen Weihen der romantischen Reiseliteratur und die unvergänglichen Mythen der Literatur des modernen Tourismus – Mythen, die allerdings verglichen mit der tatsächlichen Kenntnis der Welt zunehmend als Betrug erscheinen müssen. Auch die heutige Tourismusliteratur gründet ihre Ideale, wie Enzensberger anmerkt, »auf die verzauberten Fernen der Einbildungskraft«, auf die jungfräuliche Natur, die Legende, die Folklore, die vermeintliche Unberührtheit von Landschaften und Geschichte.

Im Unterschied zu den Reisenden des Aufklärungszeitalters fühlen sich die Romantiker gerade von der irreduziblen Vielfalt der natürlichen, historischen, künstlerischen, ethnischen und kulturellen Gegebenheiten der besuchten Länder angezogen. Angesichts des Schrecklichen, des Erhabenen, des Pittoresken der Landschaft – Lieblingskategorien der neuen Ästhetik als Einspruch gegen die Neigung zur Einheitlichkeit und Allgemeinheit – wird ihr Gefühl vibrieren und diese Eigenschaften, wie die Äolsharfe, das berühmte romantische Symbol, zum Anlaß für Gesang und Lobpreis machen. Aus dieser neuen Haltung entstehen Werke und Tagebücher, die man mit größerem Genuß liest. Denn hier wird eine große Spannbreite unterschiedlichster psychologischer Reaktionen, schmückender Episoden, Skizzen, Naturbeschreibungen und kleiner Anekdoten aufgezeichnet, fast als ob die Reiseführer mit dem Herannahen des Zeitalters der Baedeker und Murrays noch einmal ihre Kreativität und ihren unverwechselbar individuellen Ton unter Beweis stellen wollten. Gerade für diesen Ausschnitt des 19. Jahrhunderts, in dem das Reisebuch seine Farbe wechselt, um sich in essayistische Abhandlungen oder erzählende Prosa zu verwandeln, scheint es besonders wichtig, die Kategorie des Pittoresken genau zu untersuchen, um einerseits den skizzenhaften und ästhetisierenden Stil zu verstehen, den es ausgebildet hat, und um andererseits zu begreifen, welch grundlegenden Beitrag es für bestimmte ästhetische Vorlieben in der Kulturgeschichte Europas geleistet hat.

Reiserouten, Jahreszeiten und Stationen

Jenseits des Ärmelkanals: die Reise durch Frankreich

Die Grand Tour begann, jedenfalls für einen britischen Staatsbürger, in Dover, oder in irgendeinem anderen Hafen des Ärmelkanals – Harwich, Brighton, Yarmouth –, wo er mit Ausrüstung und Gepäck an Bord von Schiffen ging, die durchschnittlich etwa zehn Stunden brauchten, um den Ärmelkanal zu überqueren. Verfügt der Reisende über eine eigene Kutsche (die meisten mieteten allerdings eine Kutsche in Calais), kann er sie mit an Bord nehmen und auf der Brücke festbinden, wenn das Wetter und der Platz auf dem Schiff es erlauben. Andernfalls ist er gezwungen, sie – wie später am Fuß der Alpen – Stück für Stück auseinanderzunehmen, bevor er sie auf das Schiff hievt. Schon auf dem Meeresarm, der die britische Küste von der französischen trennt, können die ersten Unbilden für den Reisenden beginnen. Davon spricht Thomas Coryate, einer der ersten »grandtourists«, in seinem Werk mit dem Titel *Crudities*: »Ich schiffte mich in Dover etwa um zehn Uhr vormittags am 14. Mai ein, welcher ein Samstag und der Vorabend des Pfingstfestes im Jahre 1608 war, und kam gegen fünf Uhr nachmittags in Calais an, nachdem ich die Flanke des Schiffes mit den Aufwallungen meines verstörten Magens bemalt hatte.«

Nicht selten kam es vor, daß plötzliche Stürme die Reisenden zwangen, sich in Gasthäusern zu verkriechen und darauf zu warten, daß das Meer sich beruhigte, oder, wenn die Reise schon begonnen hatte, andere Häfen anzulaufen und sich auf unvorhergesehene Reiserouten einzustellen. Das Auftauchen der französischen Küste fiel außerdem nicht unbedingt mit dem Ende aller Ärgernisse und Unbequemlichkeiten zusammen, die der geduldige Reisende bis jetzt auszustehen hatte. Oft konnte das Schiff nämlich wegen der Ebbe keinen Hafen anlaufen. Dann war man genötigt, einen Zuschlag an die Besitzer kleiner Boote zu zahlen, die scharenweise um das bewegungslos dümpelnde Schiff kreisten, um Passagiere und Gepäck an Land zu bringen. »Sie ruderten uns an Land«, schreibt Tobias Smollett, »gegen den Wind und bei schwerer See, die uns nach allen Seiten warf. Als wir endlich den Hafen erreichten, wo sie uns absetzten, waren wir wie betäubt von der Kälte und, vor allem die Frauen, von der Seekrankheit. Von der Anlegestelle aus mußten wir mindestens eine Meile weit laufen, um zum Gasthaus zu gelangen, wobei uns sechs oder sieben Träger halfen, die mit nackten Beinen vorausliefen und unser Gepäck auf Karren zogen.« Sehr viel mehr Glück hat Fanny Burney, die 1802 schreibt: »Die Windstille, der Grund für unsere langsame Überfahrt und unsere Seekrankheit, wurde jetzt günstig für uns, denn sie führte uns im Hafen von Calais genau auf die Höhe des Kais und so nah an ihn heran, daß wir nur ungern einwilligten, als man uns helfen wollte, vom Schiff auf den Strand herunterzusteigen. Am Kai entlang standen Leute aufgereiht: Männer, Frauen, Kinder und einige amphibische Wesen, die als das andere Geschlecht oder als was auch immer auf der Welt hätten durchgehen können, ausgenommen als das, was sie wirklich waren, nämlich europäische Frauen!« Entscheidend für eine wesentliche Verbesserung und größere Zuverlässigkeit der Überfahrt über den Ärmelkanal wird das Jahr 1821, als die ersten Dampfschiffe ihren Dienst aufnehmen, die die Überfahrtsdauer verkürzen und einen viel regelmäßigeren Betrieb ermöglichen.

Wie steifgefroren und magenverstimmt er auch sein mag, ist er erst einmal in Calais, kann unser Reisender es kaum erwarten, nach Paris aufzubrechen, zur ersten wirklichen Etappe auf dem Kontinent, die über die Städtchen Boulogne, Montreuil, Abbeville, Amiens und Chantilly führt. Es handelt sich um eine relativ bequeme Strecke, auf der dann gewöhnlich mit sarkastischen Bemerkungen auf die Zeichen der katholischen Religion hingewiesen wird, die in Gestalt von großen und kleinen

16 *Die Kabine eines Paketbootes,* um 1820

Altären, Kreuzwegen, Kapellen an der Straße und natürlich eines massenhaften Aufgebots an Mönchen und Priestern inmitten einer schier unglaublichen Anzahl Bettler auftritt. Vor John Ruskin kommt niemand auf die Idee, die Bibel von Amiens oder das mittelalterliche Viertel von Abbeville zu bewundern, es sei denn man bleibt wegen irgendeines Unfalls zu Fuß zurück. Tatsächlich müssen wir uns von nun an in die Denkweise des Reisenden der Grand Tour versetzen, für den es unvorstellbar ist, in Orten anzuhalten, die nicht zu den geplanten Stationen für einen Aufenthalt gehören oder keine hochberühmten Städte sind.

Nach unangenehmen Erfahrungen mit den Gasthäusern der Poststationen, die zur untersten Kategorie gehören, findet der Reisende in Paris sowohl in den Hotels wie in den bei Privatleuten angemieteten, sogenannten »Fremdenzimmern« bequeme, ja sogar luxuriöse Unterkünfte. Paris ist als Hauptstadt der Mode berühmt, darum darf es nicht verwundern, wenn unser Reisender, egal, ob er jung oder fortgeschrittenen Alters ist, eilt, sich zuallererst beim Schneider einen schwarzen Anzug mit vergoldeter Weste machen zu lassen. Hören wir ein direktes Zeugnis von Tobias Smollett, ein ewig unzufriedener

Reisender, der aber über eine sehr scharfe Beobachtungsgabe verfügt: »Wenn ein Engländer in Paris ankommt, läßt er sich nicht eher blicken, als bis er eine vollständige Metamorphose durchgemacht hat. Er schickt sofort nach dem Schneider, dem Friseur, dem Hutmacher, dem Schuhflicker und allen anderen, die mit der Ausrüstung und Ausstattung des menschlichen Körpers zu tun haben. Und sollte es ihn seine Gesundheit kosten, er wählt die Kleidung nach seiner momentanen Laune. Auch wenn zum Beispiel eine hundsgemeine Kälte herrscht, trägt er weiter Sommerkleidung, und es fällt ihm nicht im Traum ein, vor dem festgesetzten Tag etwas Wärmeres anzuziehen.«

Einen Überblick über Paris, der zwar nur ein *vol d'oiseau* ist, für unsere Bedürfnisse jedoch ausreicht, vermittelt uns William Hazlitt, der uns das folgende Panorama hinterließ:

»Paris ist von dort aus, wo man es überblicken kann, wirklich schön. Von den Brücken ist die Aussicht sogar noch eindrucksvoller und malerischer als bei uns. (...) Vom Pont Neuf aus gesehen, erheben sich ringsumher, ob man flußaufwärts oder -abwärts blickt, von allen Seiten Unmengen öffentlicher Gebäude und Häuser in riesigen, immer höher werdenden Spiralen und rufen einen Eindruck von solider Masse hervor, der so außerordentlich verwirrend ist, daß man sich nicht leicht davon erholt. Die Klarheit der Luft, der glitzernde Sonnenschein und die kühlen Schatten tragen das Ihre zum Zauber der Szenerie bei. An Sonnentagen blendet alles das Auge wie ein Spiegel aus Stahl. London bietet einen offeneren und weiteren Anblick; es liegt ebener und erstreckt sich über eine größere Fläche bis es sich in dunstiger Pracht am Horizont verliert. Im Grunde ist es eine gewöhnliche Stadt, ein Ort für Handel und Geschäfte. Paris dagegen ist ein herrlicher Anblick, ein Gebilde, das aus der Erde gegraben wurde und nun über ihr schwebt. Die würdigen, altmodischen Fassaden und hervorspringenden Ecken der Häuser verleihen ihm das ehrfurchtgebietende Aussehen des Alters, während ihre Strukturen und Farben die Stadt in ein modernes, glänzendes Kleid hüllen. Es sieht aus wie eine Ansammlung von Palästen und Ruinen gleichzeitig! (...) Auch der Palast der Tuilerien ist eine sehr vornehme Zusammenstellung von Gebäuden, allerdings kein architektonisches Glanzstück. Er ist ein wenig schwerfällig und monoton, eine Wohnstatt für die Körper und die Köpfe der Könige, aber er zieht sich in einer lobenswert regelmäßigen, gradlinigen Wiederholung seiner selbst dahin, ohne daß irgendeinem einzelnen Teil besonderer Wert oder Sinn beigemessen würde (wie die Anhäufung von Reichtümern in einer Erbfolgedynastie). (...) Das Luxembourg, das Invalidenhospital, der Justizpalast und zahllose andere Gebäude, öffentliche wie private, sind allem was wir von der Art in London haben, weit überlegen, mit Ausnahme von Whitehall, an das Inigo Jones seine begnadeten Hände legte...«

Nach der Abreise aus Paris führt die beliebteste Strecke zuerst nach Dijon und dann das Tal der Saône entlang über Châlon, Mâcon und Villefranche bis nach Lyon. Alternativrouten gehen über Briare, Nevers, Moulins oder über Melun, Joigny und Auxerre. Als sie 1826 aus der französischen Hauptstadt abreist, faßt Anna Jameson die Strecke, die sie jetzt zurücklegen wird, folgendermaßen zusammen: »Unser Gepäck ist verstaut, die Pässe sind unterschrieben, und morgen brechen wir nach Genf auf, über Dijon, durch den Jura. Ich bedaure die Abfahrt durchaus nicht, ich habe keine Angst vor der Zukunft, ich hoffe nur auf eine Veränderung: Ist nicht alles, was noch über Paris, seine Wunder und seine Eitelkeiten, seinen Glanz und seine Freuden, gesagt werden könnte, schon in den getreuen Berichten vieler berühmter Reisender erzählt worden? Und könnte ich wohl noch etwas hinzufügen, was nicht schon längst gesagt worden ist?« Die Entscheidung für die eine oder die andere Strecke hängt häufig vom Zustand der Straßen und von den Unbilden des Wetters ab. Manchmal benutzt man die von Pferden gezogenen *bateaux de poste*, auf die die Kutsche und alles andere geladen werden kann. In Lyon, das als eine der gastfreundlichsten Städte Frankreichs gilt, macht der Reisende ein paar Tage Rast, um sich auszuruhen und um das römische Tor und andere Überreste der Kaiserzeit zu besichtigen, wie Lady Mary Wortley Montagu und andere berichten. Nach Lyon fährt der größte Teil der Reisenden weiter in Richtung Chambéry, Annecy und Hoch-Savoyen in der Nähe der gefürchteten Alpenpässe. Andere dagegen wenden sich nach

Süden und folgen dem Lauf der Rhône bis nach Avignon, um dann in Richtung Marseille und in die Städte der Provence zu fahren. Eine kurze Beschreibung von Avignon vermittelt uns einen Eindruck davon, welche Art Anmerkungen der erfahrene Tourist zu machen pflegt, und welcher Geschmack ihn dabei leitet: »Die Mauern und Türme der alten Stadt Avignon sind allzu regelmäßig, um pittoresk zu wirken, aber das Vorgebirge mit dem Schloß, das sich über einem Labyrinth aus Gäßchen vor dem Fluß erhebt, und besonders die verfallene Brücke bieten einen sehr wirkungsvollen Blickfang...« Die Zeiten Viollet le Ducs und seiner Begeisterung für die provenzalischen Städte sind hier natürlich noch weit entfernt.

Die meistbesuchten unter den Städten Südfrankreichs sind diejenigen, die mit ihren römischen Monumenten sozusagen einen Vorgeschmack auf das Hauptziel des Reisenden der Grand Tour bieten. Mit Interesse besichtigt man die übereinanderliegenden Bögen des kolossalen römischen Aquädukts Pont du Gard und das herrliche Arles, das die zeitgenössischen Führer als »ein zweites Rom« bezeichneten. In Nîmes versetzt der Anblick des Maison Carrée Smollett in tiefstes Erstaunen, ja, es scheint ihm nur eine zauberische Vorspiegelung zu sein, »weil es mit seinen vollkommenen Proportionen so intakt geblieben ist, obwohl schon so viele Epochen aufeinanderfolgten, eine barbarischer als die andere«. Die Häfen, in denen man sich nach Italien einschiffte, waren Marseille und Nizza.

Bevor wir französischen Boden verlassen, sollte sich noch ein zusammenfassendes Urteil über die Einrichtung der Gasthäuser in diesem Land anschließen, verfaßt von dem Agronom Arthur Young, der im Jahre 1787 schrieb:

»Nachdem ich nun das Königreich durchquert und in vielen französischen Gasthäusern gewesen bin, kann ich allgemein über sie sagen, daß sie durchschnittlich in zwei Hinsichten besser sind als die englischen und schlechter, was alles andere angeht. Wir haben zweifellos besser gelebt, was das Essen und Trinken betrifft, als wenn wir zum doppelten Preis von London in die Hochebenen Schottlands gefahren wären. Würde man aber in England immer das Beste bestellen, ohne Rücksicht auf die Kosten, dann hätten wir dort zum doppelten Preis besser gelebt als in Frankreich. Die gewöhnliche Küche Frankreichs hat große Vorzüge. Es stimmt zwar, daß sie alles so lange braten, bis es vollkommen zäh ist, wenn man sie nicht aufhält, aber sie bieten eine so große Menge und Vielfalt an Gerichten, daß man, wenn einem manche nicht zusagen, leicht andere findet, die den Gaumen zufriedenstellen. Die Nachspeisen in einem französischen Gasthaus haben von den englischen keine Konkurrenz zu fürchten, und auch die alkoholischen Getränke sind nicht zu verachten. Wir haben manchmal einen schlechten Wein bekommen, aber im allgemeinen war er immer noch besser als der Port, den man in englischen Wirtshäusern trinkt. Die Betten sind besser in Frankreich; in England sind sie nur in den teuren Gasthäusern gut; und wir hatten nicht unter der Angewohnheit zu leiden, die in England so lästig ist, daß man nämlich die Betten anwärmen lassen muß...«

Die Reise als Abenteuer: die Einreise nach Italien

Noch in ihren nüchternsten und schlichtesten Versionen kehrt die Reiseerzählung unbewußt die typischen Wirkungsmechanismen der Abenteuerliteratur hervor, nämlich die Übermacht des Zufalls und das Aufeinanderfolgen unvorhersehbarer Zwischenfälle. In der Reiseerzählung leben die schicksalhaften Prüfungen fort, die es auf der Fahrt als Initiationsritus zu bestehen gilt. Solange er unterwegs ist, ist der reisende Erzähler dem Geflecht seiner sozialen Beziehungen, seiner Familie und gesellschaftlichen Klasse entzogen und in ein ganzes Universum schwer einzuschätzender Andersheiten geworfen. In diesem Sinn hat die Reise oft mit einer Art rituellem Tod und anschließender Neugeburt zu tun, ob es sich nun um den Hypochonder oder den Brustkranken handelt, die genesen müssen, um den Melancholiker, der seine geistige Gesundheit wiedererlangen will, oder um den Jüngling, der reifen und endgültig erwachsen werden muß.

Zweifellos ist es gerade die Einreise nach Italien, über das Meer oder die Alpen, die jahrhundertelang an der Vorstellung mitwirkte, es ginge um eine gefährliche Prüfung für Pilger und

Händler, Studenten und vergnügungssüchtige Touristen. Der Reisende des Mittelalters konnte über verschiedene Alpenpässe nach Italien gelangen. Bei allen Verbesserungen im Lauf der Jahrhunderte werden diese Pässe zwischen dem 18. und 19. Jahrhundert immer noch am häufigsten benutzt. Obligatorischer Paß für den Händler, den Diplomaten oder Pilger, der aus den deutschen Kleinstaaten kam und nach Venedig wollte, war der Brenner, der sich jahrhundertelang als äußerst leicht überwindbar bewährt und mit einem sehr guten Hotel aufwartet. »Zur Post« heißt dieses Gasthaus, wo Goethe im September 1786 übernachtet, wo ihm Winckelmann 1755 vorausging, und wo Herder 1788 nachfolgen wird. Bereits im Jahre 1693 bemerkt ein Geistlicher aus Treviri in seinen *Ricordi*: »In Lueg zahlt man den Wegzoll, dann steigt man den Berg hinauf, der Brenner genannt wird. In dem Wirtshaus, das sich auf seinem Gipfel befindet, aßen wir sehr gut zu Mittag.« Ein weiterer Paß für die aus deutschem Gebiet kommenden Reisenden ist der Reschenpaß.

Italien und die Schweiz werden durch die wohlbekannten Pässe über den Sankt Gotthard und den Simplon verbunden, die zum Lago Maggiore und weiter nach Mailand führen; außerdem durch den Kleinen und den Großen Sankt Bernhard. Von diesen vier Pässen scheint der Simplon zur Zeit der Grand Tour der meistbenutzte zu sein. So beschreibt ihn John Evelyn um die Mitte des 17. Jahrhunderts:

»Am nächsten Morgen stiegen wir wieder über seltsame, schauerliche, beängstigende Felsengebirge und Einöden, dicht mit Pinien bewachsen und nur von Bären, Wölfen und Wildziegen bewohnt. Unser Blick nach vorne reichte nicht weiter als einen Pistolenschuß, denn der Horizont wurde von Felsen und Bergen begrenzt, deren schneebedeckte Gipfel den Himmel zu berühren schienen und an vielen Stellen durch die Wolken stießen. Einige dieser riesigen Berge bestanden aus einem einzigen, gewaltigen Stein, aus dessen Spalten hier und da große Ströme geschmolzenen Schnees und anderer Gewässer hervorbrachen, die ein schreckliches Brausen veranstalteten, dessen Echo von den Felsen und Grotten ringsumher widerhallte. Diese Wasser, die an manchen Stellen als Was-

17 H. Winkler, *Brücke am St. Gotthard*, 1842

serfälle herunterstürzten, durchnäßten uns, als wanderten wir
durch feuchten Nebel, und waren so dicht, daß wir einander weder
sehen noch hören konnten. Wir mußten uns für den weiteren Weg
auf unsere treuen Maultiere verlassen. Für die schmalen Brücken,
die es an manchen Stellen gibt, hat man einfach große Fichten ge-
fällt und von einem Berg zum anderen quer über atemberaubend
tiefe Wasserfälle gelegt. Sie sind sehr gefährlich, ebenso wie die
engen Nischen und schmalen Pfade, die einfach in den Felsen ge-
schlagen wurden.«

Der Alpenpaß der *grandtourists,* die über Chambéry aus Frankreich kommen oder über Turin dorthin zurückkehren, ist bis
zum Jahr 1814 der Mont Cenis. Dem Aufstieg geht auf der
französischen Seite eine Rast im Dorf Lanslebourg und auf der
italienischen in dem Ort Susa voraus. Diesen Haltestationen
mit ihren überfüllten Gasthäusern, den langen Reihen von
Maultieren, die die Berge hinauf- und hinunterklettern, den
Schmieden und Trägern, die die Kutschen zerlegen und wieder zusammenbauen, den Führern, Postillionen und Kurieren
verdanken wir äußerst interessante Beschreibungen und Skizzen. Sie alle beherrscht jedoch das Gefühl großer Beklemmung angesichts des bevorstehenden Aufstiegs und, zumindest

79

bei den sensibleren Reisenden, die Wahrnehmung des Elends der Einwohner dieser Orte.

Natürlich können wir hier unmöglich einen Überblick über die umfangreiche Literatur geben, die sich allein mit dem Mont Cenis befaßt. Von vielen Reisenden des 17. Jahrhunderts sind lebendige und präzise Beschreibungen des Passes und der Techniken überliefert, derer man sich für den Auf- und Abstieg bediente. Einer der berühmtesten Verfasser von Reiseführern erzählt 1766, daß es auf der savoyischen Seite des Mont Cenis noch üblich war, die Reisenden auf Schlitten (eine moderne Variante der Ochsenhäute, die man im Mittelalter dafür benutzte) ins Tal hinunter rutschen zu lassen. Die Schlitten wurden von Führern gelenkt, die schwere Bergschuhe mit Eisenhaken unter den Sohlen trugen, die Technik des »se faire ramasser«, wie Lalande sie definiert. Eine der lebendigsten Beschreibungen des Passes über den Mont Cenis hat Horace Walpole gegeben, der die Überquerung 1739 in Gesellschaft von Thomas Gray wagt:

»Es hat uns acht Tage gekostet, von Lyon hierher zu gelangen, die letzten vier waren nötig, um die Alpen zu überqueren. Welch wilde Felsen, welch rauhe Bergbewohner! Ich hoffe, ich muß sie nie wieder sehen. Am Fuß des Mont Cenis mußten wir unsere Kutsche verlassen, die in ihre Einzelteile zerlegt und auf Maultiere geladen wurde. Wir wurden in niedrigen Armsesseln getragen, die auf Stangen ruhen, und in Mützen, Handschuhe, Hosen und Muffs aus Biberfell und Bärenhäuten gehüllt. (...) Die Schnelligkeit und Geschicklichkeit dieser Bergbewohner ist unfaßbar, sie laufen mit deiner Last gefrorene Steilhänge und Abgründe hinunter, wo keiner von uns heutigen Menschen überhaupt gehen könnte. Wir hatten zwölf Männer und neun Maultiere zur Verfügung, um uns, unsere Diener und unser Gepäck zu transportieren, und wir benötigten über fünf Stunden für diesen unterhaltsamen Ausflug!«

Gleich nachdem er im Tal angelangt und wieder in die Kutsche gestiegen ist, erzählt Walpole mit dem ihm eigenen tragikomischen Ton folgende Anekdote: »Ich hatte einen kleinen schwarzen Spaniel aus der Züchtung König Charles' mitgenommen, das niedlichste, fetteste, liebste Geschöpf! Ich hatte ihn aus der Kutsche gelassen, damit er Luft schnappen konnte, und er watschelte vor den Pferden her, auf dem höchsten Punkt der Alpen, am Rand eines Fichtenwaldes. Da sprang pfeilschnell ein junger Wolf heraus, packte den lieben, armen Tory an der Kehle, kletterte, bevor wir es verhindern konnten, an der Felsseite hoch und verschwand mit ihm. Der Postillion sprang vom Kutschbock und schlug mit der Peitsche nach ihm, aber vergebens...«

Schon um das Jahr 1818 herum verändert sich der Mont Cenis-Paß gründlich. Während auch sie sich soeben anschickt, mit der Kutsche über den Paß zu fahren, vertraut Lady Morgan ihrem Reisetagebuch an, welche Beklemmung und Angst sie überfiel, als sie die Reiseberichte ihrer Vorgänger las. Aber sehr bald bemerkt sie, daß »alles, was vor kaum zwanzig Jahren gefährlich war, sich jetzt als bequem, angenehm und sicher erweist; sicher, sieht man vom zufälligen Unfall ab, und erhaben, wenn man sich keine Sorgen macht (...). Während unserer Überfahrt war die Straße zugeschneit, aber das Geländer an den Seiten zeigte, wie breit sie war, und die Leichtigkeit, mit der sie in immer neuen Windungen hinaufkletterte, bewies die Kühnheit, die Genialität und die Perfektion dieser Trasse...« Trotzdem können die Alpen noch die Faszination des Erhabenen auf sie ausüben: »Angesichts von Naturschauspielen wie diesem wird die Seele gerade nicht, wie man so sagt, erhoben. Sie wird brutal mit ihrer eigenen Nichtigkeit konfrontiert. In Betrachtung dieser Ablagerungen und ihrer erhabenen Mißgestalt, die die gewöhnlichen Proportionen der Natur um so vieles übersteigen, fühlt der Mensch sich als das, was er wirklich ist: ein Sandkörnchen!« Auf dem höchsten Punkt des Passes findet sie zu prosaischeren Tönen zurück: »Die Fenster der Poststation, des Gasthauses, des Klosters und der Kaserne waren durch festverschlossene Fensterläden geschützt. Ein Klosterbruder und ein paar traurig aussehende Soldaten strichen umher. Eine Alte bot uns ein paar Dutzend Lilien ohne Duft an, die sie ›fior di Cenisia‹ nannte, und einige Kinder saßen mit schneebedeckten Knien auf der Treppe des Klosters.«

18 Henry Parker, *Hafenansicht von Genua*, um 1840

Die beiden einzigen Alternativen zur Einreise nach Italien über die Alpen sind die Via della Cornice, die Straße über das sogenannte »Gesims«, und die Anreise auf dem Seeweg. Mit dem Begriff »Gesims« pflegte man die in unzähligen Windungen verlaufende Straße – oder genauer: den Maultierpfad – zu bezeichnen, der von Nizza nach La Turbie, Monaco und dann an die Ligurische Küste und weiter nach Genua führte. Für Kutschen noch bis nach 1820 nicht befahrbar, bildete die Cornice den gefährlichsten Einreiseweg nach Italien. Smollett, der ein besonderes Geschick für die Wahl der unwegsamsten Straßen zu haben scheint, erzählt über sie: »Rom ist von Nizza etwa vier- bis fünfhundert Meilen entfernt; ich hatte beschlossen, die Hälfte der Strecke auf dem Seeweg zurückzulegen. Tatsächlich gibt es keine andere Möglichkeit, von Nizza nach Genua zu gelangen, es sei denn man nimmt sich ein Maultier und klettert mit einer Geschwindigkeit von zwei Meilen in der Stunde über die Berge, mit dem Risiko, sich jederzeit das Genick zu brechen. Keiner von denen, die aus England, aus Frankreich, aus Holland und aus Spanien direkt nach Italien reisen, würde einen langen, unsicheren Weg auf sich nehmen, der einen dazu zwingt, die Alpen in Savoyen und im Piemont zu überqueren, wenn es möglich wäre, mit der Kutsche von

Aix, Antibes und Nizza aus die Straße zu befahren, die am Mittelmeer entlangläuft und dann die Küste bis nach Genua hinunterführt, eine Straße, die, vom Meer aus gesehen, eines der bezauberndsten und beeindruckendsten Schauspiele darstellt, die ich je erblickt habe.»

Analytisch genau und farbig ist, wie üblich, die Version, die J. P. Cobbett ein halbes Jahrhundert später von dieser Straße gibt, wobei er auch auf einige alternative Strecken hinweist:

«Bis Genua läuft die Straße an den Küsten des Mittelmeers entlang, aber es gibt außerdem noch eine andere Strecke, um von Nizza aus nach Italien hineinzufahren, ich meine die Route, die über Sospello, Col di Tenda und Cuneo führt. Von dieser zuletzt genannten Stadt aus kann man über Savigliano und Carignano in Richtung Turin fahren, oder, wendet man sich nach rechts, über Cherasco, Asti, Alessandria und Novi nach Genua. Für denjenigen, der nach Genua möchte, wäre das aber ein mindestens zweimal längerer Weg als der, den wir einschlagen. Hat man Nizza also hinter sich gelassen, muß man einen steilen Abhang bewältigen, bevor man in die Berge gelangt. Sehr langsames, aber kein langweiliges Vorankommen; Aufstiege wie diese sind durchaus willkommen, wenn sie mit derartigen Ausblicken belohnt werden. (...) San Remo: es handelt sich um einen armseligen kleinen Hafen für die Boote der

Fischer. Wir kommen durch zwei kleine Städte, Ventimiglia und Bordighera, beide am Meer. Dort, wo sie nicht am Ufer entlangführt, windet unsere Straße sich über felsige Berge (...). Außerdem müssen wir auf viele, fast immer ausgetrocknete Flußbetten achten; zu bestimmten Jahreszeiten dagegen treten diese Flüsse wegen der großen Wassermengen, die aus den Bergen herunterkommen, über ihre Ufer.«

Die Feluke bildet, besonders während des 18. Jahrhunderts, ein weiteres Transportmittel für die Einreise nach Italien. Ein regulärer Betrieb mit Feluken und später mit Dampfschiffen, verbindet Nizza mit den ligurischen Häfen, vor allem mit dem Hafen von Genua. Zu den lebendigsten Berichten von der Überfahrt auf dem Seeweg gehören diejenigen von Baretti und, wie wir schon sahen, von Smollett. Aber davon werden wir in einem eigenen Abschnitt des vierten Kapitels sprechen.

Reisewege durch Italien und günstige Jahreszeiten

Einen Eindruck vom Pioniergeist der Italienreise vermittelt uns Misson dort, wo er sich mit den Reisewegen und den passenden Zeiten für einen Aufenthalt in den verschiedenen Städten beschäftigt: «Es ist praktisch unmöglich, eine bestimmte Route für diejenigen festzulegen, die eine Reise durch Italien unternehmen wollen, denn alles hängt von dem Paß ab, über den sie einzureisen beabsichtigen, und von der Art des Aufenthaltes, für den sie sich entschieden haben. Wir können ihnen nur den allgemeinen Rat geben, die Landkarten gut zu studieren und die Reise so zu gestalten, daß sie sich während der letzten Tage des Karnevals in Venedig, während der Karwoche in Rom und während der Pfingstoktave in Bologna befinden. Sie sollten vor allem vermeiden, sich in Rom von der Hundstagehitze überraschen zu lassen; sie sollten durch das ganze Land fahren, um so viele seiner Gegenden wie möglich anzuschauen, und nicht zweimal dieselbe Strecke nehmen. Wenn sie sich nicht während des Karnevals nach Venedig begeben konnten, sollten sie wenigstens am Himmelfahrtsfest dort

sein.« Die Wirklichkeit unzähliger Reisen, vor allem der Engländer, zeigt, daß eine beträchtliche Neigung zur Wiederholung bestimmter Strecken besteht und Missons Rat, auf der
Halbinsel so viele Gegenden wie möglich zu erkunden, keineswegs befolgt wird. Der Reisende, der über den Simplon, den
Sankt Gotthard oder den Mont Cenis nach Italien herunterkam, fuhr einigermaßen zügig durch die Poebene, einschließlich Mailand und Turin, obgleich Aufenthalte in Parma, Pia-
cenza und Bologna aufgezählt werden und dort mitunter von
vielen Sehenswürdigkeiten die Rede ist. Auf den Reisenden
des 18. Jahrhunderts wie auf den der Romantik scheint Genua
die größte Anziehungskraft ausgeübt zu haben. In Florenz
angelangt, vielleicht aus Bologna oder nach einem Halt im bezaubernden Lucca, fährt unser Reisender auf der Via Francigena, die über Siena, Radicofani und Viterbo führt, nach Rom
weiter, oder begibt sich in das Tal des Arno bis nach Arezzo,
um dann auf der Straße nach Perugia weiterzufahren, die ihn
bis nach Foligno und nach Terni bringt.

Wer auf der Straße über Siena in Richtung Rom nach Süden
gefahren ist, wird dann auf der Rückfahrt die Strecke über Perugia nehmen und umgekehrt. Von Rom aus wurde die Reise
nach Neapel über die Pontinischen Sümpfe, Velletri, Terracina
und Gaeta fortgesetzt. Der südlichste Punkt der Italienreise
war Paestum. Ganz selten wagen sich Reisende bis in den
Cilento und weiter nach Kalabrien vor, und auch dem übrigen
Mezzogiorno (mit Ausnahme Siziliens) bleibt die Anwesenheit
ausländischer Reisender fremd. Erst in der zweiten Hälfte des
18. Jahrhunderts werden Edward Lear und George Gissing
sich im Herzen Süditaliens aufhalten.

Auf der Rückreise aus Rom war häufig ein wichtiger Abste-
cher in Foligno vorgesehen, wo man die Straße über den Paß
des Colfiorito einschlug, um bei Tolentino und Macerata ins
Tal zu hinunterzufahren und schließlich zum Heiligtum von
Loreto zu gelangen. Von Loreto führte die Straße weiter über
Ancona und die Adriaküste bis nach Ravenna, um dann bei
Bologna wieder in die traditionelle Strecke einzumünden. Von
Bologna aus begab man sich gewöhnlich nach Venedig und in

19   Die Brüder Rouargue, *Pisa: Piazza del Duomo*, 1780

die Städte Venetiens, um schließlich über die Straße nach Mailand oder Turin zu den Alpenpässen zurückzufahren.

Diese Strecke enthielt natürlich, wie nicht anders zu erwarten, zahlreiche Varianten: Man konnte die Städte im Norden besuchen und dann die Halbinsel hinunterfahren; man konnte die lange Schleife an der Adria auslassen oder den Aufenthalt in den mittelitalienischen Städten ausdehnen, wozu besonders Florenz, Lucca und Siena gehörten. Ähnlich konnte der Halt in Rom mit ausgiebigen Exkursionen in die Albaner Berge oder der Besuch Neapels mit Reisen an die Küstenstriche bei Sorrent und Amalfi angereichert werden.

Insgesamt jedoch zeigt sich, daß die Reise nach Italien, wenn sie als Bestandteil der Grand Tour betrachtet wird, sehr viel schematischer abläuft, als man hätte vermuten können. Baretti bemerkt, daß er noch nie etwas von einem englischen Reisenden gehört habe, der einen Schritt über die Straßen hinaus gewagt hätte, die von den Alpen direkt in die wichtigsten Städte Italiens führen. Keiner von ihnen ließe sich herab, Orte zu besuchen, deren Namen nicht in aller Munde sind. Einen erstaunlichen Beweis für diese immergleichen Reiserouten er-

20 Canaletto, *Das Himmelfahrtsfest in Venedig*, 1729

halten wir, wenn wir Reisetagebücher von chronologisch sehr
späten Vertretern der Grand Tour lesen, wie dem jungen Ruskin, der 1840 und 1845 zwei *tours* auf der italienischen Halbinsel unternimmt, oder wie Henry James, der in den letzten
Jahren des Jahrhunderts einige der althergebrachten Strecken
abfährt. Die Reiseführer tragen das ihre dazu bei, indem sie
ein bereits vereinigtes Italien mit Kategorien beschreiben, die
mindestens hundert Jahre alt sind, als ob der Tourist, immerhin Zeitgenosse von Cavour und Vittorio Emanuele, sich seine
Umgebung immer noch mit den Augen Montesquieus oder
Addisons anschaute. Aufschlußreich ist unter diesem Aspekt
eine Art allegorische Lektüre der kanonischen Strecke durch
Italien, die der Amerikaner Matthias Bruen 1814 unternimmt:
»Es ist durchaus erlaubt, eine Reise durch Italien mit dem Verlauf des menschlichen Lebens zu vergleichen. Die Poebene
und das Tal des Arno sind glatt, blühend und schön wie die
Jugend; wir gelangen nach Rom, um dort den Blick für das
Wesentliche, die Erfahrung und Bedachtheit zu erwerben, die
sich für das erwachsene Leben ziemen. Nach turbulenten Zeiten kehrt man zu den Bequemlichkeiten zurück, die dem Alter

angemessen sind, nämlich zur Sonne, zur freien Luft und zur üppigen Natur Neapels. Am Ende erscheint uns Paestum wie der Sonnenuntergang, der unsere müde gewordene Pilgerfahrt abschließt und unseren Mühen ein Ende bereitet.«

Edward Gibbon gibt uns eine Art Zusammenfassung seiner Italienreise, deren Zeiteinteilung und besichtigte Orte sich nahtlos in sämtliche tiefverwurzelten Gepflogenheiten einfügen, weshalb sie eine Erwähnung verdient:

»Ich überquerte den Mont Cenis und stieg in die Ebene des Piemont hinunter, nicht auf dem Rücken eines Elefanten, sondern auf einem leichten Sitz aus Weidengeflecht, in den Händen der geschickten und furchtlosen Träger aus den Alpen. Die Architektur und Regierung Turins boten beide den gleichen Anblick langweiliger, bedrückender Gleichförmigkeit, aber der Hof war angemessen gestaltet und sehr prächtig (...). Die Größe und Bevölkerungsdichte Mailands kann einen Londoner nicht erstaunen; der Dom oder die Kathedrale ist ein unvollendetes Monument gotischen Aberglaubens und Reichtums; phantasieanregend ist dagegen ein Besuch auf den Boromäischen Inseln, ein verzauberter Palast (...). Von den marmornen Häusern Genuas war ich weniger beeindruckt als von den kürzlich errichteten Mahnmalen zum Gedenken an seine Befreiung von der österreichischen Tyrannei (im Dezember 1746): und ich konnte mir einen Überblick über alle militärischen Heldentaten verschaffen, die damals innerhalb seiner doppelten Stadtmauern vollbracht worden sind. In Parma und Modena hielten mich die verbliebenen kostbaren Stücke aus den Sammlungen Farnese und Este auf, aber ach!, der weitaus größte Teil war schon wegen Erbschaften oder Ankäufen nach Neapel und Dresden gebracht worden. Über die Straße bei Bologna und den Apennin erreichte ich schließlich Florenz, wo ich mich während der Hitze der Sommermonate von Juni bis September ausruhte. In der Galerie der Uffizien und besonders in der Tribuna, bemerkte ich zu Füßen der Venus der Medici zum ersten Mal, daß der Meißel dem Pinsel seinen Rang streitig machen darf (...). Zuhause hatte ich ein paar Italienischstunden genommen; hier vor Ort las ich mit Hilfe eines sehr gebildeten Einwohners die Klassiker der toskanischen Sprache; aber meine knappe Zeit und der Gebrauch des Französischen hinderten mich daran, einigermaßen flüssig sprechen zu

21   Albert Emil Kirchner, *Blick auf Florenz*, 1837

lernen. Darum wohnte ich der Konversation im Hause unseres Gesandten Sir Horace Mann, zu dessen vornehmsten Obliegenheiten
es gehört, die englischen Besucher an seinen Tisch zu laden, als
schweigender Beobachter bei. Nachdem ich Florenz verlassen
hatte, konnte ich die Stille Pisas mit der Betriebsamkeit von Lucca
und Livorno vergleichen, und setzte dann meine Reise über Siena
nach Rom fort, wo ich Anfang Oktober ankam. Mein Gemüt ist
nicht sehr empfänglich für Enthusiasmus, (...) aber auch nach fünf-
undzwanzig Jahren kann ich weder vergessen noch angemessen
ausdrücken, wie tief die Gefühlsbewegung war, die mich ergriff, als
ich mich das erste Mal der Ewigen Stadt näherte. Nach einer langen schlaflosen Nacht kletterte ich mit unsicheren Schritten über
die Ruinen des Forums (...) und mehrere Tage trunkener Begeisterung gingen verloren oder würden genossen, bevor ich zu einer
nüchternen und gründlichen Erforschung übergehen konnte. (...)
Sechs Wochen verbrachte ich mit meinen Rundgängen durch
Neapel, der im Verhältnis zu ihrer flächenmäßigen Ausdehnung

22   Johan Zoffany, *Die Tribuna der Uffizien*, 1772–8

bevölkerungsreichsten Stadt Italiens. Ihre zügellosen Einwohner
scheinen auf der Grenzlinie zwischen Paradies und Höllenfeuer zu
leben. (...) Auf meiner Pilgerfahrt zurück von Rom nach Loreto
überquerte ich erneut den Apennin: von der Adriaküste aus fuhr
ich durch eine fruchtbare und dicht besiedelte Gegend, die allein
genügen würde, das Paradox von Montesquieu zu widerlegen, das
moderne Italien sei eine Wüste. Da ich mich weigerte, die Vorur-
teile der hiesigen Bevölkerung zu übernehmen, konnte ich die
Gemälde der Schule von Bologna aufrichtig bewundern. Ich beeilte mich, der tristen Verlassenheit Ferraras zu entfliehen, das zur
Zeit Cäsars noch verlassener war. Der Anblick von Venedig hat mir
einige Stunden des Erstaunens (und einige Tage des Abscheus)
beschert; die Universität von Padua ähnelt einer sterbenden Wachs-
kerze, aber Verona kann sich noch mit seinem Amphitheater brüsten, und das nahe Vicenza wird von der klassischen Architektur
Palladios geschmückt. Die Straßen der Lombardei und des Piemont
(...) führten mich zurück nach Mailand, Turin und an den Mont
Cenis-Paß, wo ich erneut die Alpen in Richtung Lyon überquerte.«

Eine Reihe wunderbarer Städte und Orte

Seine Lage und seine prächtigen Häuser, Gärten und freskengeschmückten Villenfassaden machen Genua zu einer der
Städte, die die Bewunderung des Reisenden erregen. In wenigen Zügen entwirft Lady Morgan uns eine eindrucksvolle Beschreibung der Stadt: »Als wir an einem dieser typisch italienischen, schönen Herbsttage, an denen die Mittagssonne Ströme
von Licht über die Erde auszugießen scheint, von den Bergen
der Bocchetta herunterstiegen, tauchte Genua, ›das Stolze‹,
rings um den Bogen seines schönen Hafens herum gelegen, in
scharfen Umrissen vor uns auf. Seine Häuser erheben sich wie
ein Amphitheater gegen steile Felsen, die den Wogen zu entspringen scheinen. Ihre Gipfel werden von Festungen und
Türmen gekrönt, umgeben von Häusern und Villen, die fast
im Himmel schweben. Vor diesen Teilen der Landschaft, die
an das Werk der Menschen gemahnen, erstreckt sich in seiner
himmelblauen Unendlichkeit das Mittelmeer, das, betrachtet
man es zum ersten Mal, ein außerordentliches Lustgefühl hervorruft, und das man wegen der Assoziationen, die es weckt,
immer wieder mit Interesse anschaut.« In Genua begegnet der
Reisende zum ersten Mal den Sitten des italienischen Adels
und hat Gelegenheit, seine ersten Urteile über sie abzugeben.
Da es hier jedoch keine Überreste der klassischen Antike gibt,
hält der Tourist, sofern er keine persönlichen Ziele hat, sich
nicht lange in dieser Stadt auf.

Auch Turin und Mailand erfordern keine langen Aufenthalte. Bis auf wenige Ausnahmen brechen die ausländischen
Reisenden angesichts der beiden Städte in der Poebene nicht
gerade in Begeisterungsstürme aus; denn wer die besondere
Atmosphäre und Schönheit dieser Städte entdecken will, muß
lange dort leben, ein ausgedehntes Zwiegespräch mit ihnen
anknüpfen, wie Stendhal es mit Mailand geführt hat. Den Anblick, den Turin im 18. Jahrhundert bietet, zeichnet Thomas
Gray mit wenigen Worten:

»Nach einer achttägigen Reise durch Grönland sind wir in Turin angekommen. Man erreicht es über eine angenehme breite Straße, neun Meilen lang und ziemlich gerade. (...) Die Stadt ist nicht besonders groß, da sie eine Festung bildet und von ihren Befestigungsmauern begrenzt wird. Sie besitzt viele Schönheiten und einige Mängel; zu den ersteren gehören sehr gradlinig verlaufende Straßen, regelmäßige und gleichförmige Gebäude, gute Gehwege, die alles umgeben, und im ganzen ein gepflegtes, lebendiges, sauberes Aussehen: Aber die Häuser sind aus verputzten Ziegelsteinen, müssen also oft repariert werden, und die Fenster sind mit Ölpapier verkleidet, welches oft reißt, überhaupt ist alles sehr leicht gebaut und kann daher einstürzen. (...) Mr. Walpole hat sich an den Hof begeben; die königliche Familie ist derzeit auf einem Landsitz, der La Veneria genannt wird. Der königliche Stadtpalast hier ist der Inbegriff an Vergoldung und Spiegeln; Fußböden mit Intarsien, Wandverkleidungen mit Schnitzereien und Malereien, wo immer der Pinsel hinreicht. Ich muß zugeben, daß ich bis jetzt noch auf keines dieser großen und schlichten Kunstwerke gestoßen bin, vor denen man staunend verstummt...«

Zu Mailand werden für immer einige Anmerkungen des späten Henry James gehören, der auf die Physiognomie jeder Stadt mit einer besonderen Sensibilität reagiert, in der man noch das vielstimmige Echo früherer Reisender vernimmt: »Mailand erzählt uns von einer Dichte des Lebens, die Turin vollkommen fremd ist, aber im allgemeinen bewahrt es in seinem Anblick noch eine gewisse nordische Zurückhaltung, die es möglicherweise zur letzten der prosaischen Hauptstädte macht anstatt zur ersten der poetischen. (...) Mailand löst keine Reaktionen ästhetischer Art aus, es öffnet für den Besucher aber in recht aufrichtiger Weise das große Buch seiner Geschichte. Die am dichtesten beschriebene und interessanteste Seite in diesem Buch ist der Dom, kein architektonisches Gebilde von außergewöhnlicher Bedeutung, nicht logisch, in mancher Hinsicht nicht einmal schön, aber beeindruckend und merkwürdig und überwältigend reich...« Natürlich gibt es sehr viele andere Blickwinkel, unter denen diese Stadt wahrgenommen wird; hier genügt es, auf den besonders verstohlenen und vorsichtigen Blick Stendhals hinzuweisen, der sich bis in ihre

Häuser wagt: »Von allen Städten Europas hat Mailand die bequemsten Straßen und die schönsten Höfe im Inneren seiner Wohnhäuser; quadratische Höfe, wie im antiken Griechenland von einem Portikus umgeben, mit Säulen von seltener Schönheit...«

Die Toskana durchziehen mehrere Reisestrecken der Grand Tour und viele ihrer Städte werden als Aufenthaltsorte für eine Rast, für Bildung und Zerstreuung empfohlen. Während Livorno als ein guter Beoachtungsplatz für Politiker und Diplomaten und als ein ausgezeichneter Markt für Händler gilt, ist Siena wegen des eleganten und musikalischen Italienisch, das dort gesprochen wird, seit jeher eine bei Fremden beliebte Stadt. Lucca mit den nahen Bädern wiederum wird wegen seines milden Klimas und seiner lieblichen Landschaft empfohlen. Florenz war immer schon die von Ausländern am meisten geliebte Stadt; der Hauptmann Northall nennt sie »das Italien Italiens«, für Walpole ist sie »die lieblichste Stadt auf Erden«, Hester Lynch Piozzi bemerkt mit köstlicher Naivität, Florenz sei »eine so liebenswerte und so saubere Stadt, daß es nur an Feiertagen besichtigt werden dürfte«. Lady Montagu erkennt in der florentinischen Kunst den unverwechselbaren Maßstab der italienischen Kunst schlechthin: »Gebäude, Plätze, Brunnen, Statuen besitzen nicht nur an sich Eleganz und Größe, sondern zeugen auch von einem Geschmack, der sich vollkommen von dem Geschmack unterscheidet, der die öffentlichen Gebäude anderer Länder beherrscht.«

Im 18.Jahrhundert, dem Goldenen Zeitalter der Grand Tour, erreicht Florenz' Beliebtheit bei britischen Reisenden ihren Höhepunkt. Dazu tragen verschiedene Faktoren bei, unter anderem die Tatsache, daß sich in der Stadt und der Umgebung einige feste Bezugspunkte herausbilden, die dann für die durchreisenden Engländer zu vorgeschriebenen Etappen werden. Ihr Schutzgott ist der Konsul Horace Mann, der mehr als ein halbes Jahrhundert lang die britische Krone in der Stadt repräsentiert. »Abgott von Florenz, reich, liebenswürdig, Kunstliebhaber und von ausgezeichnetem Geschmack«, charakterisiert ihn Casanova. »Bevor Horace Mann nach Florenz kam,

23 E. F. Batty, *Fonte del Palazzo an der Straße nach Arezzo*, 1817

gab es keine Empfänge«, schreibt Anna Miller 1776, »Mann hat
uns Lebensart gelehrt, seine Tafel ist elegant, seine höflichen
Manieren verzaubern alle, einschließlich seiner Landsleute.«
Casa Manetti, die offizielle Residenz, und Casa Ambrogi gegenüber vom Palazzo Pitti, das den Gästen zur Verfügung gestellt
wurde, entwickeln sich zum Zentrum des gesellschaftlichen
Lebens, wo die durchreisenden Engländer sich begegnen und
mit dem florentinischen Adel Bekanntschaft machen. So beschreibt Alexander Drummond das Casa Manetti: »Die elegant
möblierten Säle im Erdgeschoß waren erleuchtet, und im Garten
schien man in einem kleinen Vauxhall zu sein. Hier wurden
Empfänge gegeben, die immer einen besonders glänzenden
Anlaß darstellten, denn dort erschienen alle verheirateten Damen aus der vornehmen Welt von Florenz.« Selbstverständlich
mußte Mann auch anderen, weniger mondänen Verpflichtungen nachkommen, zum Beispiel die Interessen der englischen
Händler in Livorno wahrnehmen und die Bewegungen der
britischen Flotte im Mittelmeer verfolgen.

Die Faszination, die Florenz auf die englischsprachige Welt
ausübte, hat unterschiedliche und vielschichtige Gründe. Mit
dem Anbruch des 19. Jahrhunderts hat sie ein Ausmaß erreicht, das mit keinem anderen Ort vergleichbar ist. Die toska-
nische Hauptstadt erobert ihre Gäste nicht mit einem Schau-

spiel, das sich, wie etwa die bezaubernde Umarmung der Lagune Venedigs, wie der starke Eindruck der neapolitanischen Panoramen oder die pittoresken Ruinen Roms, zu einem touristischen Klischee verkürzen läßt. Die Zurückhaltung, der Sinn für das rechte Maß, die intellektuelle Strenge seiner Architektur, ebenso aber auch die Rationalität einer durchweg von Menschenhand gestalteten Landschaft, ziehen vorwiegend gebildete und anspruchsvollere Personen an. Einem Bewohner des hektischen London oder der rußigen Kohlenstädte erscheint Florenz mit seinen Hügeln und seinem vom Arno zweigeteilten Talkessel wie ein idealer Mikrokosmos, es verkörpert die Idee einer in geheimnisvolle Harmonie eingebetteten Stadt.

Die Ankunft in Rom beschreibt uns mit ihrer üblichen vorgetäuschten Zerstreutheit Lady Blessington:

»Den ersten Ausblick auf die Ewige Stadt hatten wir auf dem Hügel, der oberhalb von Baccano liegt (...). Die klare Luft voller Licht, die alles mit ihrer Schönheit erfüllte, und dazu die Kuppel von Sankt Peter, die am fernen Horizont glänzte, schufen ein unvergeßliches Bild, während die flache, öde Campagna den erhabenen Ton des Anblicks noch verstärkte. Bis wir an die Ponte Molle gelangt waren, sah ich kein Anzeichen dafür, daß wir uns auf eine große Stadt zubewegten (...). Aber kaum waren wir durch die Porta del Popolo gefahren, wurde der Gegensatz zwischen der fast menschenleeren Campagna, die wir zuletzt durchquert hatten, und der bevölkerten Straße, die wir jetzt einschlugen, sehr krass. Es war Abend und der Corso wimmelte von Kutschen mit elegant gekleideten Damen und vielen berittenen Kavalieren, die um sie herumtummelten. Angelockt vom Peitschengeknall der Postillione und unseres Kuriers waren viele Kutschen bis zur Porta del Popolo hinausgefahren, um sich unsere staubbedeckten Equipagen anzuschauen. In der Heiterkeit der Szene gab es etwas, das mit dem Bild, das ich mir von Rom gemacht hatte, nicht übereinstimmen wollte. Ich hatte mir nämlich stille und verlassene Straßen vorgestellt, nur manchmal von einem Priester überquert...«

Rom ist die Stadt, in der der Reisende während der Wintermonate verweilt, um sich dem Besuch der Museen, der Villen und der Foren zu widmen, oder sich von der Pracht der religiösen Zeremonien und von den Karnevalsfeiern beeindrucken zu lassen. Letztere bilden einen echten *topos* in den Tagebüchern der Reisenden, beginnend mit den Seiten, die Goethe ihnen widmet, bis zu denen von Henry James, der den Niedergang des Karnevals festhält. Den Zauber des antiken Rom vermitteln uns die außergewöhnlichen Zeilen von Gregorovius, in denen noch das Echo der Beobachtungen Byrons und Chateaubriands widerklingt:

»Rom muß man im Mondlicht durchwandern: dann weckt man die Toten auf, sie springen aus ihren Gräbern und beginnen, die Ruinen zu bevölkern und mit Leben zu erfüllen: Könige und Kaiser, Helden und Weise, Päpste und Tribune, Kardinäle und Barone des Mittelalters. Steigen wir hinauf zum Cäsarenpalast (...). Zu unseren Füßen erstreckt sich, in den Mondscheinzauber gebettet, das Kolosseum, Symbol der gewaltigen Geschichte der Cäsaren, in das dieses Rom das Blut der ganzen Welt leitete. Daneben der Triumphbogen des Konstantin, Wahrzeichen der Trennung zwischen Heidentum und Christentum, weiter vorn der Triumphbogen des Titus, Wahrzeichen der Grenze zwischen dem jüdischen Altertum und dem christlichen Zeitalter. Wohin auch immer dein Blick fällt, überall ragen die Trümmer der Geschichte hervor, alles schweigt, wie unter der Gewalt einer Verzauberung. In den Ruinen des Cäsarenpalastes ruft ein Käuzchen. All diese Dinge sind im Verlauf der Zeit hier geschehen (...). Jetzt ist alles Tod und Stille (...). Hunderte von Kuppeln und Türmen und Säulen und Obelisken ragen im blauen Licht des Mondes in den Himmel empor – von Zeit zu Zeit kann man den Laut einer Glocke hören – magische, tiefe Stille, als ob die Zeit sich als ein eiserner Bogen aus Unbeweglichkeit über dieses Rom wölbt...«

Auf dem langen Weg, der von Rom nach Neapel führt, scheinen gleich zwei Gefahren zu drohen: die Pontinischen Sümpfe und die Überfälle von Straßenräubern. Aber die schöne Landschaft Kampaniens läßt die Risiken einer unzuverlässigen Strecke vergessen. Zum Beweis haben wir hier die Beschreibung, die uns der Dichter Thomas Gray von seiner Reise nach Neapel und seinem Aufenthalt in der Stadt gibt. Er geht ganz nach den stereotypen Leitbildern vor, die zu den beliebtesten Gegenständen von Aquarellen und Stichen werden sollten:

»Unsere Fahrt ging durch Velletri, Cisterna, Terracina, Capua und Averso und weiter nach Neapel. Kaum hat man den Herrschaftsbereich Seiner Heiligkeit verlassen, beginnen die Dinge ihr Aussehen zu verändern, die weiten, unbebauten Ebenen werden zu Olivenplantagen und gut gepflügten Kornfeldern, dazwischen Ulmen in einer Reihe, um die sich Weinreben ranken und wie Girlanden von einem Baum zum anderen hängen. Die großen alten Feigenbäume, die Orangenbäume in voller Blüte und die Myrten in jeder Hecke bilden einen der schönsten Anblicke, die man sich denken kann; außerdem sind die Straßen breit, gut instandgehalten und voller Wanderer, ein Bild, das ich schon seit langer Zeit nicht mehr vor Augen hatte. Mein Erstaunen wurde noch größer, als wir in die Stadt hineinfuhren, die mit ihrer Einwohnerzahl Paris und London übertreffen dürfte. Die Straßen sind ein einziger ununterbrochener Marktplatz und so mit Pöbel überfüllt, daß eine Kutsche nur schwer durchkommt. Den allgemeinen Menschentyp hier verkörpern fröhliche, lebhafte Wesen, betriebsamer als die Italiener gewöhnlich sind; sie arbeiten bis zum Abend, dann holen sie ihre

24   John Warwick Smith, *Das Kolosseum in Rom vom Palatin*, 1786–7

Mandoline oder Gitarre hervor (denn sie können alle spielen) und wandern damit durch die Stadt oder an den Strand, um die frische Abendbrise zu genießen. Ihre kleinen braunen Kinder kann man halbnackt herumspringen sehen, und die größeren tanzen mit Kastagnetten, während andere sie mit Zimbeln begleiten. Deine Landkarte wird dir die Lage Neapels zeigen, es liegt an der herrlichsten Bucht der Welt und an einem der ruhigsten Meere. Es besitzt noch viele andere Schönheiten, außer denen der Natur. Wir haben zwei Tage damit verbracht, die sehenswerten Orte in der Umgebung Neapels zu besichtigen, wie die Bucht von Baia und seine antiken Reste, den Averner See und die Solfatara, die Grotte von Charon usw. Wir sind auch in der Höhle der Sybille und in vielen anderen seltsamen Löchern unter der Erde gewesen (ich erwähne sie, weil du sie in Sandys Reiseführer finden kannst).«

Die Gemeinplätze, die dieses veraltete Bild der neapolitanischen Bevölkerung überliefern, finden wir viel später in den lebendigen Beschreibungen Lady Blessingtons wieder:

»Die nächtliche Fröhlichkeit auf den Straßen Neapels läßt sich mit nichts vergleichen. Überall fahren zahllose Kutschen jeder Art. In den Eisdielen drängt sich die *beau monde*, während die bescheidenen Verkaufstische, die mit ihren auffälligen Dekorationen an jeder Straßenecke stehen, von Kunden umringt werden, die nach Sorbets und Limonaden gieren (...). Auf der einen Seite sah man eines dieser wandernden Lädchen, mit grellen Farben bemalt, von Papierlaternen in Form kleiner Bälle vergoldet und erleuchtet, um das sich Leute versammelt hatten, die kochendheiß aus dem Kessel servierte Maccheroni verschlangen. Auf einer anderen Seite verströmte die *frittura* ihren starken Duft; auf groben Tischen, die die Straße der Santa Lucia entlang aufgestellt waren, wurden Meeresfrüchte angeboten. Gitarrenklänge vermischten sich mit dem fröhlichen Gelächter der *lazzaroni* und man hörte die Stimmen von Menschen, die sich mit der typisch italienischen Ausgelassenheit von einer zur anderen Kutsche begrüßten.«

Zu allen Zeiten haben Neapel und seine Umgebung zahllose Attraktionen besessen. Sie reichen von der Anziehungskraft der Theater, mit denen Stendhal sich ausführlich beschäftigt, über den Zauber der Küstenlandschaft, die Ausbrüche des

25 Anthony Vandyke Copley Fielding, *Der Nemisee und die Pontinischen Sümpfe*, um 1755

Vesuvs, an die ein denkwürdiger Passus bei Anna Jameson erinnert, die Ausgrabungen im Herkulaneum und in Pompeji, bis zu den Tempeln von Paestum, die in vielen Fällen hinzukamen.

Zurück ging es auf dem gleichen Weg bis nach Rom, wo man wieder auf der Via Cassia über Viterbo, Bolsena und Siena bis nach Florenz fahren konnte. Oder man fuhr das Tibertal hinauf, wobei zweckmäßigerweise an Orten angehalten wurde, die eine prominente Rolle in der Tradition der Italienreise spielten, wie der »Cascata delle Marmore«, dem Wasserfall bei Terni, dem Dörfchen Narni, dem malerischen Papigno, und dann ging es weiter bis zu den Quellen des Clitunno mit seinem Andenken an die Antike. In Foligno konnte der Reisende bis Perugia, Arezzo und Florenz weiterfahren oder abbiegen und über den Colfiorito-Paß in Richtung Tolentino, Macerata, Recanati bis zum Heiligtum von Loreto gelangen. Von Ancona aus fuhr er dann in die Romagna, um Bologna oder Venedig zu erreichen.

Venedig ist nämlich eine der mythischen Städte in der Tradition der Reisen durch Europa; eine Stadt, deren Ruhm seit der Zeit, als sie für die Pilger auf dem Weg ins Heilige Land der wichtigste Hafen zum Einschiffen war, niemals verblasst oder untergegangen ist. Eine der eindrucksvollsten Beschreibungen der Ankunft in Venedig stammt von Madame Dubocage, die auf die damals einzig mögliche Art nach Venedig gelangte – auf dem Wasserwege:

»Der Timavo der Antike, heute die Brenta, fließt um Padua herum und bringt uns in bequemen Booten bis nach Venedig, über einen Kanal, der ganz so bezaubernd ist wie der, über den man von Amsterdam nach Utrecht fährt; er wird zwar nicht von so vielen gebogenen Laubengängen geschmückt, aber seine Landhäuser sind geräumiger und architektonisch ansprechender, die Statuen sind sehr viel besser, die Wäldchen schöner gezeichnet, vor allem in den Gegenden um Pisani und Loredano (...). Mein Reisegefährte sah in der Nähe von Venedig mehrere schwarze Gondeln und glaubte, es handle sich um einen Trauerzug (...), aber während wir unsere Fahrt fortsetzten, bemerkten wir, daß alle Gondeln diese Farbe tragen. Die Unmenge kleiner Inseln, die wir entdeckten, verschwamm unerbittlich vor unseren aufmerksamen Augen wie der Wolkendunst einer Dekoration, aber dann konnten wir darin eine schwimmende Stadt erkennen, in die wir über einen breiten, mit zauberhaften Palästen geschmückten Kanal hineinfuhren...«

Wer könnte außerdem das innerste Wesen Venedigs, seine Magie und gleichzeitig seine heimliche Krankheit besser begreifen als Ruskin? Es genügt, die ersten Seiten der *Stones of Venice* aufzuschlagen, um eine sehr eindrucksvolle Kurzbeschreibung der Stadt zu finden: »Noch bietet es sich unseren Blicken dar, in der letzten Phase seines Untergangs: ein Geist über dem sandigen Grund der See, so schwach, so still, so gänzlich allem beraubt außer seiner Anmut, daß wir uns, als wäre es eine Luftspiegelung, beim Betrachten seines matten Abbildes in der Lagune fragen, welches die Stadt und welches ihr Schatten ist. Ich werde mich bemühen, die Linien dieses Bildes zu zeichnen, bevor es für immer verlorengeht, und, so weit es mir möglich ist, die Warnung zu erfassen, die mir jede einzelne

26 Georg Abraham Hackert, *Pompeji: Ansicht des Isistempels*, 1793

dieser siegreichen Wellen auszusprechen scheint, die unerbittlich wie die Schläge einer Totenglocke gegen die Steine von
Venedig schlagen.«

Ein sonnenerfüllter Schlußpunkt: Sizilien

Der Brief, in dem Patrick Brydone, ein schottischer Reisender,
William Beckford 1770 mitteilt, er habe die Absicht, Sizilien zu
besuchen, stellt nicht nur eine programmatische Absichtser-
klärung innerhalb seiner *Tour through Sicily and Malta* dar, sondern gibt auch eine interessante Auflistung der Gründe, die
einen Reisenden veranlassen, das kanonische Schema der Italienreise zu erweitern oder zu variieren: »Da eine solche Expedition bis jetzt noch nie Teil der Grand Tour war und aller
Wahrscheinlichkeit nach dazu führt, daß wir sehr viele interessante Dinge entdecken werden, die noch in keinem unserer
Reisebücher auftauchen, hoffe ich, du hast nichts dagegen,
einen kleinen Bericht von dieser Reise zu erhalten, um dich in
gewisser Weise für den versäumten Besuch dieser Orte zu
entschädigen.« Brydone erinnert außerdem an die konkreten

Schwierigkeiten, die eine solche Reise birgt, und zwar besonders an den katastrophalen Zustand der Straßen und das völlige Fehlen von Gasthäusern. Aus diesen Gründen, und um die quälend lange Fahrt durch Kalabrien zu vermeiden, entscheidet er sich für den Seeweg.

Tatsächlich bedient sich der größte Teil derjenigen Reisenden, die ihre Tour mit Sizilien abschließen – von denen, die Brydone vorausgingen, wie Breval und Dryden, bis zu denen, die ihm nachfolgten, wie Goethe und Seume – des Postbootes oder privater Schiffe – Brigantinen oder Tartanen –, die von Neapel nach Palermo oder Messina oder in einen anderen Hafen der Insel fahren. Folgen wir diesem Streckenabschnitt auf See anhand der Tagebuchnotizen des jungen Richard Payne Knight, der mit der Absicht, die Monumente der Antike zu besichtigen, in Begleitung der Maler Philipp Hackert und Charles Gore reist. Nach der Abreise aus Neapel macht Knight bei den Ruinen von Velia und später am Capo Palinuro Rast. »Nachdem wir einen ganzen Tag zwischen den majestätischen Ruinen im griechischen Stil, dem Andenken an die hellenische Erhabenheit, zugebracht hatten, kehrten wir auf unsere Feluke zurück und fuhren nachts die Küste entlang bis nach Capo Palinuro, das noch den Namen des Schiffsführers des Äneas bewahrt.«

Wir wollen vorwegnehmen, daß Knight, Hackert und Gore auf ihrer Sizilienreise die Insel mal auf dem Seeweg, mal auf den Küstenstraßen umkreisen, geleitet von der Suche nach jenen antiken Städten, die dann von den beiden Malern gemalt werden. Zwar war es seine erklärte Absicht, die Antike zu studieren, doch das Tagebuch Knights – zum guten Teil bereits so angelegt, daß es ein Buch werden kann, auch wenn es nie dazu kommt – enthält auch flüchtige, aber lebhafte Anmerkungen über die soziale und politische Realität der Insel. Untersucht man die historischen Sizilienreisen etwas gründlicher, stellt man fest, daß sie über einen langen Zeitraum hinweg, bis an die Schwelle unseres Jahrhunderts, fast alle mit einer Art Umsegelung der Insel zusammenfallen, die nur Aufenthalte in den wichtigsten historischen Städten vorsah. Selten werden län

27 Johann Georg von Dillis, *Reisende in Pferdesänften an der Nordküste Siziliens,* um 1800

gere Strecken an der Küste zurückgelegt, da die Wege durch den Zustand der Weiden und die Hochwasser der Flüsse höchst gefährlich werden; und noch seltener sind Exkursionen in das Innere der Insel.

Eine Ausnahme bildet der berühmte Aufstieg auf den Ätna, den Patrick Brydone unternahm, der Reisende, mit dessen Worten unsere Exkursion nach Sizilien begann. In dieser lesenswerten Stelle entwirft er mit wenigen Worten die Topographie des Ortes:

»Der Umfang dieses Gebietes, das heißt, des großen Rings um den Ätna, beträgt mindestens siebzig oder achtzig Meilen. Unmittelbar darunter schließen sich dichte Weinberge, Obstgärten und Kornfelder an, die die bebaute Region oder auch den fruchtbaren Bezirk bilden. Dieser ist sehr viel ausgedehnter als die anderen; seine Abhänge reichen bis an den Fuß des Berges. Recupero zufolge beläuft sich sein Umfang auf einhundertdreiundachtzig Meilen. Auch er ist von zahlreichen kegelförmigen oder halbkugelförmigen Bergen bedeckt, und weist eine außerordentliche Vielfalt an Formen und Farben auf, was einen lieblichen Kontrast zu den beiden anderen Gebieten schafft. Nach Süden und Südosten wird er vom Meer begrenzt, während in allen anderen Richtungen die Flüsse

28 Chatelet, *Ansicht des Ätna*, 1785

Simeto und Alcantara seine Grenzen bilden, die ihn, so könnte
man sagen, fast vollständig umschließen. Der gesamte Verlauf dieser beiden Flüsse springt sofort ins Auge: man erblickt all ihre
Windungen, wie sie sich malerisch durch fruchtbare Täler schlän-
geln, die man früher als das Lieblingsreich der Ceres ansah, und
als den Ort, wo der Raub ihrer Tochter Proserpina stattfand. Laß'
den Blick ein wenig weiter schweifen und schon hast du die ganze
Insel vor dir, mit all ihren Städten, ihren Flüssen und Bergen, die
sich auf der großen Karte der Natur klar abzeichnen; außerdem
die umliegenden Inseln und die ganze Küste Italiens so weit das
Auge reicht, denn da gibt es nichts, was die Sicht behindert, im Ge-
genteil, der Blick verliert sich in jeder Richtung. Mit den ersten
Strahlen der aufgehenden Sonne streckt sich der Schatten des Berges über die ganze Insel aus, eine große dunkle Fläche, die man
auch über dem Meer und in der Luft sieht. Dann wird er allmählich
kürzer und liegt bald nur noch auf den Ausläufern des Ätna.«

Die deutschen Staaten und Holland

Wenn Italien den Zenit der Reise durch den Kontinent darstellt, dann fällt der letzte Teil mit dem Rückweg in die Heimat-
orte zusammen. Mit einer gewissen Hast werden noch einige
der wichtigsten Städte der Schweiz, Österreichs, Deutschlands
und der Niederlande besucht. Der Feuereifer, der auf der Reise
ins »Land der Klassik« die Hinfahrt kennzeichnete, verwandelt
sich jetzt in die Eile derjenigen, die meinen, ihre Pilgerfahrt
nunmehr erfüllt zu haben. Die schweizerischen Städte, besonders Genf mit seinem See, stärken den von der Überquerung
der Alpen erschöpften Touristen mit ihren gepflegten, gast-
freundlichen Hotels und Gasthäusern. Wer Italien von Trient
oder von Venetien aus verläßt, dem gelten Wien und Salzburg
als die berühmtesten und gastfreundlichsten Städte Österreichs. Viele Reisende weisen ihre Leser darauf hin, daß sich von
allen Städten Europas Wien wahrscheinlich am besten eignet,
um gute Manieren zu erlernen. Es bietet nämlich angesehene
Haushalte, Reitschulen, berühmte Theater und großartige
Bibliotheken. Bei seiner Ankunft wird der junge Adelige den
vornehmsten Familien vorgestellt und in der allerbesten Art
und Weise aufgenommen.

Das Deutschland jener Zeiten weist beträchtliche Gegen-
sätze auf, zum Beispiel zwischen dem katastrophalen Zustand
vieler seiner Straßen und den bequemen, gut beschiffbaren
Wasserwegen oder zwischen den primitiven Verhältnissen in
den Gasthäusern der Poststationen und den Annehmlichkeiten
der Hotels in den Städten. Die sicherste Form des Reisens in
diesem Land besteht darin, sich mit Empfehlungsschreiben
für die Höfe der unzähligen Staaten und Kleinstaaten zu versehen. Manchmal handelt es sich um winzige, rings um das alte
Schloß herum gelegene Fürstentümer; manchmal um Staaten
mit einer langen, bewährten Tradition, die bereits die Aufmerksamkeit Europas auf sich gelenkt hatten.

James Boswell zum Beispiel denkt noch mit Rührung daran,
daß er in Potsdam Friedrich den Großen gesehen hat, mit einer Miene »unergründlicher Selbstsicherheit«, in Himmelblau

gekleidet, in der Hand den mit Federn geschmückten Hut und den Stock. Er habe diese Erscheinung eines Menschen, der »ganz Europa mit seinen kriegerischen Heldentaten in Erstaunen versetzt hatte«, seitdem nie mehr vergessen.

Es ist praktisch unmöglich, anzugeben, welche Routen die Reisenden der Grand Tour durch die deutschen Staaten führen, denn sie kommen aus verschiedenen Richtungen und fahren auf verschiedene Häfen in Flandern zu. Im großen und ganzen zeigt der britische Reisende kein großes Interesse an den deutschen Städten. Beispielhaft hierfür ist Berlin, von dem Madame de Staël spricht:

»Berlin ist eine große Stadt, mit breiten, geraden Straßen, schönen Häusern, und von regelmäßiger Bauart. Da sie größtentheils neu gebaut ist, so finden sich wenige Spuren älterer Zeiten. Unter den modernen Gebäuden erheben sich keine gothischen Monumente, und das Neue wird in diesem neugebildeten Lande auf keinerlei Weise durch Altes unterbrochen und eingezwängt. Was kann aber, wird man sagen, sowohl in Hinsicht der Gebäude, als der öffentlichen Einrichtungen, besser seyn, als durch Ruinen nicht gehemmt zu werden? Ich, für meinen Theil, würde mir in America neue Städte und neue Gesetze wünschen; dort sprechen Natur und Freiheit laut genug zur Seele, um die Erinnerungen entbehrlich zu machen; aber auf unserem alten europäischen Boden müssen wir auf Spuren der Vergangenheit stoßen. Berlin, diese ganz moderne Stadt, so schön sie immer seyn mag, bringt keine feierliche, ernste Wirkung hervor, sie trägt das Gepräge weder der Geschichte des Landes, noch des Characters der Einwohner; und die prächtigen, neu aufgebauten Gebäude scheinen bloß für die bequeme Vereinigung der Vergnügungen und der Industrie bestimmt zu sein. Die schönsten Palläste von Berlin sind von gebrannten Steinen; kaum wird man in den Portalen und Triumphbögen Quaderstücke auffinden. Preussens Hauptstadt gleicht Preussen selbst; Gebäude und Einrichtungen zählen nur ein Menschenalter, und nichts darüber, weil sie einen Menschen zum Urheber haben.«

Das soll nicht bedeuten, daß das gesellschaftliche Leben in Berlin oder in anderen deutschen Städten keinen eigenen Reiz besessen hätte. Hören wir noch einmal Madame de Staël: »Dem

Schauspiel, das Berlin gewährte, kam in Deutschland kein andres gleich. Berlin, im Mittelpunkt des nördlichen Deutschland gelegen, kann sich als den Brennpunkt der Aufklärung und des Lichts betrachten. Wissenschaften und Künste sind im Flor, und bei den Mittagstafeln, wozu bloß Männer geladen werden, bei Ministern, Gesandten etc., findet die Abstufung des Ranges, die dem Verkehr in Deutschland so nachtheilig ist, nicht statt; Männer von Talent aus allen Classen treffen hier zusammen. Dieses glückliche Gemisch erstreckt sich aber noch nicht bis auf die Frauen.«

Im allgemeinen zieht der Reisende, der es nicht so eilig hat, den großen deutschen Städten kleine Orte wie zum Beispiel Mannheim vor, für William Beckford »eine der reizendsten kleinen Städte Europas, mit seinen stets blumengeschmückten Balkonen und den vom Flötenspiel erfüllten, fröhlichen Straßen«. Recht häufig werden Universitätsstädte wie zum Beispiel Heidelberg, Jena und Leipzig besucht, außerdem Bäder wie Baden, Karlsbad oder Cleve. Einen Sonderfall stellt Weimar dar, das wegen seiner literarischen Tradition hervorsticht, von der Beckford berichtet:

»Der Aufenthalt in den kleinen Städten auf dem Land ist mir immer äußerst langweilig erschienen. Die Intelligenz der Männer ist begrenzt, das Herz der Frauen kalt; man lebt so sehr den Augen der anderen ausgesetzt, daß man von seinen Mitmenschen erdrückt wird. Der Aufenthalt wird zu einem gründlichen Studium aller Tätigkeiten des menschlichen Lebens, einer detaillierten Untersuchung, die das rechte Verständnis für den Gesamtcharakter unmöglich macht; und je größer das eigene Unabhängigkeitsstreben ist, je hochfliegender die Gedanken, zu denen man neigt, umso weniger kann man inmitten so vieler Hindernisse atmen. Ein solch bedrückender Einfluß herrschte in Weimar nicht. Es war eher ein einziges Schloß als eine kleine Stadt, ein begrenzter Kreis von Personen, deren Hauptinteresse darin bestand, leidenschaftlich über jedes neue künstlerische Erzeugnis zu diskutieren. Liebenswerte Schüler einiger großer Genies, taten die Frauen hier nichts anderes, als über die neuen literarischen Werke sowie über Ereignisse von öffentlichem Interesse zu sprechen. Man umfaßte das ganze Universum in der Lektüre und im Studium; indem man die eigenen Ideen ausweitete, erhob man sich über die Verhält-nisse; man vergaß die besonderen Anekdoten, die sich um den Einzelnen ranken, indem man gemeinsam über die großen The-men meditierte, die das Schicksal betreffen, das allen gemeinsam ist. Der einzige Luxus des Fürsten bestand in einem prächtigen Garten, und alle freuten sich mit ihm über dieses volkstümliche Vergnügen, das er mit allen Einwohnern der Stadt teilt. Das Thea-ter (...) wurde von Goethe, dem größten deutschen Dichter geleitet; und dieser Zeitvertreib konnte alle unterhalten, genug jedenfalls, um sie vor jenen Versammlungen zu bewahren, die keinen anderen Zweck haben, als die gründlichste Langweile ans Licht zu bringen. Weimar wurde das Athen Deutschlands genannt, und es war in der Tat der einzige Ort, an dem die Liebe zu den Schönen Künsten na-tionale Bedeutung hatte und als brüderliches Band zwischen den verschiedenen Gesellschaftsklassen fungierte. Ein liberaler Hof strebte selbstverständlich nach Bekanntschaft mit den Literaten; und die Literatur profitierte sehr vom Einfluß des guten Ge-schmacks, der an diesem Hof regierte.«

Als letztes durchquert der Reisende, der nach England zu-rückkehrt, die Niederlande. William Hazlitt verdanken wir eine der schönsten Beschreibungen des Gesamteindrucks der hol-ländischen Landschaft:

»Von einem kleinen Turm in Nimwegen aus hatten wir einen herr-lichen Blick über das Land. So weit das Auge reichte, erstreckte es sich ringsumher als fast vollkommen flache Ebene; doch war es voller Leben und farbenprächtig wie eine Romanszene. Man blick-te über eine weitere Fläche als es in einem hügeligen Land möglich gewesen wäre; um uns herum war bis zum Horizont alles klar zu erkennen. Es war, als erblicke man einen Ausschnitt des ganzen Globus oder als ›klopfe man seine enorme Rundung flach‹. Es war ein schöner klarer Nachmittag, und auf dieser gleichförmigen Oberfläche sah man alle nur erdenkliche Vielfalt: fette Wiesen, wo Herden weideten, Hecken, die sie umsäumten, kiesbedeckte Stra-ßengräben, Wälder, Kornfelder, Straßen, die sich in verschiedene Richtungen schlängelten, Kanäle, Boote, die darauf segelten, zahl-lose Dörfer, Windmühlen, Brücken und große und kleine Städte am fernen Horizont; aber weder Felsen noch Berge noch kahle

Äcker, nichts, was irgend den Blick verstellen konnte. Es gab weder Kontraste noch massive Gegenstände, aber der unermeßliche Raum, der sich vor unseren Augen erstreckte, war überzogen mit gepunkteten Linien und mit einer zahllosen Menge einzelner kleiner Schönheiten. Es war, als wäre die Erde selbst mit seltsamen Fransen und Stickereien verziert. Holland ist überall gleich, außer in den Gegenden, wo es von noch mehr Kanälen durchzogen wird; und in der Nähe des Meeres, wo es mehr Wasser als Land gibt. (...) Mit ihren vielen Wäldern und ihrer üppigen Vegetation (die nur selten den nackten Boden sehen läßt), scheint über der ganzen Landschaft ein blühender Glanz zu liegen, und das Auge schweift genußvoll über wogende Wälder und purpurne Fernen. Die Städte und Dörfer Hollands suchen ihresgleichen, was Sauberkeit und den Eindruck von Wohlstand und Bequemlichkeit betrifft. Von Utrecht nach Amsterdam bis nach Den Haag und Rotterdam könnte man den ganzen Weg lang glauben, in Clapham Common zu sein. Die Kanäle sind mit Bauernhöfen und Sommerhäusern gesäumt, mit Obstplantagen und Gärten von allerhöchster Schönheit und erlesenem Geschmack. Das Äußere ihrer Häuser ist ebenso sauber wie in unseren das Innere; ihre Gasthäuser sehen so hübsch und wohlgeordnet aus wie unsere privaten Häuser. Wer frühmorgens zeitig aufsteht, sieht jeden Morgen eine junge Dienstmagd (die häusliche Najade), die mit einem Schlauch aus Leder, wie die Schläuche der Hydranten, daran geht, die Wände und Fenster mit einem Wasserschwall zu begießen. In ihren Kutschen und Kanalschiffen ersticken sie dich allerdings mit Tabakrauch, und in ganz Holland sieht man keine einzige saubere Zahnreihe. Amsterdam entsprach nicht unseren Erwartungen; es ist eine Art minderwertiges Venedig.«

Nicht nur die Landschaft, sondern auch zwei andere Hauptmerkmale Hollands beeindrucken den Reisenden, der soeben aus Deutschland kommt: die ausgezeichnet gewarteten Straßen, ganz zu schweigen vom zweckmäßigen Netz der Kanalwege, und die Sauberkeit der kleinen und großen Städte. So beschreibt Lady Mary Wortley Montagu Rotterdam: »Die Straßen sind mit großen Steinplatten gepflastert und noch vor dem Haus des bescheidensten Handwerkers stehen bunte Verkaufstische. Man sieht holländische Dienstmädchen, die das

Pflaster der öffentlichen Wege mit mehr Sorgfalt waschen als unsere Mägde für die häuslichen Fußböden aufbringen. Hier wird man nicht von Krüppeln gestört, wie man sie in London sieht, und ebensowenig von jungen Männern und Frauen belästigt, die sich einem Leben des Müßiggangs und des Lasters hingeben. Hier haben der gewöhnliche Laufbursche oder die kleine Verkäuferin mehr Sinn für Sauberkeit als die vornehmsten Damen bei uns.«

Was jedoch in allen Bemerkungen über ihre Europareise, egal in welcher Stadt sie sich gerade befinden, als eine Konstante wiederkehrt, ist die Erinnerung der Reisenden an Italien. Man lese in diesem Zusammenhang die folgenden Betrachtungen William Beckfords, in denen ironisch die warnende Stimme des *tutors* erklingt:

»Für jemanden, der sich so weit wie ich auf das poetische Loblied der klassischen Antike eingelassen hat, ist Gent nicht gerade der Ort, der geeignet wäre, seine Aufmerksamkeit zu erregen; und ich weiß nicht mehr darüber, als daß es eine große, schlecht gepflasterte, aufgeblähte Stadt von angeberischem Äußeren ist, mit einer beträchtlichen Anzahl Klöster und Kapellen, Monumenten, Toren aus Bronze und vergoldetem Marmor. In der großen Kirche hingen mehrere Gemälde von Rubens, sie waren so beeindruckend, so meisterhaft, daß ich hellwach wurde; obwohl ich zugeben muß, daß es Momente gibt, da ich gerne in einer flämischen Kathedrale einschlafen würde, einfach nur, um im Traum möglicherweise den Tempel des Olympiers Jupiter zu erblicken. Aber ich glaube, ich höre eben in diesem Moment die ernste und feierliche Stimme einer angesehen Person, die meine Begeisterung abkühlt: ›Wirklich, mein Herr, Ihr wäret besser zu Hause geblieben und hättet in Eurem Sessel geträumt, anstatt Euch die Mühe zu machen, mit der Postkutsche durch Europa zu fahren, auf der Suche nach Orten, wo Ihr einschlafen könnt. Wenn Flandern und Holland schlafend bereist werden müssen, dann solltet Ihr lieber sofort ein Schiff nehmen und den ganzen Weg bis nach Italien im Schlaf hinter Euch bringen‹. Auf mein Wort, ich hätte nicht viel gegen diesen Plan einzuwenden; und wenn mich eine Zauberei in diesem Augenblick auf den Gipfel des Ätna versetzen würde, überließe ich es gerne allen anderen, nach Belieben durch die Niederlande zu stapfen.«

Die Reisewirklichkeit:
Ausstattung und Ausrüstung

Der Begleiter und das Gefolge

Die Ratschläge, die der Oberkämmerer Polonius im *Hamlet* seinem Sohn gibt, als dieser im Begriff ist, sich nach Frankreich einzuschiffen, zeigen, daß die Mode der Tour durch Europa oder des Auslandsaufenthalts zu Studienzwecken im elisabethanischen Zeitalter beginnt:

> »Und die paar Regeln schreib in dein Gedächtnis
> Dir ein: Gib deinem Denken keine Zunge
> Und, wo es maßlos ist, auch keine Tat.
> Sei leutselig, doch mach dich nie gemein. (...)
> Dein Ohr leih jedem, wenigen deine Stimme,
> Hör aller Rat, doch spar mit deinem Urteil.
> Kleide dich kostbar, wie's dein Beutel kann,
> Doch schweif nicht aus; wirk reich, jedoch nicht prunkend,
> Denn an den Kleidern kennt man oft den Mann.«

Natürlich waren für jüngere und weniger junge Menschen weit mehr Verpflichtungen und Vorbereitungen mit dem Beginn einer Reise durch Europa verbunden als der geistige Reiseproviant des umsichtigen Polonius. Diese Reisevorbereitungen wandeln sich im Verlauf dreier Jahrhunderte des Reisens und werden zusehends komplizierter. In diesem Zeitraum scheint sich, angetrieben von den unterschiedlichsten Beweggründen, eine ganze Nation auf den Weg zu machen, wie Samuel Rogers in seinem berühmten Reiseführer in Versform, *Italy* (1820), bemerkt: »Wir sind ein Volk von Reisenden, was im übrigen immer schon so war, und dazu trägt jede Schicht bei, vom *Milord* mit zahlreichem Gefolge bis zu dem, der nur seinen Schatten als Begleiter hat. Keiner muß deswegen Entschuldigungen vorbringen: wenn einer reich ist, reist er, um sich zu vergnügen; wenn er arm ist, um wieder Mut zu schöpfen; wenn er krank ist, um zu genesen; wenn er studiert, um zu lernen; wenn er gebildet ist, um sich durch Anwendung zu zerstreuen.« Wenn es um die Abreise eines Sprößlings aus adeliger Familie ging, gehörten die Vorbereitungen normalerweise zu den Pflichten des Begleiters, auch »governour« oder »bear-leader« genannt, einer zentralen Figur in der Geschichte der Grand Tour als pädagogischer Maßnahme. Es konnte nämlich durchaus geschehen, daß der Begleiter, auf den die Wahl fiel, ein junger Student war, der zu großen Hoffnungen berechtigte, wie zum Beispiel Thomas Hobbes, der seine erste Reise durch Europa und nach Italien unmittelbar im Anschluß an seine Universitätsstudien im Jahre 1610 als Tutor des Sohnes von Lord Cavendish unternahm. Wir dürfen annehmen, daß die Erfahrung der Reise am Ende für den Erzieher gewinnbringender war als für den Schüler, denn Hobbes selber betrachtet jene Jahre als die schönsten seines Lebens und war überglücklich, als er die Erfahrung viel später, 1634, mit dem Sohn des Grafen von Devonshire wiederholen durfte. Für die Eltern, die beschlossen hatten, einen soeben ins Jünglingsalter gekommenen Sohn gemäß den pädagogischen Vorschriften der Zeit ins Ausland zu schicken, gab die Wahl des richtigen *governour* in jedem Fall Anlaß zu besorgten Überlegungen. Richard Lassels zum Beispiel fühlte sich verpflichtet, die Eltern davor zu warnen, daß es nicht wenige »unternehmungslustige und bedürftige Personen« gebe, die sich häufig genug der ihnen übertragenen, schwierigen Aufgabe nicht gewachsen zeigten. Solche Leute waren imstande, ihre vertraglichen Pflichten zu vernachlässigen und die Jünglinge irgendeiner heruntergekommenen Schule anzuvertrauen, um dann die Differenz zum vereinbarten Schulgeld zu kassieren. In den schlimmsten Fällen konnten sie sich dazu versteigen – bemerkt Lassels weiter – die Schüler nach Genf zu bringen, um »Republikaner« aus ihnen zu machen, oder schließlich, sie in Herzensangelegenheiten und in katastrophale Ehen zu verstricken.

29
Pier Leone Ghezzi,
*Dr. James Hay als
Bear-leader,* 1725

»Der Begleiter muß ein reifes Individuum sein«, heißt es
1789 bei Vicesimus Knosc, »mit jener natürlichen Autorität
und würdevollen Persönlichkeit begabt, die an sich schon Aufmerksamkeit und Gehorsam erzwingen. Neben seinen Aufgaben als Lehrer, Vormund und Führer muß er über das morali-
sche und religiöse Verhalten seiner Schüler wachen können.«
In anderen Fällen soll der Begleiter weniger ein Vormund und
Führer als ein Bediensteter mit praktischen Fertigkeiten sein,
wie man in einem Tagebuch aus dem 18. Jahrhundert liest:

»Der Diener, der ausgewählt wurde, den jungen Herren auf
der Reise zu begleiten, muß mit der französischen Sprache
vertraut sein; muß schnell und mit sauberer Handschrift schreiben können, damit er alles, was er vor sich hat, abschreiben
kann; sodann muß er einige chirurgische Kenntnisse besitzen
und seinen Herrn verarzten können, falls dieser an Orten, die
über keinen chirurgischen Beistand verfügen, in einen Unfall

verwickelt wird. Die Herrschaften müssen alles tun, damit diese nützlichen Diener sich eng an ihre Person binden, indem sie so für sie sorgen wie ein Vater für seine Kinder und ihnen eine Lebensstellung bieten, sobald man in die Heimat zurückgekehrt ist.«

Im allgemeinen handelte es sich bei den Begleitern der jungen Aristokraten jedoch um junge Akademiker, die sehr froh darüber waren, daß sich ihnen die Gelegenheit zur Grand Tour bot und sie aus der Reise großen Nutzen für ihre Bildung ziehen konnten. Daß es dann in der weitreichenden Debatte für oder gegen das Reisen, die sich vom 16. bis an die Schwelle des 19. Jahrhunderts hinzog, auch Stimmen gab, die bemerkten, es handle sich nur allzu oft um »Reisen eines Unbeholfenen unter der Leitung eines Unerfahrenen«, gehört zu den allgemeinen und sogar selbstverständlichen Mustern einer solchen *querelle.*

Mit dem fortschreitenden 18. Jahrhundert waren die großen adeligen Familien dann in der Lage, ihre Sprößlinge von einem regelrechten Gefolge begleiten zu lassen. William Beckford wurde von einem Hauslehrer, einem Arzt, einem Musiker, einem Zeichenlehrer und mehreren Bediensteten nach Italien begleitet, obwohl auch ein so ansehnlicher Trupp aus Pädagogen und Dienern nicht verhindern konnte, daß seine neapolitanischen Abenteuer zum Gegenstand von Klatschgeschichten in den Londoner Salons wurden. Schon vor dem schwärmerischen, fast noch halbwüchsigen »Kalifen« waren viele englische Adelige mit einem riesigen, buntgemischten Gefolge nach Italien gereist, vom Grafen von Arundel, dem großen Sammler italienischer Kunst, der am Anfang des 16. Jahrhunderts über eine Reihe von Begleitern und mitreisenden Fachleuten verfügt; bis zum Grafen von Burlington, der 1714 mit einem Gefolge aus mindestens fünfzehn Personen auf die italienische Halbinsel reist, darunter der französische Maler Louis Goupy, ein Fachmann für Gärten, sein Hauslehrer, ein Arzt, ein Koch, ein Kutscher, ein Reitknecht, ein Buchhalter, Diener und Lakaien. Unter den besonders vermögenden Reisenden war es nämlich zur verbreiteten Gepflogenheit geworden, sich berühmte Maler mitzunehmen, um später eine greifbare Erinnerung an das Gesehene, an die Kunstwerke sowie an die genossenen Aussichten zu besitzen. In anderen Fällen griff der Reisende auf weniger gut ausgebildete Maler oder berufsmäßige Kopisten am jeweils besuchten Ort zurück oder behalf sich zu guter Letzt mit Büchern und Stichen. Zwischen dem 18. und 19. Jahrhundert schrieb eine gute bürgerliche Erziehung jedem Reisenden wenigstens jene Grundkenntnisse der Zeichenkunst vor, die er benötigte, um seinen Zeichenblock selber mit Skizzen und Aquarellen zu füllen.

Weniger zu den Gepflogenheiten als zu den Kuriositäten zählen übrigens einige absonderliche Karawanen, die vom Ende des 18. bis zur Mitte des 19. Jahrhunderts auf französischem Boden und von dort in Italien ankommen. Dazu gehört das Gefolge des Hauptmanns Thornton, der sich, als echter Liebhaber der Jagd, offenbar mit einem Falkner, vierzehn Dienern, drei Falken, zehn Pferden und hundertzwanzig Spürhunden auf die Reise zum Kontinent begeben hat; oder der berühmte »Blessington Circus«, wie er von Zeitgenossen genannt wurde, der auf einer ausgedehnten, langen Exkursion durch Italien von Lady Blessington angeführt wurde, die, so behauptete man, in einer doppelt gefederten Kutsche mit Matratzen, Kissen, Toilette, Küche und Bibliothek voranfuhr; oder schließlich das Gefolge von Lord Byron, dessen Kutsche von dicht mit Tieren vollgepackten Karren begleitet wurde, die ihm »zur Zerstreuung und zur Speise« dienen sollten. Das letzte dieser exzentrischen Fahrzeuge, die über die Straßen Italiens fuhren, ist wahrscheinlich der große Wagen gewesen, mit dem der inzwischen zu Wohlstand gekommene Dickens seine Familie ins Ausland brachte. Er wurde von vier Pferden gezogen, denen sechsundneunzig ohrenbetäubende Glocken um den Hals hingen. Der Schriftsteller selber erzählt uns, daß sein Wagen unter anderem über einen ledernen Behälter für Schnapsflaschen, Lampen für den Tag und die Nacht sowie über Abteilungen und Fächer für die verschiedenen Gepäckstücke verfügte.

Reisevorbereitungen

Welche Hauptzwecke die Reisenden der Grand Tour verfolgen, läßt sich mit den Worten des Amerikaners Bayard Taylor zusammenfassen, der um die Mitte des 19. Jahrhunderts Europa bereiste: »Ich bin nicht nur vom Wunsch nach einem Wanderleben getrieben worden, sondern auch vom Verlangen, andere Sprachen und andere Rassen kennenzulernen; die herrlichen Werke der klassischen und der mittelalterlichen Kunst zu bewundern; berühmte Landschaften zu betrachten und die magische Aura der großen historischen Zusammenhänge zu begreifen; in wenigen Worten: um mir eine umfassendere und vielfältigere Bildung zu verschaffen als diejenige, welche mein Staat und meine Lebensumstände mir im Vaterland zu erwerben gestattet hätten.« Was Bayard Taylor so klar ausführt, ist nichts anderes als die zeitgemäße Synthese – man denke an den Bezug auf die mittelalterliche Kunst – einer umfangreichen Literatur, die es sich seit dem 17. Jahrhundert zur Aufgabe gemacht hat, die wichtigsten Absichten des Reisenden mit protokollarischer Ausführlichkeit zu verzeichnen. Eine der ersten erschöpfenden Listen stammt von William Davison, der mit seinen *Profitable Instructions: Describing What Special Observations Are To Be Taken by Travellers in All Nations* (1633) vorwegnahm, was dann zur typischen Struktur zahlloser Reisebücher über die Aufgaben des Reisenden werden sollte. Laut Davison sollte der Reisende in jedem Land, in dem er sich aufzuhalten gedachte, eine genaue Untersuchung der allgemeinen Strukturen des jeweiligen Staatsgebietes durchführen, wobei im einzelnen Bezug zu nehmen war auf die geographischen Gegebenheiten (ob es also »Insel oder Kontinent; nah am Meer oder weit davon entfernt...« war); auf seine Produktivität und auf die Fruchtbarkeit des Bodens; auf die Naturkräfte oder künstlichen Anlagen, mit denen es sich gegen eventuelle Angreifer verteidigen konnte; auf die Qualität und Bandbreite seiner Künste, kulturellen Zentren und so weiter.

Mit dem 18. Jahrhundert werden die Absichten des Reisenden enzyklopädischer, vor allem aber wird den künstlerischen oder kulturellen Zeugnissen insgesamt mehr Aufmerksamkeit geschenkt, so daß die Ergebnisse seiner Untersuchungen in fremden Ländern dann in seiner Heimat zu einem vertieften Wissen über den europäischen Kontinent führen und sich eine wirkliche Vertrautheit mit dem klassischen Erbe entwickelt. Im Jahre 1757 zum Beispiel legten die *Instructions for Travellers* des Bischofs Tucker detailliert eine Reihe von Aufgaben fest, die der gute *grandtourist* zu erfüllen hatte. Darunter findet sich auch die folgende Liste: 1) Der Reisende informiere sich über die Kosten des Grund und Bodens sowie über das Geld... 2) Prüfe er die Zustände der Gasthäuser und verwende er Sorgfalt auf eine wirklichkeitsgetreue Beschreibung des Zustands der Straßen... 3) Die Anzahl der Trosse, der Kutschen und anderer Fahrzeuge, die auf eben jenen Straßen hin- und herfahren, prüfe er mit allergrößter Genauigkeit und hole er überall Auskunft darüber ein... 4) Beobachte er besonders aufmerksam die Menge und Qualität der Waren in den Läden der kleineren Städte und Dörfer... 5) Informiere er sich außerdem über die Lebensverhältnisse in den großen und kleinen Städten... 6) Prüfe er sodann in den Städten wie auf dem Land, ob der größte Teil der Einwohner gewöhnlich das Äußere seiner Wohnstätten schmückt oder sauber hält, und ob es bei ihnen Brauch ist, die Grundstücke und Gärten mit irgendwelchen Verzierungen zu versehen... 7) Schließlich informiere er sich noch darüber, ob die Pächter den Pachtzins in Geld oder Naturalien bezahlen...

Wir sind so fasziniert von den berühmtesten Reisenden, die ihren Berichten oder Erzählungen ein unverwechselbar persönliches Gepräge gegeben haben, oder von denen, die ihre Italienreise zu ganz bestimmten Zwecken unternehmen, wie der raffinierte Ästhet Horace Walpole, der Historiker Gibbon oder der Romancier Smollett – der übrigens behauptete, bei der Lektüre von Aufzählungen wie derjenigen Davisons oder Tuckers bekomme er Kopfschmerzen –, oder schließlich von denen, die wie Montaigne, Sterne, Goethe oder Stendhal aus ihren Werken etwas machen, was weit über die einfache Reiseliteratur hinausgeht, daß wir versucht sind, zu vergessen, daß fast alle Reisebücher ihren Aufbau und ihre Gliederung jenen alten Verzeichnissen und ihrem Bemühen um Vollständigkeit verdanken. Zwei große weibliche Reisende, Mariana Starke und Lady Morgan, beide durchdrungen vom Geist der Romantik, beschwören zwar schon das neue, verführerische Pittoreske, das Anekdotische und den persönlichen Eindruck, versäumen es aber trotzdem nicht, ein narratives und topographisches Schema zu verfolgen, das sich von dem ihrer Vorgänger, die noch ganz und gar von der Naturphilosophie, vom distanzierten Geschmack der Neoklassik und von der aufklärerischen Kultur erfüllt waren, in nichts unterscheidet. Überdies muß kaum mehr erwähnt werden, daß wir es gerade der unendlichen Schar weniger bekannter Reisender zu verdanken haben, wenn wir die Gewohnheiten, Erlebnisse und das kulturelle Klima, durch die sich die Grand Tour auszeichnet, noch genau rekonstruieren können.

Ist es ein Student oder ein junger Akademiker, der auf den Kontinent reist, um seiner Ausbildung den berühmten »letzten Schliff« zu verleihen, sucht er sich für gewöhnlich einen Reisebegleiter. Walpole hatte den Dichter Thomas Gray zum Gefährten, wobei die ausgeprägte Persönlichkeit der beiden allerdings in Italien zu einer endgültigen Trennung führen sollte. Im allgemeinen wird der Reisekamerad unter anderen Studenten oder jungen Gelehrten ausgesucht, die von einer ähnlichen Abenteuerlust angetrieben werden und im selben kulturellen Klima aufgewachsen sind. Das verdeutlichen die vielen Anzeigen, die um die Mitte des 18. Jahrhunderts in den englischen Zeitungen erscheinen, etwa nach dem Muster der folgenden:

»Iter Philosophicum. Si quis sit, in hac natione philosophica, volens suscipere iter philosophicum per Europam, ad sapientiam acquirendam, – mores hominum multorum cernere & urbes, inveniet comitem, natum annos 27, artium magistrum in academia Oxoniensi, loquentem linguas Latinam, Gallicam, & partim Italicam; intelligentem linguas Graecam & Hebraicam: pari desiderio incitatum. Epistola dirigatur (posta soluta) ad T.W. apud venditorem hujus Chronici. N. B. Haec Advertitio Latine scribitur, ne ab illiteratis intelligatur. Odi profanum vulgus & arceo.«

[Philosophische Reise. Wenn es in dieser philosophischen Nation jemanden gibt, der eine philosophische Reise durch Europa unternehmen möchte, um Wissen zu erwerben, und die Sitten vieler Menschen und Städte kennenzulernen, findet er einen Gefährten, 27 Jahre alt, Magister Artium der Universität Oxford, der die lateinische, französische und zum Teil die italienische Sprache spricht, und der Griechisch und Hebräisch versteht: wenn er diesen Wunsch hegt, zeige er sich. Er adressiere einen Brief (die Gebühr ist bezahlt) an T. W. und schicke ihn an die Herausgeber dieser Zeitung. N. B. Diese Anzeige wurde in Lateinisch geschrieben, damit sie nicht von Ungebildeten verstanden werden kann. Ich hasse das gemeine Volk und wehre es ab.]

Auf die vieldiskutierte Frage der Reisebegleitungen geht auch Misson ein. Seine Beobachtungen zeugen von großer Liberalität und aristokratischer Zurückhaltung gegenüber einer langen Geschichte der Vorsichtsmaßnahmen und Verdächtigungen, die von den mißtrauischen Warnungen in den Pilgerführern ausgelöst wurden. Misson bemerkt:

»Es kann vergnüglich sein, wenn zwei oder drei Reisende sich während der Reise zusammentun; manchmal wird man leichtsinniger, aber man nimmt die Dinge genauer wahr und zieht größeren Genuß aus ihnen. Darum sind Begegnungen zwischen ehrlichen Personen von gleichem Temperament besonders willkommen. Aber diese Verbindungen sind den gleichen Regeln unterworfen wie eine Ehe, in der es, sollten die Wesensarten nicht zusammenpassen, besser gewesen wäre, gar nicht erst zu einer Paarung zu schreiten. Manche Menschen werden von lebhaftester Neugier bewegt, sie wollen alles sehen und alles mit peinlicher Genauigkeit untersuchen, sie kümmern sich nicht darum, ob sie in gewaltige Regengüsse geraten, oder ob sie zu spät zum Mittagessen kommen, wenn es ihnen nur ja gelingt, irgendeine Entdeckung zu machen und Nutzen daraus zu ziehen. Andere Menschen dagegen reisen mit Scheuklappen, sie finden weder Interesse daran, Inschriften zu lesen, noch Bibliotheken zu besuchen, wenn sie sich nur ein weiches Bett und eine warme Mahlzeit verschaffen können. Darum ist es nötig, sich gründlich kennenzulernen, bevor man sich gemeinsam auf den Weg macht.«

Führer, Pläne und Landkarten

Außer der Festlegung eines allgemeinen Bezugsrahmens, in den die Ergebnisse aller Beobachtungen und Untersuchungen einzuordnen waren, gehörten noch weitere Maßnahmen zu den Reisevorbereitungen des jungen Neulings der Grand Tour. Unerläßlich war es, sich einen guten »Führer« der Länder zu besorgen, die besucht werden sollten. In diesem Zusammenhang hat man errechnet, daß während des ganzen 18. Jahrhunderts gewöhnlich mindestens zwei neue Führer pro Jahr zur Verfügung standen. Welche von diesen die verbreitetsten Führer waren, erfahren wir von den einzelnen Reisenden. Zu Beginn des Jahrhunderts erwähnt Addison, er habe sich ausgiebig des Bandes von F. M. Misson, *Nouveau Voyage d'Italie* bedient (der 1691 in Frankreich und 1695 in englischer Übersetzung erschien), während Addisons eigene *Remarks* über Italien schon sehr bald ein Klassiker auf dem Gebiet wurden. Neben Misson zählen die folgenden Werke zu den verbreitetsten Führern: R. Lassels, *The Voyage of Italy* (1670), T. Nugent, *The Grand Tour, or, a Journey through the Nederlands, Germany, Italy and France* (1749), J. de Lalande, *Voyage d'un François en Italie* (1769) und T. Martyn, *The Gentleman's Guide in His Tour through Italy with a Correct Map and Directions for Travelling in that Country* (1777). Im 19. Jahrhundert hält J. Forsyth mit seinen *Remarks on Antiquities, Arts, and Letters during an Excursion in Italy* (1813) den Rekord. Dieser Text findet die meisten Leser, Henry James benutzte ihn noch über fünfzig Jahre nach Erscheinen der ersten Ausgabe. Andere »romantische« Führer, die sich großer Beliebtheit erfreuen, sind die beiden Bände von Mariana Starke, *Letters from Italy* (1800) und *Travels on the Continent* (1820), sowie das raffiniertere Werk *Italy* von Lady Morgan, das zu den Lieblingsbüchern ausgewanderter Engländer wie Byron und Shelley gehört. In seinen *Promenades dans Rome* behauptet Stendhal: »Die besten Reisen nach Italien sind die von Forsyth, De Brosses, Misson, Duclos und Lalande; die merkwürdigste und lächerlichste stammt von Pater Eustace.« Als Randbemerkung zu Stendhals Aufzählung sei

30 Jean Eric Rehn,
Ein Führer in Tivoli,
1756

erwähnt, wie erstaunlich lang einige dieser Texte aktuell bleiben. Über ein Jahrhundert nach ihrem Erscheinen werden sie
immer noch zitiert und benutzt. Darüberhinaus muß man wissen, daß es bei diesen klassischen Führern unmöglich ist, die
praktischen Informationen über die Reise – Lage der Poststationen, Hotels und berühmten Monumente, Informationen über
die Zoll- und Währungsvorschriften, über bestimmte Strecken
und so weiter – von den persönlichen Betrachtungen und Reflexionen über die Anlage der Städte, die Sitten und Gebräuche ihrer Einwohner und was die eingespielten Regeln dieses
Genres noch alles verlangen, zu unterscheiden. Der radikale
Wandel des Reisebuchs, das zunächst als Essay mit großer
thematischer Bandbreite verstanden wurde, und nun von den
»profitable instructions« über die konkreten Aspekte der Reise
und den rituellen enzyklopädischen Beobachtungen gereinigt
wird, findet um die Mitte des 19. Jahrhunderts mit dem Auftauchen der ersten Murray-Führer statt (der allererste ist das
Handbook of Holland aus dem Jahre 1836). Es folgen die Führer

IL VIAGGIATORE
MODERNO
ossia
LA VERA GUIDA PER CHI
VIAGGIA
Con la descrizione delle quattro Parti del
Mondo il regolamento esatto per il novello
Corriero, i prezzi delle Cambiature, Vetture,
spese di Vitto, cognizione delle Monete di
ciascun Dominio ec.

E diversi utili avvertimenti
per conservarsi sani per Mare, e per Terra

EDIZIONE SECONDA VENETA

Accresciuta e purgata da molti errori
essenziali corsi nella prima Edizione
Romana, e con una breve notizia
Storica degli Anni Santi.

IN VENEZIA MDCCLXXX.

Presso Francesco Locatelli
A S. Bartolommeo
CON LICENZA E PRIVILEGGIO

31 *Der moderne Reisende*
Frontispiz eines Reiseführers von 1771

von Karl Baedeker, dessen Bücher ab 1839 erscheinen, und
der erste *Continental Railway Guide* von 1847. Diesen Führern
obliegen nun jene allgemeinen und besonderen Hinweise
auf Strecken, Poststationen, Öffnungszeiten, Museen, Hotels,
Restaurants und Sehenswürdigkeiten (unter ausgiebiger Verwendung von Sternchen), die den modernen Reiseführer auszeichnen.

Den ersten Platz in der Reihe der Pflichtlektüren des zukünftigen *grandtourist* halten die Bände über Kunstwerke, die
übrigens wegen der kostbaren Stiche, mit denen sie illustriert
waren, auch einen Genuß für die seßhafteren *armchair-travel-
lers* darstellten. Es sollte noch einmal betont werden, daß das
Studium der Kunst und Geschichte der wichtigsten Städte
Italiens bei aller Vielfalt der persönlichen oder beruflichen
Interessen des einzelnen Reisenden doch unumstößlicher

Zweck jeder Reise auf die italienische Halbinsel war. Zu den meistverbreiteten Texten gehören die von E. Warcupp herausgegebene Mappe mit Stichen, *Italy in its Original Glory, Ruin, and Revival* (1660); der Band von W. Lodge, *The Painter's Voyage to Italy* (1679), der zum größten Teil aus dem Bildmaterial des *Viaggio pittoresco* von Giacomo Barri (1571) besteht; W. Aglionbys *Painting Illustrated in Three Dialogues, together with the Lives of the Most Eminent Painters* (1685), das fast ausschließlich auf den *Vite* von Vasari basiert; der Band von J. Richardson, *Account of Some of the Statues, Bas-Reliefs, Drawings, and Pictures in Italy* (1720); ferner E. Wrights *Observations Made in Travelling through France and Italy* (1730) und zahlreiche andere, von denen wir nur noch an *A Collection of Some of the Finest Prospects in Italy* erinnern, einer Übersetzung der berühmten *Raccolta di alcune delle più belle vedute d'Italia* von R. Venuti (1761). In der zweiten Hälfte des 18. und in den ersten dreißig Jahren des folgenden Jahrhunderts sorgt die angelsächsische Grafik für eine beträchtliche Anzahl an Bänden und Mappen zur Geschichte der italienischen Kunst, an denen die bedeutendsten Kupferstecher und Aquarellisten mitarbeiten, von Samuel Prout über Copley Fielding, bis zu Turner und Palmer. Ihr Augenmerk ist dabei vor allem auf das topographisch Pittoreske und in zweiter Linie auf eine philologische Analyse der antiken Monumente gerichtet.

Neben den Führern und kunstgeschichtlichen Handbüchern gehören Landkarten der Länder, die es zu durchqueren gilt, zu den wichtigsten Hilfsmitteln des Reisenden. Erst vom späten 18. Jahrhundert an wurden diese Karten, die auch Hinweise auf die Lage von Post- und Zollstationen enthielten, den Reiseführern regelmäßig beigefügt, davor waren sie gesondert verkauft worden, und ihre nur sehr ungefähren Angaben hatten nicht selten zu Klagen geführt. H. Swinburne, der Autor der *Travels in the Two Sicilies* (1785), erklärt ausdrücklich, die Gebirge seien allzu oft willkürlich in die Landkarten eingezeichnet, was dann bei unternehmungslustigeren Reisenden, wie nicht anders zu erwarten, Ärger auslöse. Unter den besonders häufig benutzten Kartensammlungen verweisen wir nur

auf *Il portafoglio necessario a tutti quelli che fanno il giro d'Italia...
in ventisei carte topografiche*, das 1774 in London mit italieni-
schem und französischem Text gedruckt wurde, und auf *A Brief
Account of the Roads of Italy... in Twentythree Geographical Maps*
(1775). Außerdem wird es üblich, topographische Pläne von
Städten und Regionen jeweils am Ankunftsort zu kaufen, und
häufig folgt man dem Rat verschiedener »Orakel« für Reisende, die einzelnen Karten auf viereckige Stoffstücke zu kleben,
um sie falten und bequem in die Tasche stecken zu können.

Missons berühmtes Werk *Nouveau Voyage d'Italie* ist wahrscheinlich der Führer, der sich am ausführlichsten mit den
Landkarten und topographischen Plänen befaßt, die zum Gepäck jedes Reisenden gehören sollten. Zu den Karten gibt er
detaillierte Anweisungen. Noch ist das Zeitalter der organisierten Reisen, in dem man dem britischen Touristen vorwer-
fen wird, er sei einfallslos und reise nur »après la carte«, weit
entfernt. Aber hören wir Misson selber: »Es gibt nichts An-
genehmeres, als sich während der Reise dem Studium der
Karten zu widmen. Ich gebe Euch drei Ratschläge zu diesem
Thema: Erwartet vor allem nicht, die Karten in den Ländern
kaufen zu können, die Ihr besucht, denn es ist uns selber geschehen, daß wir sogar in großen Städten vergebens danach
gesucht haben. Darum muß man sie sich vor der Abreise beschaffen und die Karten gleich mehrerer, unterschiedlicher
Verfasser sammeln, denn nicht selten stammen die besten Karten für bestimmte Orte von unbekannten Autoren. Zweitens
darf man nicht vergessen, sie mit Stoff bespannen zu lassen
und sie um einen hierfür eigens angefertigten Stock gewickelt
aufzubewahren. Schließlich sollte man sich daran erinnern,
stets die verschiedenen Fehler, die man auf der Karte entdeckt,
in einem Notizbuch zu vermerken, und denen, die solche Karten ausführen, davon Mitteilung zu machen. Wenn alle sich in
dieser Weise verhielten, hätten wir überall korrekte Karten.«
Daß sich in Wirklichkeit nur wenige nach den vorbildlichen
und selbstlosen Ratschlägen Missons richteten, bezeugen die
wiederholten Klagen der Reisenden – oder der Gelegenheits-
autoren von Reiseführern – über die Landkarten, topographi-

32 Matteo Bolognini, *John Bargrave, Alexander Chapman und John Raymond beim Studium einer Landkarte,* 1647

schen Pläne und Führer, die während des 18. Jahrhunderts im Umlauf waren: »Obwohl wir durchaus keinen Mangel an Büchern haben, wovon ein Italienreisender sich einen fast unerschöpflichen Vorrat anlegen kann, finden wir nichtsdestotrotz, nachdem wir sie vor unserem geistigen Auge durchgeblättert haben, häufig, daß sie an manchen Stellen voller Geschwätz oder Fehler stecken, womit wir über die Länder, von denen wir alles zu wissen begehren, immer noch im dunkeln gelassen sind. So etwas dürfte nicht mehr geschehen in unseren Tagen, wo wir sehen, wie die tüchtigsten Männer sich mit den Wissenschaften beschäftigen, die mit der Geschichte und folglich mit der Geographie zu tun haben, und jeder all seine Mühe darauf verwendet, sie von Fehlern zu reinigen, die vormals begangen wurden.«

Sehr gut informiert zeigt sich dagegen Lalande, der Verfasser des besten Italienführers im 18. Jahrhundert und würdiger Nachfolger von Misson. Zwar bescheinigt er dem größten Teil der Italienführer »Unvollständigkeit und Ungenauigkeit« – hierin liegt der Ansporn für sein eigenes Unterfangen –, er rät dem Reisenden aber doch, sich mit einigen recht zuverlässigen

Landkarten zu versorgen, wie zum Beispiel den zwei Blättern, die D'Anville von Italien angefertigt hatte, oder dem berühmten Atlas von Magini, auf den die Reisenden seit über einem Jahrhundert zurückgreifen, oder dem *Novum Italiae Theatrum* (1743) von Blaeu, und wenn es darüberhinaus um detaillierte und speziellere Hinweise geht, dem Katalog aus der römischen Kupferstichwerkstatt De Rossis.

Vielleicht ist es gerade die Notwendigkeit, ständig die Karten zu Rate zu ziehen, die Misson unwillkürlich veranlaßt, den Reisenden daran zu erinnern, sich einen guten Vorrat an Augengläsern für die großen Entfernungen, für die mittleren Sichtweiten und schließlich für die nahen Oberflächen zum Beispiel von Gemälden, Statuen, Münzen und ähnlichem zu beschaffen. Zwei Jahrhunderte später gibt ein großer moderner Reisender wie Henry James dem Touristen, der sich auf den Weg machen möchte, einen ähnlichen Rat, wobei er den Augengläsern für mittlere und weite Entfernungen noch den Hinweis auf gefärbte Linsen hinzufügt, um sich vor dem blendenden Widerschein der Geschichte zu schützen.

Reisepässe, Gesundheitszeugnisse und Geldgutschriften

»Bevor man die Reise antritt, muß man sich einen Reisepaß besorgen, der vom französischen Botschafter, Portland Place Nr. 50, ausgestellt wird (...). Es ist nicht mehr nötig, sich, wie früher, an das Außenministerium zu wenden, denn der Reisepaß der französischen Botschaft genügt. Wenn der Reisende durch Belgien oder Holland fahren will, bevor er nach Frankreich kommt, kann er bei der Botschaft der Niederlande, Buckingham Street Nr. 14, einen Reisepaß beantragen ...«, schreibt Galignani in seinem *Traveller's Guide through France* (1825). Obwohl für englische Staatsbürger, die nach Frankreich wollen, offiziell nicht erforderlich, stellt der Reisepaß doch eine wichtige Absicherung dar, wenn es zu polizeilichen Durchsuchungen und zu Auseinandersetzungen mit Wirtsleuten und Fuhrleuten kommt. Man konnte ihn auch in Paris erhalten,

33
Gesundheitsbescheinigung,
ausgestellt im März 1722 von
der Hafenbehörde in Livorno

wenn man sich an die englische Botschaft wandte und ihn
anschließend vom französischen Innenministerium und von
der Polizeipräfektur mit einem Visum versehen ließ. Alle, die
in die Schweiz, nach Deutschland und nach Italien weiterrei-
sen wollten, mußten sich das Einreisevisum für die verschiedenen Staaten, in die diese Länder aufgeteilt waren, vorher
besorgen. Solche Visa konnten auch bei den konsularischen
und diplomatischen Vertretungen in den Städten angefordert
werden, die dicht an den Grenzen zu den gewünschten Rei-
seländern lagen. Bedenkt man, daß Italien in mehrere Staaten
aufgeteilt war, kann man sich sofort vorstellen, wie lästig die
Formalitäten der Ein- und Ausreise, einschließlich der Zoll-
verhandlungen an den Grenzen jedes einzelnen politischen
Territoriums waren. Vor dem 19. Jahrhundert mußte der Italien-
reisende sich ebenso viele Reisepässe besorgen wie es Staaten
gab, die er zu besuchen gedachte, zusätzlich zum englischen
natürlich. So muß Boswell sich, als er ein Schiff nach Korsika
besteigt, vom britischen Verwalter in Genua einen Paß ausstellen lassen und einen weiteren vom korsischen »Reich«. Abgesehen von der offenkundigen Illegalität konnten ohne Reisepaß oder Einreisevisum für das Land, das gerade durchquert

wurde, keine Pferde und Kutschen ausgeliehen werden, und oft wurde Reisenden ohne Paß die Aufnahme in Gasthäusern verweigert. Diejenigen, die vom Meer aus ankamen, waren außerdem verpflichtet, beim Anlegen in einem italienischen Hafen, in Venedig wie in Livorno oder Civitavecchia, ein »Gesundheitszeugnis« vorzuweisen, das ihnen das Risiko einer Quarantäne ersparte. Wenn Epidemien in Frankreich oder der Schweiz herrschten, wurde das Gesundheitszeugnis auch von allen verlangt, die von den Alpenpässen herunterstiegen.

Einst begann die Reise des elisabethanischen Abenteurers in dem Moment, in dem er auf seine entsprechende Anfrage vom Privy Council ein Dokument erhielt – Vorläufer des modernen Reisepasses –, in dem das Reiseziel, der Zweck und die Dauer der Reise, außerdem die Summe Geldes, die er mitnehmen durfte, genau aufgeführt waren. Auch in den Fällen, in denen besonders liberal verfahren wurde, hätte der Betrag an Bargeld niemals für eine Tour durch Frankreich und Italien, geschweige denn für einen ausgedehnten Studienaufenthalt an den Universitäten Europas ausgereicht. Es war daher üblich, eine bestimmte Geldsumme bei einer italienischen Bank in London zu hinterlegen, und sich dann eine Zahlungsanweisung für die Banken aller italienischen Städte, die man besuchen wollte, ausstellen zu lassen. Meistens wurde diese Zahlungsanweisung in dreifacher Ausführung ausgestellt, eine Kopie wurde dem Reisenden übergeben, die beiden anderen wurden an die Banken in Italien geschickt, an die man sich dann während der Reise wenden konnte. Mit der Entwicklung des modernen Bankwesens verbreitet sich vom Ende des 17. Jahrhunderts an der Gebrauch von Kreditbriefen. Der Tourist wandte sich an seine eigene Bank in London, um sich Kreditbriefe ausstellen zu lassen. Diese konnte er dann den Banken auf dem Kontinent vorweisen, die mit seinem Londoner Bankinstitut entsprechende Vereinbarungen abgeschlossen hatten. Die europäischen Banken waren daher angehalten, den Bedürfnissen des Reisenden entgegenzukommen, damit ihnen die an die Londoner Bank überwiesenen Summen zurückerstattet wurden. Für den Touristen war es übrigens von ent-

scheidender Bedeutung, sich mit den komplizierten Währungs-
systemen der verschiedenen Staaten und Kleinstaaten vertraut
zu machen, um für den Geldwechsel gewappnet zu sein, der an
den zahlreichen Zollstationen vorgenommen werden mußte.
Es ist kein Zufall, daß die verbreitetsten Führer noch bis zur
Vereinigung Italiens eine Reihe von faltbaren Tabellen enthalten, in denen die wichtigsten Münzen jedes einzelnen italienischen Staates abgebildet waren, so daß der Reisende sich
zwischen Soldis, Zechinen, Dukaten, Paolis, Testonis, Scudis,
Großen und Pistolen zurechtfand.

Waffen und Gepäckstücke

Angenommen, wir dürften Goethes Gepäck öffnen, kurz nachdem der Dichter den Brenner überquert hat, was würden wir
darin finden? Ein gutes Unterhemd, einen Überzieher »für alle
Jahreszeiten«, drei Paar Strümpfe, Hemden, Taschentücher,
eine historisch-kritische »Beschreibung« Italiens in drei Bänden, einige Landkarten und topographische Blätter, Zeichen-
und Malzeug, seine handschriftlichen »gesammelten Werke«
und eine kleine Sammlung an Mineralien und Steinen, die er
unterwegs aufgelesen hat: Quarze, Kalksteine, Marmorsteine,
das Ganze verteilt auf einen »Mantelsack« und einen Ranzen
aus Dachshaut. Etwa die gleiche Ausrüstung fänden wir im
Sack von Henry Beyle, der in den Kutschen der Grande Armée
durch Europa fährt. Er nimmt außerdem noch ein Paar Schuhe
mit, in denen ein Täschchen mit Rasiermesser, Schere, Nadel
und Faden steckt. Es gibt Reisende, die mit einem noch spar-
tanischeren Gepäck zu Fuß durch Europa ziehen, wie Johann
Seume, und andere, die wiederum ihren ganzen Haushalt mitnehmen.
    In seinen *Lettres écrites de Dunquerque* bemerkt Victor Hugo:
»Die mit Reisenden vollbesetzte Postkutsche war inzwischen
mit Paketen und Päckchen überladen. Der Lederkoffer, den
man auf das Kutschdach fliegen ließ, enthielt eine Unmenge
an Kleidungsstücken und war prall wie die Weste eines Bür-

germeisters.« Der Koffer ist die unangefochtene Hauptfigur der Kunst des Reisens. Er enthält all das, worauf der Reisende nicht verzichten kann und will. Die Angewohnheit, Kleidungsstücke und gleichermaßen nützliche wie vertraute Utensilien und Gegenstände mit auf die Reise zu nehmen, hat sich bis heute erhalten. Es ist, als wollte der Reisende mit ihrer Hilfe oder mit anderen Surrogaten der häuslichen Bequemlichkeiten das Unbekannte und Unvorhersehbare des Lebens auf der Straße exorzieren. »Obwohl die Fahrt von Paris nach Dieppe nicht mehr als vier Stunden dauerte«, erinnert sich die Gräfin Jean de Pange in ihren Memoiren, »bereiteten sich alle so sorgfältig vor, als müßten wir eine Reise nach China antreten. Wir nahmen mehrere Körbe mit und einen ganzen Satz an Gerätschaften, den man ›Reiseausstattung‹ nennt: gefaltete Decken, Becher, die sich zu Schachteln zusammendrücken lassen, Flakons mit Salz, Kölnisch Wasser, Pfefferminzalkohol, Umschlagtücher, Fächer, kleine Kissen und einen gräßlichen Nachttopf aus Kautschuk, der mich schon beim bloßen Anblick in Aufruhr versetzte.« Koffer für die verschiedensten Gegenstände und Inhalte entwickeln sich in der Geschichte des Reisens einerseits aus der Truhe oder der Lade, die dann in Anbetracht der Tatsache, daß der Koffer vom Kutschdach direkt auf das Pflaster oder in den Schlamm der Straße gestellt wird, mit einem beträchtlichen Aufgebot an Nägeln und mit Verstärkungen an allen Ecken versehen wird; und andererseits aus seinem fernen mittelalterlichen Prototyp, einer Decke aus Leder, die um die Habseligkeiten gewickelt und mit Gurten zusammengebunden wurde. Zwischen dem 17. und 18. Jahrhundert setzt sich eine äußerst vielfältige und funktionelle Auswahl an Gepäckstücken aus Leder durch, jedes zu Ehren einer bewährten Handwerkstradition mit einem französischen Begriff bezeichnet. Dazu gehören die *vache* aus festem Leder, in Form eines Parallelepipedons, ursprünglich mit einem Scharnierdeckel und Gurtverschlüssen, die sich gut in der hinteren Pritsche oder auf dem Dach der Kutsche verstauen ließ; der *veau*, aus einem etwas weicheren Leder, so daß er sich den Gepäckfächern oder Ecken der Kutsche anpassen konnte; und der *sac de nuit* aus Polsterstoff oder doppelt verstärktem Leinen, mit einer Kordel zusammengeschnürt, die als Griff dient. Er enthält das, was der Reisende bei Unterbrechungen der Fahrt oder während der Nächte, die er in der Kutsche verbringt, zur Hand haben will. Aus diesen drei verbreiteten Exemplaren entstehen viele weitere Koffertypen in ganz unterschiedlichen Formen, meistens als Faltenbalg mit vielen Griffen, damit sie so viel wie möglich fassen können und sich leicht tragen lassen. Sie bestehen aus unterschiedlichen Materialien, die den Inhalt aber immer besser schützen können, wie zum Beispiel wasserundurchlässiges Leinentuch.

Anspruchsvollere Reisende oder solche, die mit der ganzen Familie unterwegs sind, verstauen ihre Habe in geräumigen Truhen, die an der Rückseite der Kutsche angebracht werden. Nachfolger der kostbaren Kisten aus getriebenem und mit Nägeln verziertem Leder, wie sie zur Zeit der Renaissance benutzt wurden, sind die Reisetruhen, die man zwischen dem 17. und 18. Jahrhundert antrifft. Sie sind aus Holz, das mit Leder, Leinen und zuletzt mit gewachstem Leinen verkleidet wird, und haben Verstärkungen und Eckenschoner aus Metall oder eine Ummantelung aus Pappelholz. Im Inneren sind sie manchmal wie ein Garderobenschrank in mehrere Fächer unterteilt. Mariana Starke hat genaue Gebrauchsanweisungen für solche Truhen gegeben: »Jede Reisetruhe sollte mit einem Rahmen versehen sein, bestehend aus flachen und glatten Eichenholzbrettern (in der Länge der gesamten Truhe), die von gekreuzten Riemen aus dem Material, das man für Sattelgurte verwendet, gehalten werden. Dieser Rahmen sollte mit Hilfe von am Boden verankerten Lederriemen mit Schnallen fest am oberen Teil der (bereits gefüllten) Truhe befestigt werden, damit der Inhalt niemals durch plötzliche Stöße seine ursprüngliche Lage wechselt. Jede Truhe sollte mit einer äußeren Verkleidung aus dickem, farbigem Segeltuch geschützt werden.«

Neben Reisetruhen und Koffern finden wir, oft als deren verkleinerte Nachbildungen, Handköfferchen, Kleiderkoffer, Hutschachteln, sogar Behälter für Kragen. Sind es nicht gerade die Reisehandbücher, die dem umsichtigen Reisenden raten, sich mit einer Liege oder einem Liegesofa, mit Schlafsäcken aus Schaffell, Kissen, Wolldecken, Bettüchern, Kopfkissenbezügen, einem Moskitonetz aus feinem Flor (Mariana Starke hält es für unbedingt notwendig auf der Italienreise), mit Handtüchern, Tischdecken und Mundtüchern, die »nicht schön, aber robust« sein müssen, zu versehen? Man kann sich denken, daß es mitunter nicht nur darum geht, für Komfort und Bequemlichkeit zu sorgen, sondern sich auch für die Reise in unwirtliche Gegenden zu wappnen. Weicht ein Reisender von den großen Verkehrswegen ab, um sich in gebirgige oder unwegsame Gegenden vom Jura bis zum Schwarzwald, von Dalmatien bis Kalabrien vorzuwagen, muß er noch im vorigen Jahrhundert die allerwichtigsten Gerätschaften und unverzichtbaren Bedarfsgüter vom Kochtopf bis zur Matratze selber mitnehmen. »In Sizilien«, schreibt Dumas (doch Victor Hugo wird dasselbe von den Pyrenäen sagen), »ißt man nur das, was man mit sich führt.« »Hier gibt es keine Hotels«, klagt Louis Simond, »und man muß die Kaffeekanne, das Bett, den Kessel, das Glas, die Lampe, den Kaffee, den Zucker bei sich haben, es sei denn, man will ohne all das auskommen.«

Zur Ausrüstung des Reisenden gehören seit jeher Waffen, wissenschaftliche Instrumente – je nach den Interessen und der Wißbegier dessen, der reist –, eine beträchtliche Anzahl an Landkarten und Reiseführern, Bücher über die Länder, die man bereist, Wörterbücher und zuletzt die persönlichen Unterlagen jedes Reisenden. Gerade die Führer raten ihm, Waffen mit sich zu führen. Ist es im 18. Jahrhundert Misson, der dem Reisenden empfiehlt, sich mit dem Schwert an der Seite oder einem Messer unter dem Kopfkissen hinzulegen, wird Reichard ihm später raten, immer ein Paar geladener Pistolen in Reichweite zu haben. Und es ist nicht nur auf den Einfluß von Schillers *Räuber* zurückzuführen, wenn das Tagebuch des empfindsamen Sterne schon um die Mitte des 18. Jahrhunderts in Siena den Diebstahl einer Schachtel aus Mahagoni mit einem schönen Paar Pistolen vermerkt. Viele Jahre später erteilt das Reiseorakel von Kitchiner genaue Anweisungen über die Pflege der Waffen und erklärt, daß es notwendig sei, von Zeit zu

Zeit einen Schuß aus dem Fenster von Gasthäusern abzugeben, um sie dann wieder sorgfältig zu säubern und mit trockenem Pulver zu füllen, damit man sie jederzeit bereit und funktionsfähig hat.

Was die wissenschaftlichen Instrumente betrifft, so hat die Bildung des Reisenden im Geiste Bacons besonders bei den britischen Reisenden zur Folge, daß viele Touristen mit Fernrohren, Barometern, Höhenmessern und Wegmessern ausgerüstet sind, um die verschiedensten Aufzeichnungen zu machen. Viele verfügen auch über geeignetes Material für topographische Erhebungen und archäologische Erkundungen.

Magische Schachteln

Dank der zahllosen Utensilien, die es enthält, und dank der vielfältigen Funktionen, die es mit Hilfe dieser Gegenstände erfüllen kann, ist das *nécessaire de voyage* zu dem Hilfsmittel geworden, das enger als jedes andere mit der Vorstellung vom Reisen als einer Kunst verbunden ist. Es tauchte an der Schwelle zur Neuzeit mit dem Entstehen der Bildungsreise auf und wurde seitdem bis etwa zum Beginn unseres Jahrhunderts immer weiter vervollkommnet. Eines der ersten bekannt gewordenen Exemplare bestand aus einem »Futteral aus Leder, das an einer seidenen Kordel hängt«, es enthielt alles, was man zur Rasur braucht, und wurde 1387 von Frankreichs König Karl VI. bei einem gewissen Henry de Grès erworben. Im Lauf seiner Entwicklungsgeschichte geht es von der Größe und Form eines einfachen Futterals, oder *nécessaire de voyage,* in die Dimensionen eines kleinen Koffers über, der mit Perlmutt und Schildpatt eingelegt oder überzogen war, und in dem sich die verschiedensten Gegenstände für den täglichen Gebrauch seines Besitzers sehr geschickt ineinander geschachtelt verstauen ließen. Wie mit ihm viele andere Aspekte und Komponenten der Reise zeigt sich auch das *nécessaire* (der Begriff kommt im 18. Jahrhundert, dem Goldenen Zeitalter des Reisens, in Gebrauch) von seinem ersten Auftreten an als ein Luxusgegenstand, mit dessen Hilfe sich die Gewohnheiten und Annehmlichkeiten des häuslichen Lebens auf der Reise fortsetzen lassen.

Seine hochherrschaftliche Geschichte rührt daher, daß es nicht selten als ein sehr kostbares und äußerst beliebtes Geschenk diente, besonders wenn es aus den Händen erfahrener Handwerker hervorgegangen war. Mit diesen Merkmalen droht das Bild des *nécessaire* jedoch einseitig zu werden. Ebenso rücken seine praktischen und funktionellen Vorzüge am Ende in den Hintergrund, wenn die einzelnen Bestandteile aus Gold, Silber und feinstem Porzellan mit allzu großer Kunstfertigkeit gestaltet und in dem Kästchen aus Mahagoni oder brasilianischem Palisanderholz angeordnet sind. »Mein Sohn (der Regent von Frankreich) hat seiner Schwester ein *nécessaire* geschenkt, nämlich eine quadratische Schatulle, die alles Notwendige für die Teestunde enthält, Kaffee und Schokolade; die Tassen sind weiß, alles andere ist aus emailliertem Gold«, schreibt die Herzogin von Orléans im Jahre 1718. Um die Mitte des 18. Jahrhunderts gilt Lazare Duvaux als der Handwerker, der die besten *nécessaires* für die Reise herstellt. Von ihm stammt das *nécessaire*, das Louis XV. 1758 dem Herzog von Aumont schenkt. Es besteht aus einem mit blauer Seide gefütterten Köfferchen aus Nußbaum, in dem sich vier Fläschchen aus ungeschliffenem Glas mit silbernem Pfropfen, eine Schale, ein *pot à pâte* und einige Schwämme für die Zähne befinden. Marie Antoinette erwirbt von dem Kunsttischler Palma ein *nécessaire* für hundert einzelne Gegenstände. Napoleon engagiert den berühmten Biennais, um sich mehrere Exemplare für Verwandte, Freunde und, angesichts der bevorstehenden Feldzüge in Italien und Ägypten, vor allem für seine Offiziere anfertigen zu lassen. »Es gibt kein einziges Bedürfnis, das auf Reisen nicht von einem dieser *nécessaires* befriedigt werden könnte«, schreibt Laure Junot, Herzogin von Abrantes, in ihren 1832 erschienenen Memoiren. Sie bezieht sich dabei auf das *nécessaire* von Paolina Borghese und erinnert uns wieder an den Hauptzweck, den diese außergewöhnlichen Utensiliensortimente erfüllen sollen. Ihre wichtigsten Kennzeichen sind

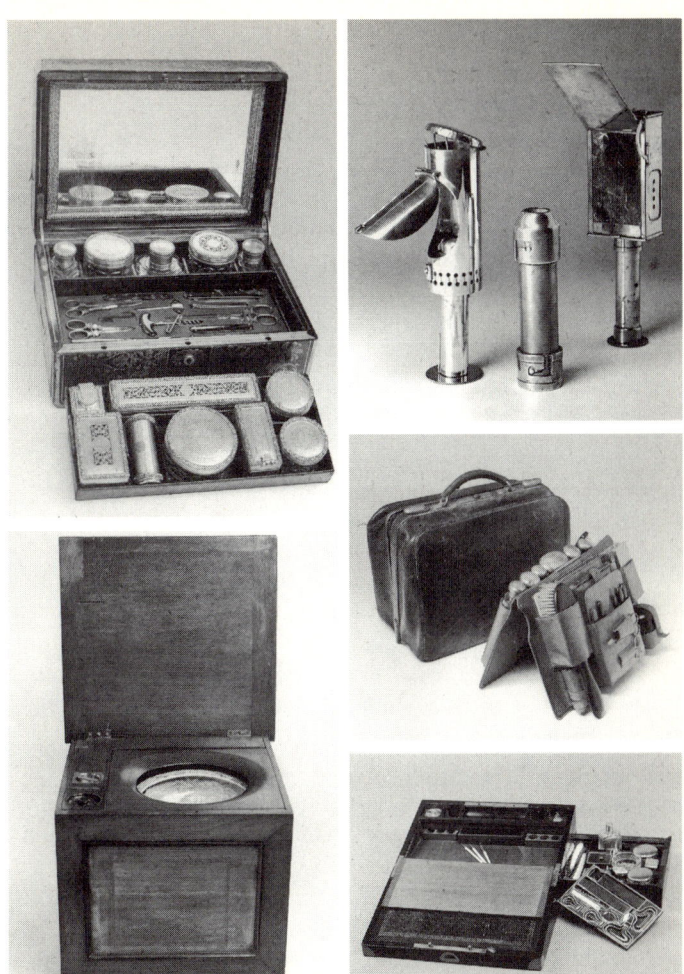

34a–e Diverse Reisegegenstände (v.l.n.r.):
Herren-Reisenecessaire, Reisefaltlaternen für Kerzen, Reise-
toilette, lederne Koffertasche mit Reisenecessaire für Damen,
Reiseschreibpult mit integriertem Herren-Necessaire,
alles um 1850

die stabile Machart des Kästchens und die äußerste Präzision, mit der die einzelnen Gegenstände zusammengestellt sind, einer in den anderen hineinpasst und sich ihren jeweiligen Plätzen genau anschmiegen. Die häufigen Stöße und Aufprälle der Kutsche, vom Umkippen ganz zu schweigen, dulden nicht die geringste Abweichung von diesem Höchstmaß an Präzisionsarbeit. Die Inhalte der vollständigsten *nécessaires*, wie zum Beispiel das von Paolina Borghese, das sechsundneunzig Teile umfaßte, können in drei Gruppen unterteilt werden: vierzig für die leibliche Stärkung, sechsundvierzig für die Toilette und zehn für Schreib- und Näharbeiten. Dies sind nämlich die wichtigsten Funktionen, die sie auf der Fahrt wie in den Gasthäusern der Poststationen erfüllen müssen, wo wir vergeblich nach Luxusgütern wie Kaffee, heißer Schokolade oder einem Aufguß aus Orangenblüten gegen die Schlaflosigkeit verlangen würden.

Die wirklich außergewöhnliche Eigenschaft dieser *nécessaires* ist, daß sie ausgefeilte Präzision und höchste Stabilität mit der raffinierten Eleganz ihrer Utensilien verbinden, ob es sich nun um Tafelgeschirr aus kostbarer Keramik oder um Flakons aus Bergkristall für die Körperpflege handelt. Fast alle *nécessaires* enthalten ein Kästchen mit Schreibzeug und verschiedene Geheimfächer für persönliche Unterlagen. Man kann *nécessaires* für jede einzelne der genannten Funktionen bekommen, aber ihre eigentliche Faszination liegt in der Verbindung verschiedener Verwendungszwecke. Durch eben diese Verbindung mehrerer Funktionen sind sie für den anspruchsvollen Reisenden unverzichtbar geworden, so daß er sich unter keinen Umständen und zu keiner Tageszeit mehr von ihnen trennen möchte. Marie Antoinette trug ihr *nécessaire* auch auf der Flucht nach Varennes bei sich und Napoleon mochte nicht auf zwei seiner *nécessaires* verzichten, als er sich nach Sankt Helena einschiffen mußte. Über derart berühmten Beispielen darf nicht vergessen werden, daß die wichtigste Funktion dieses Gegenstands darin besteht, den Reisenden auf anstrengenden Fahrten oder bei unvorhergesehenen Unterbrechungen, in der Kutsche oder in irgendeinem gottverlassenen Gasthaus durch seinen bloßen Anblick der beruhigenden Gegenwart des Luxus zu vergewissern. Das *nécessaire de voyage* ist einer jener Gegenstände, an denen der Reisende nicht nur wegen der nützlichen Dienste hängt, die es ihm zu jeder Tageszeit erweist, sondern auch wegen des Genusses, den sein Gebrauch bereitet. In dem Maße, in dem sich diese ergötzlichen Schatullen unter einer wachsenden Kundschaft verbreiten, was in der zweiten Hälfte des 18. Jahrhunderts zahlreiche Anfragen nach Reparaturen bei fachkundigen Kunsttischlern bezeugen, werden die Dimensionen des Kästchens allmählich kleiner und die Anzahl der Artikel, die es enthält, nimmt ab. Auch werden, da man mehr Wert auf größere Funktionalität und Wirtschaftlichkeit legt, die Formen und Verzierungen der enthaltenen Teile zunehmend schlichter.

Zur Familie der *nécessaires* gehören außerdem die Vorratsschränke und die tragbaren Apotheken. Eine Reihe von notwendigen Utensilien, die viele Reisebücher aufzählen, macht noch einmal deutlich, daß das *nécessaire* all das, was wir in den Beuteln des Reisenden kunterbunt durcheinander gewürfelt finden, in rationeller Weise zusammenstellt: Taschenmesser und Küchenmesser; Suppenlöffel und Teelöffel; silberne oder versilberte Teekannen; Blechtöpfe, um Wasser zu kochen; sodann Federn, Federmesser, pulverisierte Tinte, Rasiermesser, Nadeln, Faden, Borte, Wollstoff, Stecknadeln und so weiter. Dank der tragbaren Vorratsschränke ist der Reisende außerdem in der Lage, sich während der Rasten leichte Mahlzeiten zu kochen, oder die Speisen der Gastwirtschaften mit den zahllosen Soßen zu würzen, die er sich von zu Hause mitgebracht hat, von der Harveysoße über die scharfe Tomaten-, die Soja- und die Cayennepfeffersoße, bis zur Ingwer- und Muskatnußsoße. Bei diesen Gelegenheiten werden ihm das Öfchen, das manchmal auch als Lampe fungiert, und die Schachtel mit dem Feuerstahl und der Phosphorlunte besonders gut zustatten kommen.

Die Reiseapotheken werden in Behältern aus Mahagoni aufbewahrt, die mit gepolsterter Seide ausgeschlagen sind. Sie enthalten pharmazeutische Mixturen, ein paar einfache chirurgische Instrumente, Bestecke für den Aderlaß, Fläschchen und Flakons, Thermometer, kleine Waagen, Meßbecher für Flüssigkeiten, einen kleinen Mörser aus Glas oder Marmor mit Stößel, eine Reibe für Rhabarber. Die Bibel des romantischen Reisenden ist der *London and Edinburgh Dispensatory*, der immer wieder unter den mitgenommenen Büchern auftaucht und die Medikamente aufzählt, die sich in den Kästchen für Pharmazeutika befinden müssen: Adstringenzien, James-Pulver, Rhizinusöl, Chinarinde, Riechsalze, Äther, reines Opium, Laudanum, das sogenannte »paragoric elixir«, Lakritzensaft, Brechwurzel, Schwefelsäure, Lavendelöl, Lavendelessenzen, Kamillenblüten, Antimondestillat, Kalomel, Natriumkarbonat, Salben gegen Blasen, Ätzmittel, Binden und Gaze... Der vorausschauende Reisende wird nicht nur alles zur Hand haben, was seine Gesundheit betrifft, sondern auch das Nötige für die Hygiene der Räume besorgen, in denen er von Mal zu Mal übernachtet. Da man nun einmal gezwungen sei, Bettücher, Kopfkissen und Bettdecken auf die Reise durch Europa mitzunehmen, rät Mariana Starke dazu, sie jeden Tag sorgfältig zusammenzufalten, damit sie weniger Platz wegnehmen, und sie in der Kutsche, mit einer Wachsdecke geschützt, als Kissen zu benutzen. Vier oder fünf Tropfen Lavendelessenz auf die Oberfläche des Bettes verteilt, werden Wanzen und Flöhe für die Nacht vertreiben, und die gleiche Dosis Schwefelsäure, in eine Karaffe mit Wasser von zweifelhafter Reinheit gegossen, wird »die schädlichen Teilchen« auf den Grund sinken lassen und das Wasser trinkbar machen.

Das Schreibzeug, das die Reisenecessaires enthielten, haben wir bereits erwähnt. Einer langen Tradition folgend, tragen viele Reisende, besonders die Briten, eine Schachtel mit Aquarellfarben und eine Mappe mit Zeichenblättern bei sich. Aus den Tagebüchern Rogers, Palmers und des jungen Ruskin oder aus den Skizzen Hiltons und Turners geht hervor, daß diese Malwerkzeuge zumeist dann benutzt wurden, wenn angehalten werden mußte, damit die Pferde sich ausruhen konnten, wenn die Kutsche einen Unfall gehabt hatte, oder wenn man sich mehrere Tage lang in derselben Stadt aufhielt.

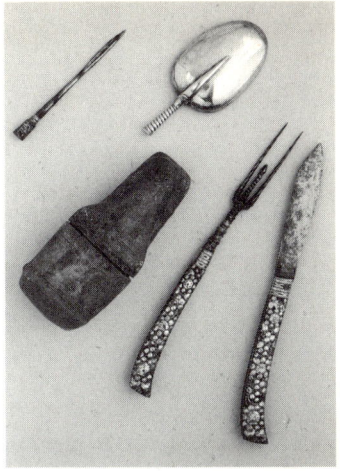

35a–c Diverse Reisegegenstände:
Dactyliothek mit 200 Gemmenabdrücken, ein klassisches
Reiseandenken, um 1800
Reisebesteck, um 1700
Reiseapotheke, um 1860

Miniaturbibliotheken tauchen häufiger in luxuriösen Kutschen auf, wie in denen von Lady Blessington oder William Beckford. Es handelt sich um kostbare Exemplare von großer Kunstfertigkeit, sowohl was die Arbeit des Kunsttischlers als auch die Buchbindearbeiten und den Druck im Sedezformat betrifft. Die nervenaufreibende Langsamkeit der Kutschen bringt es mit sich, daß nicht wenige Touristen Bücher in den weiten Taschen ihrer Überröcke oder in ihren Köfferchen bei sich haben. Stellen wir uns auch aus diesem Anlaß noch einmal vor, den Koffer eines Reisenden zu öffnen. Eine amüsante Gelegenheit dazu gibt uns der ironische William Hazlitt, als er sich an der Grenze zu Hoch-Savoyen einer Inspektion durch den Zoll unterziehen muß:

»Ich hatte zwei Reisetruhen. Eine enthielt Bücher. Als sie geöffnet wurde, war es, als wäre der Deckel der Büchse der Pandora aufgeflogen. Es hätte keinen bestürzteren oder überraschteren Ausdruck geben können, wenn sie mit Patronen oder Schießpulver gefüllt gewesen wäre. Bücher waren in ihren Augen das Korrosionsmittel, das den Despotismus und die Priesterherrschaft zersetzt, die Artillerie, die Schlösser und Gefängnismauern zum Einsturz bringt, die Frettchen, die jeden Mißbrauch aufspüren, die luchsäugigen Wächter, die alle Verkleidungen herunterreißen (...) Eine Truhe voller Bücher war die offene Verachtung der Staatsgewalt; und jeder einzelne Titel wurde nun mit großer Sorgfalt und Geheimnistuerei aufgeschrieben: Lord Bacons *Advancement of Learning*, Miltons *Paradise Lost*, Mignets *French Revolution*, Irvings *Orations*, einige Zeitungen und literarische Zeitschriften, eine Gedichtsammlung und die Pariser Ausgabe meines *Table Talk*...«

Die Garderobe des Reisenden

Um die Mitte des 19. Jahrhunderts erklären gleich mehrere »Modeanzeiger«: »Die Zeiten, da man ein verschossenes Kleid oder einen zerdrückten Hut beiseite legte, um sie für eventuelle Reisen aufzubewahren, sind endgültig vorbei.« Die Kleider des neuen, reiselustigen Bürgertums dürfen weder zu elegant noch zu abgetragen sein, sondern müssen ihren eigenen Stil und ihr eigenes Aussehen haben. Es empfiehlt sich also, einen Stoff zu verwenden, der möglichst wenig knittert, der leicht, angenehm zu tragen und kräftig genug ist, »dem unvermeidlichen Gezerre, dem Staub und dem Rauch zu widerstehen, mit dem Lokomotiven und Dampfschiffe Euch wohl oder übel bespucken werden«.

Die Bekleidung zur Zeit der Dampfmaschinen ist umfangreich dokumentiert. Viel weniger wissen wir darüber, wie sich der Tourist in weiter zurückliegenden Zeiten kleidete. Über einen langen Zeitraum hinweg blieb die Garderobe des Reisenden nämlich von allen Wandlungen der Kleidermode unberührt und nahm von keiner modischen Verschrobenheit Notiz. Noch bis zum 19. Jahrhundert zog man für lange Strecken einfach Kleidungsstücke an, die man weggelegt hatte, weil sie abgenutzt oder aus der Mode gekommen waren. Nicht selten tragen die Frauen – in der Blütezeit der Grand Tour begeisterte Reisende – während der Fahrt passend zurechtgeschnittene, gebrauchte Männerkleidung. Dessenungeachtet war die Bekleidung im Leben des Reisenden, der ja jeden Tag aufs Neue mit der Unsicherheit der Straßen, unzuverlässigen Kutschen und gnadenlosen Wetterverhältnissen zu kämpfen hatte, von großer Bedeutung. Denn sie bildet immerhin ein Bollwerk gegen die Gefahren und Unbilden der Reise. Sie muß sich mit den unterschiedlichsten atmosphärischen Bedingungen vereinbaren lassen, sich »allen Jahreszeiten« aussetzen und den schärfsten Temperaturschwankungen anpassen. Mariana Starke, obwohl gewöhnlich recht weitschweifig, beschränkt sich darauf, in Sachen Bekleidung nur einige nützliche Kleidungsstücke zu nennen und bestätigt damit die Vermutung, bei der Reisegarderobe handle es sich um eine Verwertung abgetragener Sachen. Sie rät, folgende Stücke in den Koffer zu packen: »durchsichtige Wollstrümpfe, Flanellkleidung, Schuhe und Stiefel mit zweifacher normaler Sohle oder mit Korksohle, denn sie sind absolut unverzichtbar, um sich gegen die Kälte der Fußböden aus Marmor oder Ziegelstein zu schützen«.

Das eigentliche Charakteristikum der weiblichen Reisegarderobe ist das Fehlen enger Korsetts. Die Frauen kleiden sich meist in einen Kittel und eine hemdartige Bluse, beide weit genug für plötzliche, heftige Bewegungen, und tragen darüber einen Überzieher, einen Nachfolger des alten Umhangs mit Kapuze, in den man sich vollständig einwickeln kann. Können wir uns vorstellen, wie oft dieser Mantel auf den improvisierten Lagerstätten der Posthäuser als warme Decke oder bei den unvorhergesehenen Aufenthalten als bequemer Wetterschutz dient? Aus diesem Überzieher werden sich das touristische Bekleidungsstück schlechthin, nämlich der englische *waterproof,* und später der Staubmantel entwickeln, wobei letzterer eigens geschaffen wurde, um die Kleidung vor dem »Rauch und Dampf der mechanischen Ungeheuer« zu schützen. Jemand hat einmal mit eindrucksvollen Worten bemerkt, der Überzieher sei »eine leere und potentielle Form, und daher stets bereit, sich der unerschöpflichen Folge wechselnder Dienstleistungen anzupassen, die während des ereignisreichen Verlaufs der Fahrt erwünscht und gefordert sind«. Tatsächlich ist er »eher ein Ding als ein Kleidungsstück«, er ist bequem, hüllt den Körper vollständig ein, und ist unelegant genug, denn in Anbetracht des unvermeidlichen Zusammenrückens beider Geschlechter in Kutschen und Gasthäusern soll er bewußt einen »häßlichen Anblick« bieten. Dies stimmt mit einer weiteren Charakteristik der weiblichen Reisebekleidung überein, mit der sich die Leitfäden für Reisende ausführlich beschäftigen, nämlich dem rigorosen Verzicht auf jedweden Luxus, der als »unbequem und lächerlich« abgetan wird, und überdies als Gefahr für die Tugend der unvorsichtigen Reisenden gilt. Eine Frau, die sich anschickt, lange Reisen zu unternehmen, muß, wie Stendhal seiner Schwester Paolina rät, »weiße Kleider, Hütchen mit Federn, Spitzen und Juwelen« strikt vermeiden. Sie mag allenfalls Sorge dafür tragen, in den zahlreichen Falten ihres Kleides genügend Taschen und Beutel unterzubringen, um dort Wertgegenstände, Geld, Nähzeug und kleine Utensilien für ihre Toilette zu verstauen.

36 *Zwei Damen in hellen Reisecapes mit Kapuzen*, 1858

Ebenso schlicht und gleichförmig ist die männliche Reisegarderobe. Zunächst wurde sie beherrscht vom allgegenwärti-
gen Radmantel oder dem leichteren Überwurf, später dann
vom Ulster, einem schweren Mantel mit mehreren Pelerinen,
der nach den Uniformmänteln der Kutscher und Postillione
gestaltet war. Im übrigen soll auch die männliche Bekleidung
»für alle Jahreszeiten« geeignet sein, wie Goethe sagte, und robust genug, um jedem Reiseabenteuer und allen klimatischen
Unbilden, »einschließlich Orkanen«, standhalten zu können.
Selbstverständlich kann die Bekleidung je nach den Reise-
ländern und besonderen Anlässen variieren, aber die Reise-

garderobe ist letztlich nur Teil eines umfassenderen Systems von notwendigen Hilfsmitteln, Gegenständen und Vorsichtsmaßnahmen, wie uns der Arzt und Verfasser eines Merkbuches für Reisende aus dem Jahre 1830, William Boyd, ermahnt. Spielen im Winter Wickelmäntel, Überröcke, Galoschen und Stiefel die eigentliche Hauptrolle in der Reisegarderobe von Männern wie Frauen, so wird die passendste Bekleidung für den Sommer in den Mittelmeerländern folgendermaßen beschrieben: »Weißer Hut, leichte Weste, helle Hosen, Wams aus feinem Stoff – am besten eignet sich schwarzer Stramin –, Hemd aus Flanell oder Baumwolltuch...« Unser Arzt empfiehlt dem Reisenden sodann, während des Tages einen Schirm mitzunehmen und sich ein weißes Taschentuch unter den Hut zu legen, um die Sonnenstrahlen abzufangen. Wer ohne eigenes Bettzeug reist, sollte sich in den Gasthäusern der Poststationen niemals ganz auskleiden. Man behält die Hosen und die Weste an oder zieht ein weites Nachthemd über und vergißt nicht, Krawatten, Gürtel, Miederstangen und Wickel aller Art zu lockern.

37 Fächer mit Venedigmotiv, 1800

Die Reisewirklichkeit: die Stunden in der Kutsche

Die Transportmittel

In der langen Geschichte der Reise nach Italien gibt es ein Element, das bei allen, die sich mit den Erlebnissen, den Ängsten und Freuden der *grandtourists* beschäftigen, immer besonderes Interesse geweckt hat. Es handelt sich um die Kutsche, die mal als Transportmittel, mal als das eigentliche Wahrzeichen eines kosmopolitischen Zeitalters, mal – wegen ihrer weitreichenden Möglichkeiten und ihrer Bequemlichkeit, wegen der Abenteuerlust und des Unabhängigkeitsstrebens, das sie verkörpert – als Vorläuferin des modernen Campers oder Caravans gesehen wird. Hinzu kommt, daß die Kutsche sich einer umfangreichen, fesselnden Literatur rühmen darf und anschauliches, präzises Bildmaterial bietet, was die Beschäftigung mit ihr besonders reizvoll macht. Als geschichtliches Phänomen setzt sich der Gebrauch von Kutschen auf der Reise durch den Kontinent zwischen dem 17. und dem 18. Jahrhundert mit dem Ausbau des europäischen Straßennetzes durch. Sie lösen das Reitpferd, auf dem noch Montaigne oder Milton, Evelyn oder Wotton ihre Reisen unternommen hatten, und die gewaltigen, unbequemen, von Mauleseln gezogenen Wagen ab. Von nun an kann der Reisende, wenn er es nicht gerade dem kühnen Joshua Lucock Wilkinson gleichtun will, der zwischen 1791 und 1793, als Nacheiferer der frühen Rompilger, die Strecke durch Deutschland, Frankreich und Italien zu Fuß zurücklegt, und nur »einige Bücher, ein paar Hemden und eine dünne Baumwolljacke« bei sich trägt, je nach seinen finanziellen Mitteln zwischen drei verschiedenen Lösungen wählen.

Er kann die Reise mit seiner eigenen Kutsche unternehmen, die dann allerdings noch einer geeigneten Ausstattung bedarf.

Deren Bestandteile werden von den zeitgenössischen Reiseführern mit sturer Sorgfalt stets vollständig aufgezählt. Sollte es aber unter anderem in Anbetracht der Tatsache, daß jeder Staat, der durchfahren wird, eine Zollabgabe auf den Wagen verlangt, allzu kostspielig erscheinen, das eigene Fahrzeug mitzunehmen, kann der Reisende auch bei der Landung in einem französischen Hafen oder in jeder großen europäischen Stadt eine Kutsche mieten. Das Mieten der Kutsche beinhaltet außerdem die Anstellung eines Kutschers – eine legendäre Gestalt der Grand Tour – oder, je nach den Möglichkeiten der Geldbörse, eines Kuriers. Wir werden noch Gelegenheit haben, die Verpflichtungen und Funktionen dieser beiden Figuren kennenzulernen. Eine dritte Möglichkeit der Fortbewegung auf der Reise stellen die regulären Postkutschen dar. Vor- und Nachteile der drei Lösungen werden, wie bereits erwähnt, von einer umfangreichen Literatur ausführlich beschrieben.

Das treffendste und witzigste Bild einer englischen Kutsche mit ihren Insassen auf der Rundfahrt durch Italien bieten uns die *Tales of a Traveller* (1822) des Amerikaners Washington Irving:

»Wer je eine dieser englischen Kutschen für Familien auf dem Kontinent gesehen hat, wird bemerkt haben, welchen Eindruck sie hervorruft. Sie ist eine Verkörperung Englands; ein kleiner Zipfel der alten Insel, der durch die Welt rollt. Alles an ihr ist dicht zusammengedrängt, gemütlich, wohl angeordnet und gut eingepaßt. Die Räder drehen sich um patentierte Achsen, ohne zu rattern; die Kabine hängt so gut in ihrer Federung, daß sie allen Bewegungen nachgibt und doch vor jedem Stoß schützt; gerötete Gesichter hängen mit offenen Mündern an den Fenstern – mal das eines behäbigen, älteren Bürgers, mal das einer fülligen Witwe und mal das eines hübschen burschikosen Mädchens, das frisch aus dem Pensionat kommt. Und dann der Kutschbock und die Notsitze, beladen mit gutgekleideten, an Fleischgerichte gewöhnten, selbstbewußten Dienstboten, die aus ihrer Höhe mit größter Verachtung auf die Welt ringsum herunterblicken; ohne jedes Wissen über das Land und seine Bewohner, aber zutiefst überzeugt, daß alles, was nicht englisch ist, falsch sein muß.«

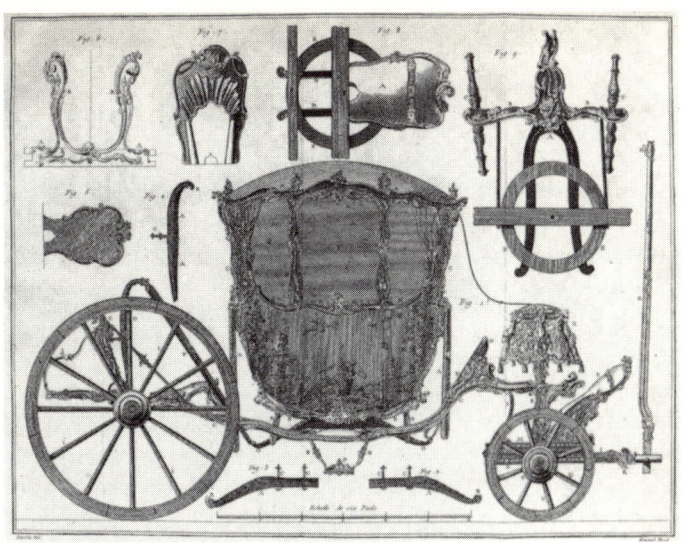

38 Darstellung einer Berline aus der *Encyclopédie* von
Diderot und d'Alembert, 1751–1789

In Übereinstimmung mit Irving empfehlen allerdings auch die
wichtigsten Reiseführer der Zeit, eine Kutsche englischer Bauart zu benutzen, die für die Straßen des Kontinents entspre-
chend ausgerüstet wurde. Sie sollte darum verstärkte, wohl er-
probte Blattfedern mit geringem Ausschlag haben, außerdem
sollte sie mit zusätzlichen Gespannen für Maultiere und Ochsen versehen sein, die gebraucht werden, um das Fahrzeug auf
Steigungen zu ziehen, und sie sollte eine Kiste mit Werkzeugen enthalten, die für das Zerlegen und Zusammensetzen des
Fahrzeugs während der Überfahrten über das Meer und der
Überquerung der Alpen benötigt werden. Diese Kiste muß, mit
einem Vorhängeschloß versehen, unter dem Fahrzeug gleich
neben dem hängenden Netz verstaut werden, in dem gewöhnlich die ihre Herren begleitenden Hunde Unterschlupf finden.

Die eigene Kutsche, Postillione und Kuriere

Das glühendste und gleichzeitig eingehendste Loblied auf den Gebrauch der eigenen Kutsche für die Grand Tour haben uns die lebendigen, eindrucksvollen Erinnerungen überliefert, die John Ruskin in seinem *Praeterita* veröffentlichte. Ruskin spricht auch ausführlich über die anderen, mit der Reise verbundenen Figuren, wie den Kutscher, den Postillion und den Kurier:

»Ich erwähnte bereits, daß Mr. Telford uns gewöhnlich seine Kalesche für unsere Fahrten auf englischem Boden lieh. Für die Schweiz aber, wohin wir Mary jetzt mitnehmen wollten, benötigten wir stärkere Räder und mehr Platz; bei dieser und allen folgenden Reisen ins Ausland bestanden daher die ersten Vorbereitungen und der Beginn der Vorfreude darin, unter den Fahrzeugen, die Mr. Hopkinson in Long Acre zu vermieten hatte, eine Kutsche auszuwählen, die uns zusagte. Diese armseligen modernen Sklaven und Einfaltspinsel, die sich wie Viehzeug oder gefällte Baumstämme durch die Länder ziehen lassen, die sie zu besuchen meinen, können sich nicht die geringste Vorstellung davon machen, welch vielfältige Freuden und phantasievollen Erwartungen mit der Auswahl und Vorbereitung einer Reisekutsche vergangener Zeiten verbunden sind. An erster Stelle standen die mechanischen Probleme, wie die Stärke, das sanfte Rollen, das stabile und sichere Gleichgewicht von Personen und Gepäck; also der würdevolle Gesamteindruck, den es auf plebejische Beobachter zu machen galt; sodann widmete man sich der geschickten Gestaltung und Verteilung von Abstellraum unter den Sitzen, Geheimfächern unter den vorderen Fenstern, unsichtbaren Taschen hinter der Wandverkleidung aus Stoff, die vor dem Staub geschützt und nur über tückische Schlitze oder magische Klappen wie die geheime Falltür Aladins zugänglich waren. Dort, wo sie nicht verrutschen konnten, wurden Kissen angebracht, für angenehmere Ruhelagen wurden Ecken abgerundet, umsichtig wurden Haken und Federn zur Befestigung der Fenstervorhänge eingebaut, und man trug besondere Vorsorge, daß die Fenster perfekt schlossen, da hierauf nämlich die Annehmlichkeit einer Reisekutsche zur Hälfte basiert; man versuchte also, alle hier konzentrierten, luxuriösen Details an den wahrscheinlichen Bedürfnissen derjenigen auszurichten, die auf den entsprechenden Plätzen sitzen würden, in diesem kleinen Wohnraum, der fünf oder sechs Monate lang buchstäblich zum eigenen Haus werden sollte – all das bildete selbst schon eine imaginäre Reise, mit all ihren Freuden und ohne eine einzige der Unbequemlichkeiten des wirklichen Reisens.«

Nach dieser außergewöhnlichen Beschreibung des Kutschen-inneren schildert Ruskin das Äußere des Fahrzeugs und dann die Verteilung der Plätze.

»Als der große Augenblick unserer ersten Reise auf den Kontinent kam – die ein halbes Jahr dauern sollte –, wurde eine Kutsche aus-gewählt, die außen an der Frontseite einen Sitz für meinen Vater und Mary hatte, der möglicherweise auch nachträglich angebracht wurde. Außerdem hatte sie einen ungewöhnlich breiten Notsitz für Anne und den Kurier, sowie vier Plätze im Inneren, von denen die beiden vorderen allerdings sehr schmal waren, so daß Papa und Mary bei schlechtem Wetter Unterschlupf im Inneren der Kutsche finden konnten. (...) Eine so robust gebaute Familienkutsche mit all ihrem Gepäck und einer Last von sechs oder mehr Personen mußte natürlich von vier Pferden gezogen werden, wollte man ei-nigermaßen gut vorankommen. An jeder Poststation wurde ein hal-bes Dutzend solcher Viergespanne bereitgehalten. (...) Die franzö-sischen Pferde und mehr oder weniger alle Pferde auf den großen europäischen Reiserouten waren wirklich gute, stämmige Zugtiere (...), erfahren und verläßlich in ihrer Arbeit; meistens folgten sie gehorsam der Stimme, und die Zügel dienten nur dazu, den Befeh-len Nachdruck zu verleihen; niemals mußten sie mit der Peitsche angetrieben werden. Die wurde nur gebraucht, die Zufriedenheit des Kutschers mit sich selbst und mit seinen Pferden auszu-drücken, um entgegenkommenden Wagen ein Signal zum Auswei-chen zu geben, und um allen Einwohnern der Dörfer und Städte, die tagsüber durchfahren wurden, anzuzeigen, daß Leute von ho-hem Stand sie mit ihrer vorübergehenden Anwesenheit beehrten.«

Es folgt die Erinnerung an die Figur des Postillions: »Wenn alles seine Richtigkeit hatte, wurden die vier Pferde nur von einem Postillion angeführt, der auf dem Pferd an der Deichsel ritt; aber wenn die Pferde jung waren oder die Kutscher uner-fahren, dann gab es auch noch einen Postillion für die vor-deren Pferde. In der Regel waren es vier stämmige Pferde und ein guter Anführer, der selten betrunken und oft noch sehr jung war, da die kräftigeren, erwachsenen Männer für andere Arbeiten gebraucht wurden und jeder aufgeweckte junge Mann in der Lage war, die gut dressierten und sanftmütigen Tiere zu lenken. Außerdem hatten sie an seinem Gewicht weniger zu tragen.« Zuletzt erzählt Ruskin uns vom Kurier, einer Gestalt, die in vielen Reisebeschreibungen auftaucht, unter anderem auch in den Romanen von Henry James, die in Italien spielen:

»Eine erstklassige Kutsche mußte außer dem Postillion unbedingt auch einen Kurier, oder besser einen *avantcourier* haben, dessen Hauptaufgabe darin bestand, der Kutsche im gestreckten Galopp vorauszureiten und an jeder Poststation dafür zu sorgen, daß die Pferde bereits fertig aufgezäumt bereitstanden, damit beim Pferdewechsel keine Zeit verloren wurde. Seine vornehmste Verpflichtung war, alle notwendigen Verhandlungen zu führen und die Rechnungen zu bezahlen, so daß der Familie nicht nur die Mühe und das Ungemach, französisch oder andere fremde Sprachen sprechen zu müssen, sondern auch alle unangenehmen Sorgen und gemeinen Ängste erspart blieben. Außerdem kannte der Kurier die zuverlässigsten Gasthäuser in jeder Stadt, und in jedem Gasthaus die besten Zimmer, und konnte daher schon vor der Reise an die Häuser schreiben, um sich die Zimmer zu sichern, die für die Familie seines Dienstherren geeignet waren. Wenn er dann auch noch ein aufgeweckter Kerl und das war, was man einen erstklassigen Kurier nennt, war er zusätzlich gut unterrichtet über die Dinge, die es in jeder Stadt zu sehen gab, und kannte jeden der geheimen Kniffe, die man anwenden muß, um die Dinge zu sehen, die dem gemeinen Volk nicht zugänglich sind. Der Leser wird sich erinnern, daß es den Murrayschen Reiseführer damals noch nicht gab: der Kurier war eine Art persönlicher Murray, der, sofern er über eine gewisse Gewandtheit verfügte, nicht nur die üblichen Sehenswürdigkeiten kannte, sondern auch von Dingen wußte, die der Kunde vielleicht gerne selber entdeckt hätte. In solchen Fällen gab

er dem jeweiligen *valet-de-place* entsprechende Anordnungen und schritt als höhere Macht erst dann ein, wenn Schwierigkeiten auftraten, die man nur mit Geld und mit Takt beseitigen konnte. Er pflegte die Damen stets auf ihren Einkaufsausflügen zu begleiten, er führte sie in die neumodischen Geschäfte und regelte die Preise der Artikel, wie er es für richtig hielt. Zu guter Letzt kannte er natürlich alle anderen erstklassigen Kuriere, die gerade auf Reisen waren, und wenn Ihr es wissen wolltet, war er sogar imstande, Euch alle wichtigen Leute, die im Gasthaus wohnten, aufzuzählen.«

Die Postkutsche und andere Fahrzeuge

Damit soll keineswegs behauptet werden, daß die gewöhnliche Postkutsche keinen Reiz besessen hätte, wenn er auch vollkommen anderer Natur war. Zunächst einmal hatte sie das Recht, sich vor allen anderen Fahrzeugen an jeder Poststation den Pferdewechsel zu sichern. Wie der folgende Text von Leigh Hunt zeigt, scheint es außerdem durchaus möglich, sich von diesem ständig wechselnden Mikrokosmos begeistern zu lassen, der unter den Schutz eines mit Peitsche und Uhr bewaffneten Kutschers mit weingetränkter, katarrhgeschädigter Stimme gestellt ist.

»Die Postkutsche bietet eine außergewöhnlich angenehme, wenn auch anspruchslose Unterbringung, außerdem einen geeigneten Ersatz für das Mieten von Kaleschen und Pferden. Obwohl ihr viel Schlechtes nachgesagt wird, stellt sie doch einen keineswegs unbedeutenden Anreiz dar, eine gute liberale Gesinnung zu entwickeln, da die Passagiere dort so bunt durcheinandergemischt, so zufällig zusammengeführt, so sehr gezwungen sind, jeder einen angemessenen Platz zu finden, so bestrebt sind, eine bestimmte Zeitspanne in Gemeinschaft und möglichst angenehm zu verbringen, so direkt

der Kritik der Fremden ausgesetzt sind, daß sie sehr wahrscheinlich die Gewohnheit annehmen werden, mit größerer Freundlichkeit von ihren Mitmenschen zu sprechen oder auch zu denken, als es der Fall gewesen wäre, hätten sie weniger Gelegenheit gehabt, sich unter andere Menschen zu mengen. Den Alten und Gebrechlichen behandelt man mit Ehrerbietung, den Leidenden versucht man aufzuheitern, wer von Gesundheit strotzt, wird beglückwünscht, vor dem Reichen wird nicht viel gekatzbuckelt, der Arme ist willkommen, der Junge, dem die Begeisterung über das Reisen aus dem Gesicht strahlt, wird gehätschelt und seine Aufregung wird geduldet. Sogar der Finsterling und der Fettwanst lernen, mit den anderen auszukommen; und wenn ein Angeber dabei ist, der immer wieder von seinen einflußreichen Bekanntschaften und von seinen Vorlieben in Sachen Reisekutschen sprechen möchte, dann entsteht unter den Mitreisenden eine Art stillschweigender Übereinkunft, ihm keinerlei Glauben zu schenken. Die unfreiwilligen Pausen und der Staub sind natürlich unangenehm, aber letzteren müssen wir auch noch in ganz anderen Situationen schlucken, und was die ersteren betrifft, so mag derjenige, der so unglücklich ist, keinen Geschmack an einer Rast finden zu können, ruhig im Bewußtsein seiner Überlegenheit weiterziehen.«

Mit diesen Schilderungen, aus denen ein demokratischer, liebenswürdiger, liberaler Geist spricht – ein solcher ist er in seinem unruhigen Vagabundenleben auch tatsächlich gewesen –, stellt Leigh Hunt das Gegenstück zum jungen Ruskin dar. Hunts Fähigkeit, uns noch die feinsten Empfindungen während einer Reise mit der Postkutsche zu vermitteln, steht Ruskins Erinnerungen um nichts nach:

»Ein ganz besonderer, unvergleichlicher Eindruck von der Postkutsche läßt sich während der nächtlichen Fahrten empfangen. Das allmähliche Verebben der Konversation, das Schnarchen, das nun

anhebt, das Rascheln und Verrutschen der Käppchen, Beine, die
ihre Stellung wechseln, das Schwächerwerden anderer Geräusche
auf der Straße – das Pfeifen des Windes, das Geprassel des Regens,
das Rollen der Räder auf dem Wasser, das rhythmische Trotten der
Pferde – all das verschärft beim Reisenden, der nicht schlafen kann,
die Wahrnehmung des Wenigen, das er im Dunkeln noch erkennt.
Die Kutsche hält an, die Wagentür öffnet sich sperrangelweit, ein
Strom kalter Luft kündigt die Überprüfung durch den Gendarmen
an. Die Tür wird wieder geschlossen, die Geräusche draußen werden undeutlicher, man vernimmt Stimmen, die nach den Leuten
vom Gasthaus rufen und die dann mit Gähnen und Ausrufen der
Entschuldigung beantwortet werden. Ringsumher erklingt das Ge-
klapper von Holzpantinen. Man hört das Schlürfen der Pferde an
der Tränke. Dann versinkt alles wieder in tiefes Schweigen, jemand
tut einen langen Atemzug. Der Kutscher steigt wieder auf den
Kutschbock. Es geht weiter.«

Aber mit der faszinierenden Prosa Leigh Hunts laufen wir Gefahr, vom Wege abzukommen. Es fehlt nämlich noch eine Ge-
samtdarstellung der Kutsche, die gewöhnlich für lange Reisen
eingesetzt wurde. Die technische Beschreibung einer solchen
Kutsche bietet uns der nüchterne Cobbett, der den materiellen Aspekten der Reise immer große Beachtung schenkt. Seine
Zeilen passen gut zu der schönen Bildtafel aus der *Encyclopédie*
von Diderot und d'Alembert, wo unter dem Stichwort »Sellier

39–42 S.150–153:
Eilwagen in abgeänderter Berlineform aus England, um 1900
Französischer Eilwagen mit erweiterter Berline, um 1900
Englischer Eilwagen, Anfang des 19. Jh.
Neuerer französischer Eilwagen, um 1900

De Luneville à Chalons.

et Carrossier« jene Postkutsche abgebildet ist, die die Strecke Paris–Lyon, die Hauptstraße auf der Reise nach Italien, befuhr:

»Es gibt in dieser Gegend drei Arten zu reisen: mit einer eigenen Kutsche und Pferden von der Poststation; mit der Diligence oder Postkutsche; oder mit dem Mietkutscher. Wir haben von der dritten Möglichkeit Gebrauch gemacht. Der Kutscher, das heißt, derjenige, der uns führt, ist häufig auch der Besitzer der Kutsche und der Tiere, und gewöhnlich ist er das, was man einen ehrlichen und zuverlässigen Menschen nennt. Die Kutsche wird von einigen jener großen, kräftigen Maultiere gezogen, die im Süden Frankreichs außerordentlich zahlreich sind. Die Form des Wagens ist nahezu dieselbe wie die Form unserer *barouche*, mit dem einzigen Unterschied, daß es vorne, vom Innenraum getrennt, einen zusätzlichen Sitz für drei oder vier Personen gibt, der oben durch ein Dach und eine lederne Plane geschützt wird, wie bei unserem *gig*. Dieses Abteil trägt den Namen *cabriolet*. Besonderen Wert legt man darauf, genügend Platz für eine praktische Unterbringung des Gepäcks zu lassen. Der zwischen den Hinterrädern gelegene Teil, den sie das Trittbrett nennen, ist absichtlich so geräumig gehalten, daß er drei oder vier große Reisekoffer oder die sperrigsten Gepäckstücke, egal welcher Art, aufnehmen kann; und da diese nicht in den Genuß der Wagenfedern kommen, behilft man sich mit einer Kette, mit der alles festgezurrt wird, um Schäden durch plötzliche Stöße zu vermeiden. Es ist nämlich so, daß diese Kette vermittels einer Kurbel, die auf ein Zahnrad einwirkt, beliebig eng angezogen werden kann, eine äußerst nützliche Einrichtung und der allgemeinen Stabilität des Wagens durchaus angemessen. Die leichteren Gepäckstücke, wie Taschen, Körbe und dergleichen, finden Platz auf dem Dach der Kutsche, das zu Ehren seiner erhöhten Lage *imperiale* genannt wird. Das Dach umgibt ringsum ein eisernes oder hölzernes Geländer, an dem eine Plane befestigt wird, um die Ladung vor schlechtem Wetter zu schützen. Das Geschirr der Pferde ist dem Fahrzeug ebenbürtig...«

Über Kutschen und Pferde gibt es natürlich eine unendliche Flut an Informationen und Hinweisen, wobei besonders die Reiseführer für die niederen Stände sich ausführlich über die ungeschriebenen Benimmregeln verbreiten, an die die Insassen der Kutsche sich zu halten haben – die Möglichkeit, die

Fenster herunterzulassen oder nicht, war zum Beispiel den Reisenden vorbehalten, die in Fahrtrichtung saßen. Gründlich beschrieben werden außerdem die Pflege der Pferde und des Wagens, sowie kleine Kunstgriffe, um die Reise weniger eintönig zu machen und Gelenkversteifungen vorzubeugen und so weiter. Auch mangelt es, wie wir gesehen haben, nicht an Beiträgen berühmter Reisender zu diesen Themen. Mitunter lassen sie sich sogar zu idyllischen Anmerkungen hinreißen, wie Samuel Rogers, der sich daran erinnert, wie er während der Fahrt in einer offenen Kutsche häufig Gelegenheit hatte, »Äpfel und Birnen von den Bäumen zu pflücken«, oder wie Stendhal, der im Jahre 1816 anmerkt: »Ich fahre sehr gerne in einer offenen Kalesche; manchmal wird man naß, wie es heute geschehen ist, aber man hat einen völlig ungehinderten Blick in die Landschaft, und ich merke, daß dies das einzige Mittel ist, die Erinnerung lange frisch zu halten.«

Die Kutsche ist das wichtigste Symbol des Zeitalters der großen Reisen, ein Symbol, das – wie bei Symbolen so üblich – seine Prototypen, seine einzigartigen Exemplare hervorbringt. Als 1816 im London Museum in Picadilly die Kutsche ausgestellt wurde, die Napoleon auf seinem Rußlandfeldzug benutzt hatte, strömte eine unglaublich große Volksmenge herbei. Aber die Kutsche wurde nicht nur wegen der legendären Gestalt Napoleons in zahlreichen Reisehandbüchern der Zeit abgebildet, analysiert und eingehend als unübertreffliches – in gewissem Sinn jedoch schimärisches – Musterbeispiel fahrbarer Bequemlichkeit beschrieben. Die Ausstellung fiel nämlich zusammen mit der massenhaften Wiederaufnahme der Reisen auf den Kontinent nach dem langen Stillstand während der napoleonischen Kriege.

Napoleons Kutsche darf zweifellos als das *non plus ultra* an Bequemlichkeit und Beweglichkeit für die Bedürfnisse des einsamen Reisenden gelten. Aber er war im Grunde nur ein Reisender in der Phantasie. Darum soll die Aufgabe, uns abschließende Informationen über die Kutsche der Grand Tour zu geben, einer Spezialistin für das Reisen wie Mariana Starke zufallen:

»Wer beabsichtigt, längere Zeit durch Italien zu reisen, tut gut daran, sich eine robuste englische Kutsche zu besorgen. Sie muß tiefliegende, bewegliche Halterungen für das Gespann, ausreichend bewährte Federn, ›sous-soupentes‹, untere Tragriemen für die Zugpferde, Achsen aus Eisen und starke Räder haben, die so angebracht sind, daß sie einer langen Reise standhalten; außerdem zwei Verbindungsketten (die eine mit einer eisernen Lasche, die andere mit einem gewöhnlichem Haken), zwei Verbindungsachsen; eine Kiste mit Ersatzlünsen für die Räder, Nägeln und verschiedenen anderen Werkzeugen für Reparaturen und den Aufbau wie das Zerlegen des Fahrzeugs (diese Kiste sollte die Form einer Truhe haben, mit einem Vorhängeschloß versehen sein und an der Eisenverkleidung der Kutsche aufgehängt werden); weiter einen Stauraum für das Gepäck, ein Gehäuse für die Schwerter, ein sehr leichtes Wagendach; zwei Reisetruhen mittlerer Größe, wobei die größere zuerst aufgeladen und die kleinere Truhe mit einer Kette und einem Vorhängeschloß versehen werden sollte; mehrere Leuchter mit passenden Kerzen. Der Boden der Kutsche muß an der Außenseite befestigt sein. Sofern sie gut gepflegt wurde, ist eine Kutsche aus zweiter Hand einer neuen vorzuziehen. Ein Außensitz für einen Diener, der nicht auf den Federungen angebracht, sondern mit Hilfe von Riemen am Gepäckraum befestigt wird, könnte sich als sehr nützlich erweisen. Jede Reisekutsche sollte so konstruiert sein, daß sie mit einem Schlüssel abgeschlossen werden kann, und alle Radbeschläge sollten aus Kupfer sein.«

Eine legendäre Figur: der Kutscher

Wenn wir in diesen Kapiteln unseren Blick auf die Reisewirklichkeit und ihre einzelnen materiellen Aspekte richten, dann gilt unser Interesse nicht in erster Linie der Beziehung des Reisenden zu den verschiedenen sozialen Schichten der besuchten Städte. Noch weniger kann es uns darum gehen, jene tief verwurzelten Gemeinplätze zu untersuchen, die – trotz der liberalen Einstellung von Mary Shelley oder Lady Morgan – aus den Italienern unterschiedslos galante Liebhaber, Straßenräuber, »Bravos«, also Meuchelmörder, niederträchtige

Galgenstricke, grausame Wegelagerer, träge Faulpelze, oder bestenfalls »pittoreske« Schäfer als Kompositionselement lebender Bilder à la Poussin oder Salvator Rosa machen. Zu der Perspektive, die wir im Moment einnehmen, gehört auch nicht die neugierige Anteilnahme an volkstümlichen Spielen, Festen und Prozessionen, in denen sich Aberglauben und Leidenschaften, kurzum die ganze körperliche Sinnlichkeit ausdrückt, an der sich eine Kultur weidet, die alles Körperliche unterdrückt hat und auf diese Unterdrückung ihre sterile Überlegenheit gründet.

Vorrang vor den kulturellen Beziehungen hat das sozusagen materielle Verhältnis zu dem betriebsamen Volk des Mittelmeerraumes mit seinem Überrest antiker Größe, die jedoch zu erbärmlichster alltäglicher Dieberei und Betrügerei herabgesunken ist. Über diese läßt sich, mit gewohnter Kleinlichkeit und mit der typisch britischen Zurückhaltung in finanziellen Dingen, Mariana Starke aus: »Die arbeitenden Klassen Italiens stecken alle miteinander unter einer Decke, wenn es darum geht, die Reisenden zu betrügen. Darum erhält die Italienischlehrerin, die Euch ein Zimmer zur Miete besorgt, während Eures Aufenthaltes vom Hausbesitzer eine gewisse Summe, die Euch zusammen mit der Miete angerechnet wird; der *valet-de-chambre*, der Euch schnell eine Kutsche auf Eure Rechnung mietet, erhält vom Eigentümer einen Monatslohn, der auf den Mietpreis für die Kutsche aufgeschlagen wird; außerdem wird der Preis für jeden Künstler oder Handwerker, den Ihr in Eure Dienste nehmt, sowie für jeden Gegenstand, den Ihr käuflich erwerbt, in unerlaubter Weise von den Leuten selber oder vom Kurier, der mit der Organisation der Reise beauftragt ist, erhöht.« Auf der anderen Seite gibt es auch Reisende, die sich, wie Cobbett, über die niedrigen Preise für Kutschen, Gasthäuser und Kuriere in Italien wundern und im Kutscher eine geradezu heroische Gestalt sehen:

»Jeder von uns zahlt dem Kutscher eine Summe, die etwa zwei Pfund, neun Schilling und sechs Pennies entspricht, dafür, daß er uns von Rom hier nach Florenz gebracht hat, außerdem vier Schilling und sechs Pennies als *buona mano*, worunter man das Trinkgeld für den Fuhrmann versteht. Wenn man bedenkt, daß wir eine Reise von sechs Tagen gemacht haben, und daß uns eine ausgezeichnete und bequeme Kutsche mit einem Viergespann zur Verfügung stand, ist der Preis wirklich niedrig. Außerdem haben wir nur zu viert in einer Kutsche für sechs Personen gesessen. Er dürfte nur wenig an uns verdient haben; an den Eigentümer der Kutsche können nach Abzug aller Ausgaben nicht mehr als dreißig Schilling gegangen sein. Da in diesem Land alle mit den Wagen der Kutschenvermieter fahren, gibt es in den Städten riesige Schuppen voller Kutschen, die jederzeit zur Abfahrt bereitstehen. Man mag es für ein minderwertiges Transportmittel halten, aber der Besitzer des Fahrzeugs hat nicht geringere Unannehmlichkeiten, denn wenn es von zwei oder drei Personen gemietet wird, die eine bestimmte Strecke zurücklegen wollen, muß er erst die halbe Stadt durchkämmen, um weitere Kunden aufzuspüren, damit der Wagen voll wird. Die Person, die Euch fährt, kann der Eigentümer des Fahrzeugs oder nur ein Bediensteter sein, der in jedem Fall sein Bestes geben muß, um Euch zu Diensten zu sein. Es handelt sich um eine Tätigkeit, die recht viel Unternehmungsgeist verlangt; die Kutscher müssen nämlich jederzeit bereit sein, jede beliebige Strecke zurückzulegen und an jedes beliebige Ziel zu fahren. Sie tragen schwerwiegende Risiken, denn wenn ein Pferd plötzlich weit von zu Hause entfernt lahmt oder gar stirbt, dann kann es ihnen tatsächlich passieren, daß ihr ganzes Geschäft für immer ruiniert ist. Die Kutscher sind so zahlreich, daß häufig ein heftiger Konkurrenzkampf zwischen ihnen ausbricht, der die Preise niedrig hält und ihren Verdienst schmälert. Wenn der Preis einmal vereinbart ist, bleibt ihnen keine andere Möglichkeit, als Euch so wenig wie möglich zu bieten. Der italienische Kutscher ist die Entsprechung des französischen *voiturin*, mit dem einzigen Unterschied, daß letzterer seine Passagiere nicht unterwegs aushungert, sondern ihnen die beste Verpflegung auf den Preis aufschlägt. Im allgemeinen vereinbaren die italienischen Kutscher mit den Gastwirten einen bestimmten pro Kopf-Preis für jeden Reisenden, einschließlich Unterkunft und Verpflegung. Die Reisenden haben Anrecht auf zwei Mahlzeiten: das Frühstück, das zu einer bestimmten Tageszeit eingenommen wird, wenn die Pferde sich ein paar Stunden laben und ausruhen dürfen, und das Abendessen, das in dem Gasthaus eingenommen wird, wo die Übernachtung stattfindet.

Wenn die englischen Reisenden eine etwas reichhaltigere Speisenfolge als die vertraglich vereinbarte wünschen, bleibt ihnen nichts anderes übrig, als einen Aufschlag zu zahlen. Für Passagiere, die es nicht eilig haben, ist diese Art des Reisens weitaus günstiger als das Reisen mit der Postkutsche. Ihr Preis ist wirklich nicht zu unterbieten; man ist den ganzen Tag unterwegs, aber man fährt dabei nicht mit einer Geschwindigkeit, die es unmöglich macht, die Landschaft zu betrachten; außerdem hat man Gelegenheit, die Sprache des Ortes zu lernen und die Sitten seiner Bewohner zu beobachten. Auf diese Weise kann man mit einer Summe zwischen achtzehn und zwanzig Pfund von Paris bis nach Rom fahren. Wie die französischen sind auch die italienischen Kutscher ihren Tieren gegenüber sehr aufmerksam und behandeln sie mit der größten Sorgfalt. Gewöhnlich lassen sie sie im kurzen Trab gehen, der bei der kleinsten Anhöhe zu einem sehr langsamen Schritt wird. Wenn dann lange oder steile Steigungen auftauchen, spannen sie zusätzlich noch zwei Pferde oder, je nach dem Gewicht, das gezogen werden muß, zwei Ochsen an. Den Tieren werden Glöckchen um den Hals gehängt, sowohl aus musikalischen Gründen, als auch um ihr Näherkommen anzuzeigen. Um die Mittagszeit machen sie eine lange Pause, während derer die Tiere mit ein bißchen Hafer oder trockenem Brot gefüttert werden. Sie striegeln die Pferde einmal während dieser Pause und ein zweites Mal am Abend, und nachdem sie ihnen das Zaumzeug abgenommen haben, spülen sie das Gebiß der Pferde mit Wasser und Essig.«

Angesichts so peinlich genauer Beobachtungen der ökonomischen Seite wie Starke oder Cobbett sie angestellt haben, muß daran erinnert werden, daß unsere gegenwärtige Analyse der Reisewirklichkeit mehr als zwei Jahrhunderte umfaßt – vom Ende des 17. bis fast zur Mitte des 19. Jahrhunderts. In diesen Zeitraum fallen sehr viele unvermeidliche und oft tiefgreifende Wandlungen auf politischem und kulturellem Gebiet, im Bereich der Sitten und der Einkommen, die sich auch auf die Gepflogenheiten des Reisens und auf die Reisenden auswirken. Durchaus als Frucht eines interkulturellen Phänomens wie der Italienreise anzusehen ist ein gewisses, kaum verhohlenes Mißtrauen des nach-napoleonischen oder viktorianischen Reisenden, der zumindest im Vergleich mit den aristokratischen Reisenden des absolutistischen und aufklärerischen Zeitalters und ihrer überlegenen Distanz immer ängstlich besorgt erscheint, er könnte von Gastwirten und Bediensteten hintergangen oder betrogen werden. Denn diese verbreitet sich nun auch im vielschichtig zusammengesetzten Bürgertum und wird dort zur echten Modeerscheinung. Noch vor dem Auftreten des organisierten Massentourismus müssen diesen bürgerlichen Schichten die Worte des französischen Adeligen Misson bereits fremd und unglaubwürdig geklungen haben:

»Wer zum Vergnügen reist, sollte sich nicht allzusehr den Kopf darüber zerbrechen, woran er sparen könnte; andernfalls läuft er Gefahr, statt des Vergnügens peinliche Mißgeschicke zu erleben. Um angenehm und mit Freuden zu reisen, muß man den Geldbeutel locker zu halten wissen: dies ist der beste Weg, sich Respekt zu verschaffen, überall Einlaß zu bekommen und den größten Nutzen aus der Reise zu ziehen. Da man doch nur einmal im Leben eine so große Unternehmung auf sich nimmt, lohnt es nicht, sich Sorgen wegen tausend Scudi mehr oder weniger zu machen. Nichts ist erbärmlicher als wenn wir uns, nur um zu sparen, zu Handlungsweisen gezwungen sehen, die uns der Verachtung der anderen Reisenden aussetzen. Darum rate ich noch einmal sowohl denjenigen, die selber reisen, als auch den Eltern und Tutoren der jungen Menschen, die ins Ausland geschickt werden, um die Welt kennenzulernen, stets achtunggebietende Ausgaben zu machen.«

Fast zweihundert Jahre später gibt Bayard Taylor in seinen *Views Afoot* (1856) mit penibler Sturheit den Vertrag wieder, den er mit seinem Kutscher vereinbart hat, der ihn von Foligno nach Rom bringen soll: »Wir legen vertraglich fest, daß wir uns für einen Betrag von zwanzig Franken pro Kopf, zuzüglich des *buona mano*, nach Rom bringen lassen, wobei wir erwarten, daß wir während der Reise gut bedient werden. Der Kutscher, Giuseppe Nerpiti, wird uns, bis wir in Rom angekommen sind, jeden Abend mit Folgendem versorgen müssen: dem Abendessen, einem Zimmer mit zwei Betten und einem guten Feuer. Ich, Girolamo Santarelli, Bediensteter in der Gastwirtschaft Croce Bianca in Foligno, bestätige als Zeuge die Gültigkeit des obigen Vertrages.«

Unfälle und Gefahren zu bestimmten Jahreszeiten

»Rumpel, rumpel, rumpel, rumpel. Rumpel-rumpel-rumpel.
Holterdipolter. Holterdipolter. Helo! Hola! Vite! Voleur! Bri-
gand! Hi hi hi! En r-r-r-r-r-route! Peitsche, Räder, Fuhrmann,
Steine, Bettler, Kinder, rumpel, rumpel, rumpel; Helo! Hola!
Charité pour l'amour de Dieu! Holterdipolter, holterdipolter;
krachbum, krachbum; Stoß, Aufprall, Krachen, Stoß, Holterdipolter; um die Ecke herum, die enge Straße rauf, auf der anderen Seite den gepflasterten Hügel wieder herunter; in den
Rinnstein hinein; Stoß, Stoß; Aufprall, Gerüttel, krachbum,
krachbum, krachbum; rumpel, rumpel, rumpel... und hier sind
wir endlich im Hôtel de l'Ecu d'Or; die Kutsche völlig abgenutzt, erledigt, qualmend, verbraucht, erschöpft; und doch
macht sie plötzlich noch einen unerwarteten Sprung, aus dem
nichts folgt – wie das Verpuffen eines Feuerwerks.« Charles
Dickens' Zeilen bilden eine äußerst knappe, aber ausdrucks-
starke Synthese der Gefahren und Beschwerlichkeiten, denen
der Reisende des vergangenen Jahrhunderts entgegengeht.
Natürlich gibt es bessere und schlechtere Straßen. Südeng-
land, Frankreich und Norditalien weisen ein sehr viel zuver-
lässigeres Straßennetz auf als das übrige Europa. Den Rekord
in schlechter Straßenqualität hält das ganze Jahrhundert lang
Deutschland: »Sehr schlechtes Wetter und unmögliche Straßen von hier bis nach Dresden«, bemerkt John Sturrock 1740
in Kassel, und fährt fort: »Sämtliche Krönungsfeiern Europas
würden mich nicht mehr von hier bis nach Frankfurt bringen.«
Man muß außerdem unterscheiden zwischen den großen
Fernstraßen, auf denen sich die *grandtourists* bewegen, und
den Nebenstrecken, die fast immer sich selbst überlassen sind.
Eine Ausnahme bildet sicherlich die geradezu idyllisch an-
mutende Beschreibung, die uns James Essex im Jahre 1773 vom
Straßenabschnitt zwischen Antwerpen und Brüssel gibt: »In
dieser Gegend ist die Straßenmitte gepflastert wie die besten
Straßen von London, und sie wird immer wieder ausgebes-
sert. An die Ränder der Straße schütten sie Sand oder Kies.
Die ganze Strecke wird von einer doppelten Reihe Bäume

gesäumt, die einen erholsamen Schatten auf die Reisenden werfen.« Nur bekanntermaßen bequeme und gut instandgehaltene Strecken, wie die zwischen Calais und Montreuil und zwischen Montreuil und Amiens, können einen solchen Standard erreichen. Sobald man sich aber einem hügeligen oder bergigen Straßenabschnitt nähert, ändert sich die Lage vollkommen. Charles Thomson bemerkt:

»Wenn die Italiener sich nicht um ihre Straßen kümmern würden, um derentwillen man sie in ganz Europa schätzt und bewundert, wäre es nahezu unmöglich, von Bologna nach Florenz zu fahren. Tatsächlich ist die Straße über diese Berge aber so ungeignet für Kutschen, daß einem geraten wird, auf Maulesel auszuweichen. Wenn es nach einem hiesigen Ortsnamen geht, dann scheinen sogar die Maulesel in diesem Scaricalasino (etwa: ›Werde den Esel los‹) übel dran gewesen zu sein! Es geschieht recht häufig, daß man auf den Straßen durch französisches Hügelland Szenen erlebt, wie Balzac sie beschrieben hat: ›Die Reisenden sind gerade ausgestiegen, um die Kutsche leichter zu machen und schicken sich an, die lange Steigung zu Fuß zurückzulegen. Der Postillion läuft hinter seinen Pferden her und treibt sie mit lauter Stimme an‹.«

Wie wir schon im zweiten Kapitel sahen, stellt die Überwindung der Alpen für den Reisenden der Vergangenheit die größte Schwierigkeit dar. Das gilt besonders für den französisch-schweizerischen Teil. Es wäre unmöglich, auch nur einen Überblick über die sehr umfangreiche Literatur zu geben, die sich mit der Überquerung der Alpenpässe beschäftigt, eine Literatur, in der berühmte Persönlichkeiten von Benvenuto Cellini bis Casanova, von Molière bis Garrick, von Walpole bis Alfieri auftauchen. Aber allein die Tatsache, daß man die Kutsche noch bis zum Beginn des 19. Jahrhunderts in all ihre Einzelteile zerlegen mußte, bevor der Aufstieg auf die Berge beginnen konnte – um sie dann auf der anderen Bergseite, im Tal, wieder zusammenzubauen, was gleichfalls beim Überqueren vieler Flüsse geschah –, scheint den Reisenden der Grand Tour in ein seltsam unwirkliches Zeitalter zu versetzen. Von Lalande erfahren wir, daß es auf der savoyischen Seite des Mont Cenis 1766 noch üblich war, die Reisenden auf Schlitten

43 George Keate, *Überquerung des Mont Cenis*, 1755

ins Tal hinunter rutschen zu lassen. Die Schlitten werden dann
später durch leichte, auf Stangen montierte Sitze aus Weiden-
ruten ersetzt, in denen der Reisende Platz nahm. Während die
in kleine Teile zerlegte Kutsche auf dem Rücken von Maultieren transportiert wird, laden sich geschickte Träger die Reisenden in ihren seltsamen Sänften auf den Arm und schleppen
sie bergauf. Davon erzählt Edward Gibbon anläßlich seiner
Besteigung des Mont Cenis: »Vier Träger transportierten mich
abwechselnd und ohne eine Pause in einem Tragsessel gute
fünf Meilen weit über schmale Feldwege im Gebirge. Der Aufstieg ist langsam und mühevoll, aber auf Ebenen und beim
Abstieg liefen sie eher als daß sie gingen. Mit ihren kurzen,
flinken Schritten kommen sie rascher voran als ein Maultier
und doppelt so schnell wie einer unserer Soldaten.« Die Sänfte
taucht, allerdings in stark veränderter Form, in Sizilien wieder
auf, wo sie auf Hirtenwegen benutzt wird, die bis zum Ende
des 19. Jahrhunderts als die wildesten und unwegsamsten in
ganz Europa gelten. Alexandre Dumas beschreibt diese Sänfte
1835 als einen Tragsessel für zwei Personen, die, statt neben-
einander zu sitzen, wie in der Kutsche, einander gegenüber

sitzen. Der Tragsessel ruht auf zwei Stangen, die so angefertigt sind, daß sie sich dem Rücken eines Maultierpaars anpassen. Ein Bediensteter führt das erste Tier, dem das zweite nur folgen muß. Auf holprigen Straßen, wie denen Siziliens, ähneln die Bewegungen des Tragsessels dem Schwanken eines Schiffes und rufen unvermeidlich Seekrankheit hervor. Diese Art der Fortbewegung führt dazu, daß man bald Abscheu vor dem Reisegefährten empfindet. Nach Ablauf einer Stunde, so schließt Dumas, werden wir sogar mit unserem besten Freund streiten.

Fast immer ist der Zustand der Straßen die Ursache für Schäden und Unfälle der Kutschen. Zu den häufigsten Schäden gehören das Reißen der Aufhängeriemen und gebrochene Federungen, außerdem beschädigte Räder und Achsenbrüche. »Ich habe schlechte Nachrichten für dich, was die Straße zwischen Siena und Rom betrifft«, schreibt Präsident de Brosses 1739, »sie ist wirklich furchtbar schlecht und stellt eine ständige Sorge für die Reisenden dar, ganz zu schweigen von den gebrochenen Deichseln und Achsen, den Stürzen und anderen Kleinigkeiten dieser Art. Als wir das erste Mal umkippten, habe ich dem Hintern des Kutschers eine Reihe von Fußtritten versetzt.« Manchmal, aber das geschieht nur selten, hat man das Glück, ein zerbrochenes Rad sofort auswechseln zu können, wie Saint Non, der in seinem Reisebericht zufrieden anmerkt, er habe in der Werkstatt eines Wagenbauers in Fondi gleich ein neues Rad gefunden. Es gibt aber auch Momente, da man mitten in der Nacht bei strömendem Regen aussteigen und zu Fuß weitergehen muß, wie Thomas Brand erzählt, nachdem er 1783 in Montauban, zwischen Orléans und Toulouse, einen Achsenbruch hatte. Im Sommer des Jahres 1778 wird eine Reisegruppe auf dem Weg nach Brindisi in der Nacht von einem Sturm überrascht. Unweit der Stadt stößt die Gruppe auf mehrere Kutschen, die in einem Meer von Schlamm umgekippt sind. Die Hilfe der neu Hinzugekommenen scheint von der Vorsehung herbeigeführt, unter anderem können prallgefüllte Mappen mit Zeichnungen gerettet werden. Die Kutschen gehören nämlich Dominique Vivant Denon, dem zukünftigen Direktor des Louvre, der, begleitet von einer Schar

44 Louis Ducros, *Nächtlicher Kutschenunfall bei Brindisi*, 1778

junger Maler, gerade dabei ist, Bildmaterial für die *Voyage pittoresque ou Description des Royaumes de Naples et de Sicile* zu sammeln. Die Episode ist in einem Aquarell des Schweizer Malers Louis Ducros festgehalten, der sich unter den Helfern befand.

Nicht immer überstehen die Passagiere die mehr oder minder schweren Unfälle unbeschadet, wie George Woodward 1726 schreibt: »Ich habe das Pech gehabt, daß mir in der Nacht, etwa eine Meile vor Montreuil, die Achse der Kutsche brach. Sie in die Stadt zu bringen und reparieren zu lassen, hat mich mehr als einen Tag gekostet. Kurz vor dem Unfall waren wir an einer Böschung umgekippt. Ich hatte ziemliches Glück, denn ich kam mit ein paar Quetschungen davon, obwohl Smith sich recht schwer verletzt haben muß, da er immer noch hinkt. Aber ist das nicht das Schicksal des Reisenden?« Das Überschlagen der Kutsche kommt zwar häufig vor, ist aber doch eine Erfahrung, die Spuren hinterläßt und überdies gefährlich sein kann. Nachdem sich ihr Wagen 1786 auf der Strecke zwischen Amiens und Breteuil überschlagen hat, notiert Frances Crewe, wie sie nur unter furchtbaren Ängsten dem Eindruck standgehalten hat, den die Kutsche vermittelt, wenn sie sich auf eine Seite neigt, und mit welchem Entsetzen sie am Horizont Berge und Hügel auftauchen sah. Dramatisch wirkt der Augenzeugenbericht von Morellets Europareise im Jahre 1758, den er seinen *Mémoires* anvertraut. »Während wir eben im Begriff waren, einen steilen Berg hinaufzufahren und die Hufe der Pferde schon Funken auf den Steinen schlugen«, schreibt unser Reisender, »schlug ich meinem Reisegefährten vor, auszusteigen, um uns die Beine zu vertreten und das Fahrzeug leichter zu machen. Plötzlich sträubten sich die Pferde trotz der wütenden Peitschenschläge des Postillions, und die Kutsche begann zurückzurollen. Wir wollten zur Abstützung Steine unter die Räder schieben, aber das Fahrzeug hatte bereits zuviel Fahrt, um am Rand des Abgrunds angehalten werden zu können.« Der Postillion, der die Gefahr wittert, wirft sich zur Seite, während Kutsche und Pferde hinunterfallen. Zum Glück handelt es sich nicht um einen tiefen Sturz, so daß die Pferde sich nach einem Purzelbaum benommen wieder erheben und Gras zu fressen beginnen. Die zwei großen Reisetruhen an der Hinterseite der Kutsche werden zum Schwergewicht des Fahrzeugs. Es setzt seine Sturzfahrt auf dem weichen Boden fort, wobei die langen Deichseln und das Pferdegeschirr die Fahrt bremsen. Schließlich prallt es unmittelbar am Rand der Schlucht gegen einen Baum.

Viele Unfälle können daher rühren, daß Stallknechte und Kutscher oder die Pferde der Poststation noch unerfahren sind. Von einem der ungewöhnlichsten Ereignisse berichtet Tobias Smollett 1764:

»Am folgenden Tag, in Buon Convento, wo Kaiser Heinrich VII. von einem Mönch mit einer Hostie vergiftet wurde, weigerte ich mich, dem Stallburschen Geld zu geben; woraufhin dieser aus Rache zwei junge, ungezähmte und nicht kastrierte Pferde direkt vor die Kutsche in das Geschirr spannte. Sie wurden so ungestüm, daß sie und der Postillion dazu schon im Staub rollten, noch ehe wir eine Viertelmeile zurückgelegt hatten. In dieser Lage machten sie derart verzweifelte Versuche, sich zu befreien und traten mit solcher Gewalt um sich, daß ich die Kutsche und unsere Reisekisten schon in Stücke gehen sah. Wir sprangen aus der Kutsche, aber ohne persönlich irgendeinen Schaden zu nehmen. Auch der

Kutsche war nichts geschehen. Die Pferde aber waren fürchterlich zugerichtet und hatten sich fast erwürgt, bevor sie aus dem Geschirr befreit werden konnten.«

Wer nachts oder bei Schneetreiben reist, kann leicht von der Straße abkommen. Joseph Shaw erzählt, wie er 1708 in der Heide zwischen Amersford und Dieren die Straße verlor. Es handelt sich um einen beispielhaften Fall, vielen anderen vergleichbar, die wir in Erinnerungen und Reisetagebüchern finden:

»Nachdem wir stundenlang in vollkommener Einsamkeit gefahren waren, weil wir die Sprache dieser Gegend nicht beherrschten, gelangten wir gegen neun Uhr abends an eine Weggabelung. Die stockfinstere Dunkelheit zwang uns auszusteigen, um mit Hilfe der Breite und Tiefe der Wagenfurchen zu entscheiden, welche der beiden Straßen wir einschlagen sollten. Der Doktor hätte es vorgezogen, die Nacht an dieser Stelle zu verbringen, aber ich überredete ihn, weiterzufahren. Nach Ablauf einer Stunde war die Straße so eng geworden, daß die Kutsche kaum mehr vorankam. Die Zweige der Bäume kratzten an den Seiten des Fahrzeugs und schlugen immer stärker gegen die Scheiben. Dann plötzlich ein Schrei: ›Alles anhalten... Halt!‹ Ich glaubte, es sei das Signal zum Angriff und mit aller Wahrscheinlichkeit das Ende der Reise, wenn nicht des Lebens. Ich hob den Lauf der Pistole... Schon bald aber entdeckte ich, daß es sich um andere Reisende handelte, die von der Straße abgekommen waren wie wir.«

Während die größten Schwierigkeiten für die Kutschen in trockenen Jahreszeiten von steilen Anhöhen und Abhängen, von aufgerissenen Straßen und vor allem vom Steinschlag herrühren, bilden in Regenzeiten Überschwemmungen der Straßen und Felder das schwerwiegendste Hindernis für die Reise. Bis zur Mitte des 18. Jahrhunderts sind Brücken, besonders solche aus Stein, nämlich äußerst selten. Südlich von Straßburg, zum Beispiel, hatte der Rhein keine Brücken mehr. Unmittelbar nördlich von Paris mußte die Seine auf einer Strecke von nur vier Meilen fünfmal mit einer Fähre überquert werden, und südlich von Turin führten keine Brücken mehr über den Po bis zu der hölzernen Brücke von Ferrara. Holzbrücken waren sehr viel beliebter als Brücken aus Stein, nicht nur weil sie leichter zu bauen waren, sondern auch, weil sie zu Verteidigungszwecken in kürzester Zeit abgebaut werden konnten. In einem Büchlein mit Reisenotizen für die Freunde und Verwandten des anonymen Verfassers ist über die Brücken des Cilento, besonders über die Brücke bei Lagonegro zu lesen: »Wenn es an die Überquerung der Brücke geht und diese keinen vertrauenerweckenden Eindruck macht, muß man aus der Kutsche aussteigen und vor ihr die Brücke passieren, damit man sich bereits im Dorf befindet, sollte irgendein Unglück geschehen.« Wie man sich denken kann, wurden diese Holzbrücken, die kein Geländer hatten und unvorstellbar heftig schwankten, so schlecht gewartet, daß die Reisenden es häufig vorzogen, durch Furten zu waten oder mit Fähren überzusetzen. »Das Wetter war so unbarmherzig«, schreibt Lord Belgrave 1785, »daß wir unseren Plan, übers Meer von Triest nach Venedig zu fahren, aufgeben mußten. Wir setzten unseren Weg zu Land fort und fuhren über leidlich gute Straßen, mit Ausnahme der Gegend, wo der Piave und der Tagliamento über die Ufer getreten waren und die umgebenden Felder überschwemmt hatten. Das brachte uns eine beträchtliche Verspätung ein, da wir die einzige Brücke nicht benutzen wollten.«

Besonders auf den Strecken im Gebirge genügt manchmal schon das Überlaufen eines Wassergrabens, um die Durchfahrt zu blockieren. Den Reisenden der Grand Tour sind die unberechenbaren Ausbrüche eines Flüßchens wie dem Paglia bei Radicofani wohlbekannt. Eine schöne Stelle bei Camillo Boito schildert die Abenteuer einer Postkutsche, die auf ihrer Fahrt von Rom nach Ancona den Apennin bei Colfiorito überwinden mußte. »Ich erinnere mich nicht mehr warum, aber wir waren erst sehr spät aus Foligno abgefahren«, beginnt Boito, um dann von dem Unwetter zu berichten, in das die Kutsche schon bald geriet. Die Straße sei von immer neuen Sturzbächen überströmt worden, habe vollkommen unter Wasser gestanden. »Aufgeweicht, von Steinen übersät, die mit dem Wasser von den steilen Abhängen der höher gelegenen Berge

45　John Warwick Smith, *Fähre über den Garigliano*, um 1786

heruntergerollt waren«, sei die Straße immer unwegsamer geworden. »Wir kamen durch Colfiorito«, fährt Boito fort, »wir
kamen durch Cinquemiglia. Die Pferde gingen langsam im
Schritt, die schwere Kutsche mit großer Mühe hinter sich her-
ziehend; also mußten wir die Kutsche auf den Steigungen oft
verlassen, um Wagen und Pferde zu schieben. Der Sturm
wurde immer wütender (...). Als wir uns den wenigen, armseligen Hütten von Serravalle näherten, erblickten wir eine
große Ansammlung von Menschen mitten auf der Straße. Es
waren Dorfbewohner aus der Umgebung, die sich abmühten,
Erde, Holzlatten, Baumstämme und Reisigbündel herbeizu-
schleppen, um die Straße provisorisch wieder herzurichten.
Sie war auf einer Länge von mindestens zwanzig Metern von
einem reißenden Sturzbach zerstört worden, der durch den Regen so angeschwollen war, daß er in der Nähe seines ursprüng-
lichen Bettes auf dem Bergrücken seinen Lauf geändert hatte.«
　　Noch 1860 trifft man beim Überqueren von Flüssen auf
große Schwierigkeiten, wenn man kaum befahrene Gegenden
erkunden will. Davon erzählt Thomas A. Trollope, der das
äußerst zivilisierte Umbrien bereist. Nach Città di Castello
muß der Tiber mit einer Fähre überquert werden. Aber wegen

der Regenfälle wird die Strömung zusehends stärker. »Wir sahen den Fluß vor uns«, berichtet Trollope, »das Haus des Fährmanns und das riesige Schiff, das sich wie verrückt gebärdete, obwohl es mit doppelter Sicherung an den Seilen befestigt war, die zum anderen Ufer hinüberliefen. Ich sprang aus der Kutsche, um den Fährmann nach seiner Einschätzung der Lage zu fragen. Dieser Herrscher über den Fluß, ein mächtiger Mann, der etliche Arbeiter unter sich hatte, befand: ›Man könnte hinüberkommen, aber schlecht, mein werter Herr, und in einer halben Stunde werdet Ihr es nicht mehr schaffen, das Hochwasser steigt von Minute zu Minute. Letztes Jahr konnte man aus diesem Fenster im ersten Stock, das Ihr dort seht, die Hände in den Fluß tauchen. Man könnte rüberkommen, aber schlecht!‹« Trollope gelang es überzusetzen, einschließlich Kutsche und allen Begleitern, obwohl »uns das schlammige Wasser mit so rasender Geschwindigkeit umströmte, daß einem vom bloßen Zusehen schwindelte«. Er läßt es auch nicht an Worten der Hochachtung fehlen für die bewundernswerte Einrichtung der Fähre und ihren einflußreichen Steuermann, die sich bereits von den Pfeilern einer wenige Meter weiter talwärts im Bau befindlichen, starken Brücke bedroht sahen.

Dramatischer als dasjenige Trollopes verlief das Abenteuer, das der Amerikaner W. D. Howells ebenfalls im Jahre 1860 erlebte, als er einen Abschnitt der Straße zwischen Civitavecchia und Livorno befuhr, der vom Ombrone überschwemmt worden war:

»Es schien vernünftiger, nicht weiterzufahren, sondern, sofern das noch möglich war, umzukehren; und so fuhren wir in das Wasser zurück, das wir soeben durchquert hatten. Inzwischen war es ein wenig weiter gestiegen, und der Straßenverlauf konnte nur noch anhand der Telegraphenmasten erahnt werden. Die Postkutsche vor uns fuhr ohne Schwierigkeiten hindurch, aber unser Fahrer, eher auf seine Eingebung als auf den vor uns fahrenden Wagen vertrauend, folgte nicht dicht hinter ihm und fuhr uns direkt gegen eine kleine Böschung. Da das gesamte Gepäck beider Kutschen auf das Dach unserer Kutsche geladen worden war, fing das schwerfällige Fahrzeug stark zu schwanken an, zögerte, als bereite es sich vor, würdig zu fallen, wie Cäsar, und sank dann mit einer derart bedächtigen Entschiedenheit auf die Seite, daß wir ausreichend Zeit hatten, uns zu überlegen, wie wir herauskommen würden. Wir öffneten das Fenster über uns und hoben die Damen aus der Kutsche...«

Die Schikanen der Zollstationen und der Alptraum der Quarantäne

Zu den Gefahren, den Verzögerungen und den Umwegen aufgrund von Sturm oder eines plötzlichen Wechsels der Windrichtung, müssen diejenigen, die mit dem Schiff reisen, oft auch noch den Alptraum eventueller Quarantänezeiten hinzuzählen. In Pestzeiten gibt es kein Gesundheitszeugnis, das einem im falschen Moment eingetroffenen Touristen den Zwangsaufenthalt im Lazarett des Ankunftshafens ersparen könnte. Sind schon die Lebensbedingungen an Bord der Feluken und Tartanen in jeder Hinsicht recht bedenklich, so verwandelt das Lazarett die Reise vollends in einen Vorgeschmack der Hölle, um es mit den Worten eines arabischen Reisenden zu sagen. Dies liegt weniger an den summarischen Desinfektionen durch Ausräuchern und das Abspritzen mit Wasser, denen der unglückliche Reisende mit seiner gesamten Habe unterzogen wird, wie uns neben anderen Reisenden der 1795 in Italien landende Spanier Castellan bezeugt, als an der Isolation und dem langen Eingesperrtsein, die ihm plötzlich aufgezwungen werden.

Beeindruckend ist eine Stelle in den *Bekenntnissen*, wo Rousseau die Quarantäne beschreibt, der er im Hafen von Genua unterworfen wird. Er war mit dem Schiff aus Messina gekommen, das im Jahre 1743 der Pest zum Opfer fiel. Das Lazarett, in dem man ihn einschließt, ist ein riesiges Gebäude, vollkommen leer, mit bedrückender Gründlichkeit überall kalkweiß angestrichen. Es hat keine Einfassungen an den Fenstern, keine Tische, Betten, Stühle, Schränke, nichts. In dieser absoluten Leere, dieser Abwesenheit jeder Farbe, dieser Aufhebung der Zeit verliert Rousseau nicht den Mut. Mit der Anpassungsfähigkeit und dem Unternehmungsgeist, die den wahren Reisenden auszeichnen, gestaltet er sein Leben »als ein zweiter Robinson« und vergnügt sich zunächst einmal damit, sich gründlich von allen Parasiten zu befreien, die ihn während der Schiffsreise befallen haben. Nach Beendigung dieser Operation geht er dazu über, das Zimmer zu möblieren, das er sich zum Wohnen ausgesucht hat. Zunächst fertigt er sich aus Kleidern, Hemden und einigen Handtüchern, die er zusammennäht, eine gute Matratze; dann eine Decke, für die er seinen Hausmantel benutzt, und schließlich ein Kopfkissen aus dem zusammengerollten Mantel. Aber auch seine eigentliche Tätigkeit vergißt er nicht, denn er macht sich aus einem flach auf den Boden gelegten Koffer eine Sitzgelegenheit, und der zweite Koffer wird, aufrecht hingestellt, zum Schreibtisch. Er holt Papier, Schreibfeder und Tintenfaß hervor und stellt ein Dutzend Bücher, die er sich auf die Reise mitgenommen hat, wie eine Bibliothek an einer Tischseite auf. Um es kurz zu machen, Rousseau schließt mit den Worten: »(...) ich machte es mir so bequem, daß ich, abgesehen von Vorhängen und Fenstern, es in diesem kahlen Lazarett fast so bequem hatte wie in meinem Ballhause in der Rue Verdelet«.

Für viele Amerikaner, die ihre Reise durch Europa auf die Länder des östlichen Mittelmeers und auf Griechenland ausdehnen, bleibt die Quarantäne während des ganzen 19. Jahrhunderts auch dann noch ein Damoklesschwert, als die gefährliche und äußerst unbequeme Reise sich allmählich in die angenehmere Form der Kreuzfahrt verwandelt. »Es heißt, daß sie uns in Neapel unter Quarantäne stellen werden«, schreibt Mark Twain aus Livorno, »zwei oder drei von uns wollen dieses Risiko lieber nicht eingehen, darum haben wir beschlossen, mit einem französischen Frachtschiff nach Civitavecchia zu fahren, und von dort aus nach Rom, um dann mit dem Zug nach Neapel weiterzureisen. Zum Glück werden die Eisenbahnwagen nicht unter Quarantäne gestellt, egal, wo sie ihre Passagiere aufgenommen haben.« Ein ähnliches Schicksal droht bei der Ankunft in Athen. Doch angesichts der amtlich ver-

46 John Warwick Smith, *Die Zollstation von Pietramala*, um 1786

ordneten Quarantänezeit an Bord des vor Anker liegenden Schiffes beschließt der Kapitän, nicht im Hafen zu warten und lichtet die Anker, um die Küsten Attikas hinaufzufahren. Twain und die anderen Passagiere betrachten den Parthenon durch ihr Fernrohr. Ein paar Stunden Schiffsreise weiter nördlich werden sie dann nachts in einer einsamen Bucht anlegen und Athen als Gesetzesbrecher auf dem Landweg erreichen.

Mitunter erweisen sich auch die Zollstationen mit ihren erzwungenen Wartezeiten und den häufigen Übergriffen auf die Reisenden als richtiggehende Quarantänen an Land. Wegen ihrer politischen Zersplitterung sind das Italien und das Deutschland des 17. und 18. Jahrhunderts die Länder, die den Reisenden am meisten Sorgen bereiten. Wer sich ein Bild davon machen möchte, braucht nur in den Reisenotizen Ruskins über die kurze Strecke zwischen Bologna und Parma zu lesen: »Hier bin ich endlich am Ziel angelangt, nachdem ich unter den Überfällen einer ganzen Reihe von Zöllnern zu leiden hatte (...). Insgesamt nicht weniger als sechzehn Schlagbäume (...). In dem ganzen System steckt etwas Diebisches und Verächtliches: der Zöllner kommt an, legt seine schmierige Hand auf die Kutsche und läßt nicht locker, bis du einen Franken hineingesteckt hast (...) oder er fängt an, dich gründlich zu durchsuchen.« Ohne Ressentiment ist die Reaktion Chateaubriands auf seiner Rückreise aus Prag im Jahre 1833: »Ein alter

Wachmann an der Zollstation tat so, als ob er sich anschickte, die Kutsche zu durchstöbern. Ich hielt eine Münze von hundert Groschen bereit: er sah sie, wagte aber nicht, sie zu nehmen, da er von einem Vorgesetzten beobachtet wurde. Also nahm er seine Mütze ab, um besser überall herumsuchen zu können, legte sie auf den Sitz vor mir und zischte mir dabei zwischen den Zähnen zu: ›In die Mütze, bitte‹.«

Begegnungen und Zusammenstöße

Zügiges Vorankommen auf der Reise scheint eher ein Vorteil modernerer Fortbewegungsmittel zu sein als die charakteristische Eigenschaft von Postkutschen oder privaten Kutschen. In ihren Erinnerungen berichten die Reisenden nur selten von der Schnelligkeit ihrer Fahrzeuge oder von Unfällen, die mit hohen Geschwindigkeiten zusammenhingen, und in literarischen Reiseerzählungen taucht dieser Aspekt überhaupt nicht auf. Dennoch zeigt eine Durchsicht der Drucke und Zeichnungen Rowlandsons oder anderer witziger Illustratoren – und solche Enthüllungen sind ja gewöhnlich die Aufgabe der Satire und der Karikatur –, daß es Gelegenheiten gibt, bei denen auch die schwersten und behäbigsten Kutschen und die ausgemergelsten Gäule eine unvermutete Vitalität an den Tag legen. Dieser Fall tritt zum Beispiel dann ein, wenn das Fahrzeug sich den Poststationen nähert. Sehr oft sichert sich nur der, der zuerst kommt, einen Pferdewechsel und die Möglichkeit, im Gasthaus zu essen und eventuell zu übernachten. Unzählige Male haben die von endlos langen Streckenabschnitten aufgeriebenen Reisenden samt ihrer Kutschmannschaft vor den Türen der Gasthäuser das Nachsehen, weil die schon bis zum Dach mit Kunden belegt sind. Wir erinnern nur an das Erlebnis von de Brosses, der lange zwischen den trostlosen Kreidefelsen Sienas umherirrt und, nachdem er endlich das einzige Gasthaus weit und breit erreicht hat, zu seiner Bestürzung entdecken muß, daß kurz zuvor der Prinz von Sachsen, Sohn des Königs von Polen, mit über fünfzig Pferden dort angekommen

ist. Er hat sich nicht damit begnügt, die Postpferde des Gasthauses zu requirieren, sondern hat überdies die Pferde der
nächsten Poststationen vorbestellen lassen. Außerdem hat er
für sich und sein Gefolge alle verfügbaren Unterkünfte belegt
und bis auf den letzten Krümel alles verschlungen, was es zu
beißen gab. Es überrascht darum nicht, wenn das Herannahen
der abgelegensten Gasthäuser die hoffnungsvolle Kundschaft
zu höheren Geschwindigkeiten anspornte, ja, sogar dazu trieb,
sich mit ihren wackeligen Karren wahre Wettrennen zu liefern.
Im Grunde darf man sagen, daß es ums nackte Überleben ging.

Aber es wird auch ein anderes Loblied auf die Geschwindigkeit gesungen, dem es weniger um ihren praktischen Nutzen zu tun ist. »Eine der großen Freuden des Lebens«, meinte
Dr. Johnson, »ist das Reisen in einer Kutsche, die sich in voller
Fahrt befindet.« Man hat gelegentlich versucht, in einigen Gedichten der Romantik die Geburtsstunde einer neuartigen,
von der Geschwindigkeit ausgelösten dynamischen Wahrneh-
mungsweise der umgebenden Landschaften zu sehen, obwohl
dagegen eingewandt wurde, die Höchstgeschwindigkeit der
leichtesten Kutschen, etwa zwanzig Stundenkilometer, sei zu
niedrig gewesen, um die wahrgenommenen Bilder in Bewegung zu versetzen. Sehr eindrucksvoll wirkt die Beschreibung
einer atemberaubenden Talfahrt in den Alpen, die uns Fréde-
ric Mercey, ein vorzüglicher Maler und Verfasser zahlreicher
Reisebücher, hinterließ. Seine Kutsche hatte soeben den
höchsten Punkt der Bergkette erreicht und neigte sich nun
nach vorn in die Tiefe: »Je tiefer wir in den Abgrund vor uns
sanken, desto schneller schien sich unsere Fahrtgeschwindig-
keit zu verdoppeln, und bei jeder neuen Serpentine der Straße hatte ich ein ganz außergewöhnliches Gefühl: mir war, als
müßten wir uns bei einem derart schnellen Galopp im nächsten Augenblick von der Erde erheben und über die Berge
fliegen. Aber immer wenn es in eine der zahllosen Kurven
ging, wendete das unentwegt galoppierende Pferd ganz plötzlich, und schon hatten wir den Abgrund im Rücken, um ihn an
der folgenden Kurve wieder vor uns zu sehen. (...) Ich emp-
fand etwas Ähnliches wie der Sperber, der hoch über tiefe

Schluchten gleitet.« Mit aufgeregten Worten erzählt George
Sand von einer Fahrt in der Postkutsche: »Die Pferde schienen
vom Teufel besessen. Der Kutscher, noch verrückter und aus-
gelassener als sie, hatte seinen Spaß dabei, sie mit verhängten
Zügeln die Berge von Etampes hinunterrasen zu lassen. Die
Kutsche trieb sie noch mehr an, denn sie fuhr wegen des Träg-
heitsmoments genauso schnell. Wir fuhren nicht, wir stürzten
den Berg hinunter. Einige fluchten, andere wollten aussteigen.
Eine Dame mit blonder Perücke behauptete, sie sterbe vor
Angst. Was mich betraf, so amüsierte ich mich königlich und
schrie: ›Gib ihnen die Peitsche, Kutscher!‹ ›Aber meine Dame,
sehen Sie nicht, daß wir uns bald umbringen?‹ ›Nein, mein
Herr, wir werden nur schneller ankommen. Das ist die richtige
Art des Reisens...‹.«

Der erste Schriftsteller, der mit erbarmungslosem Scharf-
blick die Gefahren hoher Geschwindigkeiten erfaßt hat, ist
ohne Frage Thomas De Quincey mit seinem berühmten Auf-
satz *The English Mail-Coach* aus dem Jahr 1849. Der Autor
beschreibt eine nächtliche Reise auf dem Kutschbock einer
schnellen Postkutsche, neben einem Riesenkerl von Kutscher,
der wie ein Stein schläft. Die Pferde laufen mit einer Geschwindigkeit von dreizehn Meilen pro Stunde auf der falschen Seite der Straße, die eigentlich für entgegenkommende
Fahrzeuge gedacht ist. Das bedeutet unvermeidlich eine Kata-
strophe, aber weniger für die wuchtige Postkutsche, die wie
eine Kanonenkugel voranprescht, als für jedes unglückliche
Fahrzeug, das die Straße zufällig in entgegengesetzer Fahrtrichtung befahren sollte. Tatsächlich erblickt er in einiger Ent-
fernung auf der baumgesäumten Straße eine leichte Kalesche
aus Weidenholz mit einem jungen Paar, die mit einer Geschwindigkeit von knapp einer Meile pro Stunde auf sie zu-
kommt: »Zwischen ihnen und der Ewigkeit liegen nach allem
menschlichen Ermessen etwas mehr oder weniger als anderthalb Minuten.« De Quincey stößt einen Warnschrei aus: »Ich
hatte den ersten Schritt getan, der zweite lag bei dem jungen
Mann, der dritte bei Gott.« Wie Italo Calvino zu Recht bemerkte, ist die Beschreibung dieser wenigen Sekunden auch

noch in einer Zeit, in der Geschwindigkeitserfahrungen im menschlichen Leben zur Gewohnheit geworden sind, unübertroffen geblieben: »Ein Lidschlag, ein Gedanke, ein Engelsflügel: was war schnell genug, in den Raum zwischen der Frage und der Antwort zu schlüpfen, um beide voneinander zu trennen? Schneller findet auch das Licht seinen Weg nicht als die gewaltige Fahrt, mit der wir auf die Kalesche zurasten, die sich zu retten versuchte.«

Die Straße ist auch der Ort zufälliger Begegnungen, die häufig angenehmer und weitaus undramatischer sind als die eben beschriebenen Fälle. Manchmal kommt es durch einen plötzlichen Unfall zur Begegnung zweier Fahrzeuge, wie der englische Dichter John Gray 1740 erzählt: »Der Berg bei Radicofani ist wirklich hoch und schwer zu besteigen. Am Fuß dieses Berges sahen wir zu unserer Bestürzung einen der Gäule, die uns zogen, am Boden zusammenbrechen. Der Unfall zwang eine andere Kutsche, die gerade vom Berg herunterkam, anzuhalten. Am Fenster tauchte eine Gestalt mit rotem Umhang und einem Turban um den Kopf auf, die, der Stimme und ihren Gesten nach zu urteilen, eine dickleibige Dame zu sein schien. Aber als sie ausstieg, entpuppte sie sich als Senesino, der hochberühmte kastrierte Sänger. Er war auf der Rückreise von Neapel nach Siena, seiner Geburtsstadt, in der er lebte.« In anderen Fällen bieten der Engpaß auf einer Brücke oder ein Flußufer, an dem man auf die Fähre wartet, den Reisenden verschiedener Kutschen eine Gelegenheit, Bekanntschaften zu schließen. Von einer solchen Begegnung erzählt uns der amerikanische Schriftsteller und Diplomat W. D. Howells, der um 1855 von Civitavecchia nach Livorno reist: »Was genügte, uns gründlich aus dem Schlaf voller Alpträume in der Kutsche zu wecken, waren die Willkommensgrüße. Ich erinnere mich, daß nur wenige Dinge in meinem Leben mir eine so lebhafte und große Freude bereitet haben, wie die Aufforderung, aus dem Fahrzeug zu steigen, damit wir den Fluß auf einer Fähre überqueren konnten, während die beiden Postkutschen auf einer anderen nachkamen. Bei solchen Gelegenheiten hatten wir Zeit, die Gesichter unserer Reisegefährten im flackernden Widerschein ihrer Zigarren zu betrachten, und zu entdecken, daß es unter ihnen immer einen Italiener gab, der Englisch gelernt hatte und es in die Praxis umsetzen wollte...«

Gerüchte über Straßenräuber

Im Handlungsverlauf der Reiseerzählungen bildet das Abenteuer einer Begegnung mit Straßenräubern, das fast immer gut ausgeht, zwischen der bloßen Aufzählung von Auskünften und Informationen eine willkommene Auflockerung. Oft wird es zum Salz der Erzählung. An zwei Schauplätzen findet das Abenteuer statt, dessen Held jeder Reisende werden kann: auf der Straße und im Gasthaus. Ersterer ist der Ort, wo das Ereignis droht und sich abspielt, am zweiten wird darüber fabuliert: denn Erzählungen des Dramas aus der Sicht der Beteiligten oder Augenzeugenberichte sind selten. Alle erzählen absolut wahrheitsgetreue Geschichten, die aber unvermeidlich immer anderen passiert sind. Das Hörensagen ist das übliche Mittel der Verbreitung, die Übertreibung die vorherrschende rhetorische Figur.

Die Bedrohung durch Straßenräuber ist eine Komponente, die die Reise würzt und Bewegung in besonders einschläfernde Streckenabschnitte bringt; eine Gefahrensituation, die auf verschiedene Weise angekündigt und dann von der Vorsehung doch fast immer hinausgeschoben wird. Es gibt keinen Reisenden, der nicht davon gehört hätte und sich nicht verpflichtet fühlte, die Kunde seinerseits zu verbreiten. Kein Führer oder Kutscher versäumt, den schreckensstarren Reisenden auf den Anblick von Köpfen hinzuweisen, die auf grobe Stöcke gespießt, den Straßenrand säumen, oder sein Augenmerk auf Gliedmaßen zu richten, die in der Nähe der Schauplätze grauenhafter Verbrechen in die Bäume gehängt wurden, um dort zu verfaulen. Diese makabren Schauspiele, bemerkt ein amerikanischer Reisender des frühen 19. Jahrhunderts, dienen nur dazu, einen finsteren Straßenabschnitt noch unheimlicher zu machen, und den Reisenden zu erschrecken, ohne doch den Banditen zurückzuhalten. Mit besonderer Einbildungskraft

47 *Überfall auf eine Reisekutsche in Italien,* 1777

begabte Reisende erblicken Räubernester in jeder Schlucht, in
jeder leeren Höhle, jeder entfernte Feuerschein wird zum Anzeichen für Banditen und jeder Wald oder Engpaß auf der Straße zum idealen Ort eines Überfalls fürchterlicher Unholde, die
ihnen die Kehlen durchschneiden wollen. Sehr steile Auffahr-
ten sind ein Alptraum für alle, die in der Kutsche fahren, für
den wendigen und schlauen Banditen dagegen eine günstige
Stelle, wo er sich in Sicherheit wiegen kann.

Die Gasthäuser der Poststationen sind nicht nur vorüberge-
hende Ziele nach äußerst gefahrvollen Strecken, hier können
die weltlichen Pilger auf der Grand Tour sich auch gegenseitig
ihre aufregenden Geschichten erzählen. Sobald sich alle um
den Tisch oder am Feuer versammelt haben, wo Verfassungen,
Nationalitäten und Einkommensverhältnisse eine Zeitlang
aufgehoben sind, wird frei gesprochen. Die Tischgenossen

kommen auf das Thema des drohend bevorstehenden Unbekannten, und den Schauder des Unvorhersehbaren, das in jedem angesehenen Reiseführer umsichtig breitgetreten wird:
die schaurige Gegenwart des Straßenräubers. Hier mag man
sich Washington Irvings tragikomische Geschichten von italienischen Straßenräubern erzählen, die den adeligen Fräulein
aus englischen Landen eher wie »Edelmänner im Exil oder unglückliche Liebhaber, wunderschöne junge Männer und über-
aus pittoresk« vorkommen wollen; oder aber den schrecklichen
Bericht von der Wirtin aus Pietramala, die, wie Stendhals Erzählung glaubwürdig bezeugt, die unglücklichen Gäste des
Wirtshauses in einen Brunnen zu werfen pflegt, nachdem sie
sie gemeinsam mit dem Priester des Ortes ausgeraubt hat.

Nicht alles scheint Frucht einer selbstgefälligen Fabulier-
freude oder eines geschickt eingesetzten »Hörensagens« zu sein,
ebensowenig ähneln die Straßen Europas überall denen Hollands, wo man, wenn wir auf James Essex hören, »am Tage ein
Kindchen mit einem Beutel voller Goldmünzen in der Hand
auf die Straßen schicken kann, ohne das Geringste zu befürchten«. Mitunter tauchen die Straßenräuber dann tatsächlich auf. Im September 1723 werden drei Engländer auf der
Hauptstrecke der europäischen Reisebewegungen, zwischen
Calais und Paris, ausgeraubt und ermordet, nachdem sie in
den Wechselstuben allzu unbefangen mit ihrem Geld geprahlt
hatten. Auch von den deutschen Straßen zwischen Spa und
Aachen wie zwischen Würzburg und Frankfurt hört man in der
zweiten Hälfte des 18. Jahrhunderts das Echo von Überfällen
auf Postkutschen. Insgesamt aber dürfen wir wohl sagen, daß
blutige Anschläge auf Reisende aus dem Ausland nur aufgrund
ihrer relativen Seltenheit so viel von sich reden machen.

Ein eigenes Kapitel bildet allerdings das Phänomen der italienischen Straßenräuber, die, um uns nur an die meistbefah-
rene touristische Route zu halten, die wilde Gegend zwischen
Fondi und Terracina unsicher machen. Auch in diesem Fall
scheinen die Kutschen der Fremden von einer Form der Stra-
ßenräuberei, der es vor allem darum ging, Händler und wohl-
habende Einwohner der Umgebung auszurauben, nicht allzu-

viel zu Fürchten gehabt zu haben. Vielleicht ist das gerade der Grund, warum nicht wenige Verfasser von Reisebüchern, unter anderem auch Washington Irving, uns eine Reihe unvergeßlicher Skizzen überliefert haben, in denen »wilde Männer« in leuchtend bunten, reichbestickten Jacken beschrieben werden, die Brust voller alter Medaillen und wertlosem Blech, auf dem Kopf kegelförmige, mit Federn und bunten Bändern geschmückte Hüte, an den Füßen Sandalen aus Lumpen, die mit Lederriemen an den Beinen befestigt waren, und einem breiten, von Pistolen und Messern strotzenden Gürtel, nicht zu vergessen die Flinte, die ihnen über die Schulter hing. Gäbe es die ebenso beunruhigende wie malerische Gefahr solcher Begegnungen nicht – welche Geschichten könnte dieses Konzentrat des alten Europa sich sonst erzählen, das jeden Abend im Gasthaus von Terracina ankommt, diese Mischung aus englischen Touristen, ungarischen oder polnischen Emigranten, venezianischen Schönheiten, alten spanischen Lebedamen, dem unvermeidlichen Vertreter der Neuen Welt und dem gebührenden Publikum aus Wirtsleuten, Kurieren und Landpostboten? Welches andere Stimulans könnte der kollektiven Einbildungskraft schon in einem armseligen Gasthaus zwischen einem dürftigen Abendessen und einer schmutzigen Lagerstatt geboten werden? Welcher andere zündende Funke für ein eilig hingepinseltes Aquarell? Vorsichtsmaßnahmen ergreifen jedenfalls fast alle. Stendhal bittet seine Schwester, die im Begriff ist, sich auf eine Italienreise zu begeben, Geld oder Ringe nicht zur Schau zu stellen, und fügt mit einem Ton, der an den weitblickenden Polonius erinnert, hinzu: »Kleide dich schlecht auf der Reise und laß' den Geiz und die Vorsicht über die Eitelkeit siegen.« Fast alle Führer raten den reisenden Damen, nicht mit Halsketten oder Ringen an den Fingern zu protzen. Der Graf Leopold Berchtold erklärte in seinem 1787 erschienenen Leitfaden ohne Umschweife: »Die Reisenden sollten Unbekannten nicht gestatten, sich unter irgendwelchen Vorwänden in der Nähe der Kutsche aufzuhalten. An unsicheren Orten ist es außerdem ratsam, die Reisetruhe im vorderen Teil des Fahrzeugs unterzubringen, wo man jederzeit Zugang zu ihr hat.«

Beutelsäcke und Pinsel

In der August-Nummer einer französischen Zeitschrift aus dem Jahre 1770 kann man einen Bericht über eine Gruppe englischer Touristen lesen, die in Caen ankommt, um dort einige Landsleute zu besuchen. Unter ihnen ist ein Maler, der sich ohne irgendwelche Hintergedanken hinsetzt, um Ansichten der Stadt zu Papier zu bringen, die ihm besonders malerisch erscheinen. Plötzlich werden sie alle miteinander verhaftet, der Spionage angeklagt und ins Gefängnis gesteckt, wo sie ein paar Tage verbringen müssen. Es gibt keinen Grund, an der Wahrheit dieser Episode zu zweifeln, auch wenn die Geschichte vom Reisenden, der für einen Spion gehalten wird, weil er irgendeinen Ausschnitt der Stadt oder der Landschaft gezeichnet hat, in vielen Reiseberichten auftaucht. Wem fiele da nicht ein, was Goethe kurz nach seiner Ankunft in Italien in Malcesine erlebt, als er sich gerade anschickt, den »alten auf und in den Felsen gebauten Turm« abzuzeichnen, und er den Bürgermeister des Ortes, der ihn verhaften lassen will, darauf hinweisen muß, daß der wohl kaum glauben würde, »wieviele Reisende nur um der Ruinen willen nach Italien zögen, (...) welche hundert und aberhundertmal gezeichnet werden...«.

Die Gepflogenheit, malerische Orte zu zeichnen oder mit Aquarellfarben zu malen, und das Mißtrauen, mit dem diese Tätigkeit gewöhnlich betrachtet wird, entspringen der pragmatischen Bildung im Geiste Bacons, durch die sich der Reisende des 17. und 18. Jahrhunderts auszeichnet. »Ich werde dir nicht die mühevolle Pflicht auferlegen, herauszufinden, wieviele Häuser, Einwohner, Inschriften und Grabmäler jede Stadt besitzt, durch die du reist«, schrieb Lord Chesterfield 1749 an seinen Sohn, »aber ich möchte, daß du dich darüber unterrichtest, ob die Stadt frei ist, ob sie besondere Privilegien oder Sitten hat, welche Handelsformen und Manufakturen zu ihr gehören.« In diesen Worten klingen noch die dokumentierenden und forschenden Aktivitäten der Bildungsreise nach, die die Reisenden dazu brachte, ganze Alben mit topographischen Erhebungen und Skizzen, mit taxonomischen Einordnungen und klassifikatorischen Anmerkungen zu füllen. Andererseits darf das Auge nicht nur für wissenschaftliche und wirtschaftliche, geographische oder militärische Einschätzungen geschult werden. Wenn eine an der antiken und künstlerischen Tradition interessierte Persönlichkeit auf die Reise geht, ist es üblich, die Arbeit eines Künstlers oder Vedutenmalers in Anspruch zu nehmen. Häufig wird er erst in dem Land engagiert, dessen Monumente und Landschaften man besichtigt. Wir dürfen aber nicht vergessen, daß die Landschaft fast bis zum Ende des 18. Jahrhunderts, also auch dann noch, als die besten Werke der Landschaftsmalerei von Salvator Rosa, Lorrain und Poussin bereits entstanden sind, von der großen Mehrheit aller Reisenden weiterhin in Begriffen wie Fruchtbarkeit oder Unfruchtbarkeit, Lieblichkeit oder Kargheit des Bodens oder aber, zu Ehren der empiristischen Philosophie, unter der Perspektive der Einzigartigkeit und Ungeheuerlichkeit der Naturphänomene vorgestellt wird. Der Ausdruck verzückter Bewunderung ist einzelnen, genau festgelegten Orten und bestimmten Ansichten vorbehalten, die allgemein als unverzichtbare, rituelle Stationen der Reise gelten, ob man nun vom »Genuß voller Schrecken« angesichts der Alpen spricht, oder, wie Coryate, von der fruchtbaren Erde der Lombardei sagt, daß sie »den Geist erquickt und die Sinne mit geheimen Freuden erfüllt«, oder, wie Thomas Gray, die »von Religiösität und Poesie erfüllte Atmosphäre der Grande Chartreuse« bewundert, »wo sich auch der hartnäckigste Atheist bekehren würde«. Die aufklärerische Rationalität wiederum manifestiert sich in der Vorliebe für Aussichtspunkte mit einem besonders weiten Blickfeld, die eine vollständige Karte der Stadtlandschaften und der umgebenden Natur vor den Augen ausbreiten, wo nichts im dunkeln oder unbestimmbar bleibt. Man denke dabei nur an die unermeßliche und doch peinlich genaue Landkarte Siziliens, die Patrick Brydone uns vom Gipfel des Ätna aus entwirft, oder an die Städte, die vom höchsten Kirchturm aus mit dem Blick durchwandert und genossen werden. Das war eine Vorliebe von Reisenden wie Montesquieu oder Goethe, und sie verraten damit eine Neigung zum allesumfas-

48 Friedrich Bury, *Goethe mit Künstlerfreunden in Rom*, 1786–7

senden Überblick, die nur noch der positivistische *vol d'oiseau* übertreffen könnte.

Es fehlt nicht an Reisenden, die auch noch zwischen dem 18. und 19. Jahrhundert eine zweifache, wissenschaftliche wie ästhetische Berufung in sich vereinigen, die also, wie Goethe oder Ruskin, Kenntnisse in Botanik und Mineralogie, Wasserbau und Landwirtschaft, Architektur und Zeichenkunst besitzen und damit die pragmatische und empiristische Komponente ihrer Bildung, die alte Verpflichtung gegenüber der Naturphilosophie, bezeugen. Sie halten an, um die Natur des Kalk- oder Basaltgesteins oder die Vielfalt der Flora zu analysieren und oft auch zu zeichnen. Aber gerade der Botaniker und Agronom Goethe lobt die damals noch neue Angewohnheit der beiden Hackerts, Philipp und Johann, mit großen Zeichenmappen übers Land zu gehen, um dort Federzeichnungen anzufertigen, die von ihrer »Meisterschaft« zeugen, »der Zeichnung gleich eine Gestalt zu geben«, und Aquarelle, ja sogar mit hübschen Figürchen ausgeschmückte Gemälde gleich am Ort fertigzustellen. Ruskin dagegen gebührt das Verdienst, aus dem Aquarell ein aussagekräftiges topographisches Dokument gemacht zu haben, indem er die Rätsel der Geschichte in den gefährlichen Zauber verfallender, von der Zeit verbrauchter Formen auflöste. Vom gewöhnlichen Reisenden werden natürlich weder Totalansichten im Stil Brydones, noch die großzügigen, klassizistischen Bildperspektiven der beiden Hackerts, und ebensowenig die geschmeidige Nüchternheit der Epigonen der britischen Aquarellmalerei verlangt, sondern nur, daß er sich am Kanon des Pittoresken orientiert.

Die Landschaft zu betrachten, soweit das Wetter und die Straßenverhältnisse es gestatten, und Reiseskizzen anzufertigen, sind auf den nicht enden wollenden Fahrten und während des Halts der Kutschen die einzigen Alternativen zum Lesen. Die Tagebücher, die John Ruskin auf seinen Jugendreisen 1840 und 1845 schrieb, zeigen, daß er seine Umgebung unentwegt beobachtete. Wie Turner besaß er eine ausgeprägte Empfänglichkeit für winzigste Farbschwankungen des Himmels, für das Irisieren des Meeres und für den unvermittelten Wechsel der Farben in der Landschaft, den Wolken hervorrufen, so daß es scheint, als wollten seine Schriften die magische Geschmeidigkeit seiner Aquarelle schon vorwegnehmen. Weil Reisende die Landschaft seit jeher durch die Augen der Maler wahrgenommen und gedeutet haben, haben auch wir gelernt, die »Steine von Venedig« durch seine Aquarelle hindurch zu sehen. So heißt es zum Beispiel im Mailänder Tagebuch von Samuel Rogers: »Die Luft ist lau, süß und weich, wie an einem Frühlingstag. Die engen Straßen, die Häuser von perlweißer Farbe, die Fenster, jedes mit seinem eigenen Balkönchen, über das sich das unvermeidliche junge Mädchen aus den Gemälden Veroneses oder Tintorettos beugt, die Statuen der Kirchen und großen Gebäude, alles bringt mir das zurück, was ich mit höchstem Genuß schon in der italienischen Malerei gesehen habe.« Ein ausgezeichneter Vedutenmaler wie John Hilton macht 1825 auf seiner Tour durch Italien eine ganz ähnliche Bemerkung: »Licht und Schatten sind in Italien lebhafter als in England: das Licht hat einen intensiven gelben Hof, und die Schatten haben blauere Reflexe, wenn der Himmel sich in ihnen spiegelt; wenn das Licht sich aber an einem warmen Gegenstand bricht, ist der Schatten stark und fest umrissen und erzeugt fast immer dieselbe Wirkung wie auf den Gemälden des Guercino. Bis jetzt ist es mir noch nicht gelungen, die bläulichen Töne weiter Entfernungen zu entdecken, die wir manchmal bei den größten Meistern finden.« In beiden Zeugnissen wird ganz offensichtlich, daß es bestimmte Momente in der Tradition bildlicher Darstellung sind, die unsere Wahrnehmung der umgebenden Wirklichkeit prägen. Von dieser Wirklichkeit erwarten wir, daß sie uns die topographischen Phantome wiederspiegelt, die wir im visuellen Gedächtnis, in den Darstellungen aus unserem Bildungsvorrat, aufbewahren.

In der langen Folge vieler Reisender, die die Landschaft mit den Augen ihrer Lieblingsmaler betrachtet haben, die mit ihrem Schreibstil Kulissen und Bildtiefen, Vorder- und Hintergründe entworfen und die beschriebene Szene mit Genrefiguren ausgestattet haben, verfügt vielleicht kein anderer über eine so feinsinnige Ironie wie Henry James. Obwohl sie eine ausdrückliche Konzession an die beliebte Skizzenmalerei darstellen, enthalten seine Texte durch ihre Ironie doch ein gutes Gegengift, eine wirkungsvoll störende Essenz gegen drohende Gefühlsausbrüche, gegen das willkürliche Vereinnahmen der Landschaft als Gesprächspartner des Herzens. Ruskin dagegen bringt das Landschaftsaquarell vor allen eilig investierten psychologischen Regungen, ja sogar vor der Versuchung, nach Art eines Samuel Prout angesichts des zerstörerischen Werks der Zeit untröstlich melancholisch zu werden, in Sicherheit, indem er auf seinen Bildern den historischen und dokumentarischen Charakter der Monumente mit ihren philologischen Anspielungen bewußt isoliert. Im einen wie im anderen Fall belegt der Autor seine Reise, beweist, daß er »dagewesen« ist, daß er mit den antiken Steinen gesprochen hat, und Zeugnis davon ablegen kann. Ob mit oder ohne Ironie – dies ist ein Bedürfnis, das alle Reisenden von gestern und heute gemeinsam haben.

Poststationen, Gasthäuser und Herbergen

Von der privaten Gastfreundschaft zu den Fremdenzimmern

»Während meiner Streifzüge über die Insel hatte ich reichlich Zeit und Gelegenheit, mir alles genau anzuschauen; manchmal fand ich Unterkunft in privaten Häusern, manchmal in Klöstern, da es von einem Ort zum anderen immer jemanden gab, der mich mit einem Empfehlungsschreiben ausstattete.« So schrieb im Jahre 1765 der berühmte Biograph James Boswell, als er durch das damals noch sehr unwirtliche Korsika fuhr. Sich mit Hilfe von Empfehlungsschreiben privater Gastfreundschaft anzuvertrauen, ist ein gewohntes Verfahren, das die Reisenden der Grand Tour in Mode brachten, und das dann von allen Nachfolgern übernommen wurde. Dessenungeachtet gab es schon im 16. Jahrhundert auf den meistbefahrenen Strecken Westeuropas ein recht verbreitetes System öffentlicher Beherbergung, womit allerdings noch nichts über die Qualität der Unterbringung gesagt ist, die dort angeboten wurde.

Private Gastfreundschaft bei den Angehörigen der *beau monde*, die einen Ebenbürtigen aus dem Ausland gerne bei sich aufnehmen, steht nicht allen Reisenden offen. Wer diese Möglichkeit nicht hat, kann sich nach der Ankunft in einer mittelgroßen Stadt an die gewöhnlichen Wirtshäuser und Herbergen wenden oder nach den sogenannten Fremdenzimmern suchen. Sie sind billiger als die ersteren und seriöser als die schäbigen Herbergen der Poststationen, außerdem garantieren sie Verpflegung und Unterkunft, Wäschewaschen inbegriffen. Im großen und ganzen werden diese »Pensionen« *ante litteram* über drei Jahrhunderte hinweg recht positiv beurteilt, was besonders für Frankreich, Deutschland und Italien gilt, wo

49 William Marlow, *Poststation in der Nähe von Florenz*, 1770

sie verbreiteter sind als anderswo. Moryson, der gegen Ende
des 16. Jahrhunderts die Zimmer lobt, die er in Padua, Venedig
oder Florenz mietete, beweist dies ebenso wie Goethe oder
Herder, die sich mit den römischen Künstlerpensionen über-
aus zufrieden zeigen.

Sehr viel abwechslungsreicher und vielfältiger stellen sich
die Unterkünfte in Hotels oder Gasthöfen dar, bei denen zunächst zwischen den Gasthäusern der Poststationen oder Gasthöfen entlang der Hauptstraßen und den städtischen Hotels
unterschieden werden muß. Weitere auffällige Unterschiede
rühren daher, daß jedes einzelne Land andere Traditionen der
Gastfreundschaft hat, und die Hotelunterkünfte sich natürlich
mit der Zeit verändern. An Überraschungen fehlt es nicht. Ein
erfahrener Reisender wie Montaigne steht staunend vor dem
Luxus eines kleinen Wirtshauses in Levanella, zwischen Arezzo
und Florenz, wo die Speisen auf »Zinntellern« serviert werden, wie in den vornehmsten Pariser Hotels, während der sauer-
töpfische Smollett fast zwei Jahrhunderte später über den
Schmutz und die Trostlosigkeit der Postherberge von Camucia
flucht, die nicht weit entfernt, zwischen Perugia und Arezzo

an der gleichen Strecke liegt. Aber wir müssen uns an dieser Stelle leider auf einige wenige Proben aus einer unermeßlichen Fülle von sehr verstreutem Belegmaterial beschränken.

Zwischen dem 18. und 19. Jahrhundert verfügt ein Land wie England an seinen wichtigsten Verkehrswegen über ein Netz von Gasthöfen und Hotels, das vergleichbaren Einrichtungen auf dem Kontinent weit überlegen ist. Oft genug wird es von den Reisenden in den höchsten Tönen gelobt. In seinen Erinnerungen, die in den dreißiger Jahren des vorigen Jahrhunderts erschienen sind, hat Fürst Hermann Pückler Muskau uns eine Art Porträt des idealen englischen Gasthauses hinterlassen, das den Häusern auf dem Kontinent wahrhaftig zum Vorbild gereichen konnte:

»Was Dich hier sehr ansprechen würde, ist die ausnehmende Reinlichkeit in allen Häusern (...). So ist auch in den Gasthöfen alles weit reichlicher und im Überfluß als auf dem Kontinent. Das Bett z.B., welches aus drei übereinandergelegten Matratzen besteht, ist groß genug, um zwei bis drei Personen darauf Platz zu geben, und sind die Vorhänge des viereckigen Betthimmels, der auf starken Mahagoni-Säulen ruht, zugezogen, so befindest Du Dich wie in einem kleinen Kabinett, einem Raum, wo in Frankreich jemand ganz bequem wohnen würde. Auf Deinem Waschtisch findest Du nicht bloß eine ärmliche Wasser-Bouteille mit einem einzigen Fayence oder silbernen Krug und Becken nebst einem langgedehnten Handtuch, wie Dir in deutschen und fränkischen Hotels und selbst vielen Privathäusern geboten wird, sondern statt dessen wahre kleine Wannen von chinesischem Porzellan, in die man den halben Leib ohne Mühe tauchen könnte, darüber Robinets, die im Moment jede beliebige Wasserflut liefern; ein halbes Dutzend breite Servietten, eine Menge große und kleine Kristallflaschen, einen hohen Stell-Spiegel, Fußbecken etc., ohne die anderen anonymen Bequemlichkeiten der Toilette in eleganter Gestalt zu erwähnen. – Alles präsentiert sich so behaglich vor Dir, daß Dich sofort beim Erwachen eine wahre Badelust anwandelt. Braucht man sonst etwas, so erscheint auf den Ruf der Klingel (...) ein sehr nett gekleidetes Mädchen mit einem tiefen Knicks, (...) statt eines ungekämmten Burschen in abgeschnittener Jacke und grüner Schürze (...) [wie] in so vielen vaterländischen Gasthäusern.«

Manche Hotels der großen Städte auf dem Kontinent stehen dem von Pückler Muskau beschriebenen Gasthaus um nichts nach. Im Jahre 1773 beschreibt ein englischer Tourist das Pariser Hôtel de L'Impératrice in der Rue Jacob folgendermaßen: »Wir haben hier einen eleganten Speisesaal mit zwei Zimmern im Erdgeschoß und einem Zimmer im *entresol*, außerdem Zimmer für die Dienstboten, das Ganze für drei Guineen in der Woche. Die Miete ist ziemlich teuer, aber die Unterbringung ist vortrefflich und das Mobiliar luxuriös (...). Im allgemeinen nehmen wir das Frühstück am *table d'hôte* ein, wo wir höflichen Tischgenossen begegnen und man uns ausgezeichnete Speisen serviert. Die Preise variieren von Hotel zu Hotel, aber für vierzig Groschen pro Person kann man sehr gute Mahlzeiten aus fünf oder sechs Gängen mit Nachspeise und Burgunder bekommen (...). Zum Abendessen bleiben wir immer zu Hause. Den Wein holen wir bei einem Händler, und das Essen lassen wir uns von irgendeinem *traiteur* aus der Nachbarschaft schicken.«

Derart idyllische Töne tauchen in den Berichten der Reisenden häufig auf. Es gibt eine doppelte Erklärung für dieses Phänomen. Einerseits dürfen wir nicht vergessen, daß der Reisende vollkommen erschöpft im Gasthaus ankommt, nachdem er unzählige Stunden in einem schaukelnden Fahrzeug verbracht hat, starr vor Kälte ist oder halb erstickt von der Hitze und dem Straßenstaub, und daß er nun nichts sehnlicher wünscht, als Ruhe und Entspannung für seine Gliedmaßen. Andererseits werden allzu lebhafter Groll oder besonders bösartige Bemerkungen durch den Filter der Erinnerung und den vorherrschenden Tenor literarischer Konventionen abgemildert. Zu einer solchen nachträglich versüßten Erinnerung gehört zumindest teilweise die folgende Stelle bei Victor Hugo, die sich mit dem typisch französischen Gasthaus beschäftigt:

»Mir gefallen die alten Wirtshäuser, die ›Schenken‹, wie unsere Väter sie nannten. Man stieg vor der Tür des Gasthauses aus der Kutsche, und der Wirt hieß die Gäste freundlich lächelnd willkommen.

Das erste Zimmer, das man betrat, war die Küche. Das Feuer flakkerte im Ofen; die Kohlenglut färbte die Kochstellen purpurrot; schönes Geschirr, tiefblaue Majolikakacheln, große Teller aus Nevers hoben sich hier und da leuchtend von den dunklen, verrußten Wänden ab. Ein riesiger Bratspieß drehte sich knarrend vor dem Feuer; der mit Fleisch beladene Spieß wurde langsam über einem langen Fettfänger gewendet, allerlei aufgespießtes Wildbret und Geflügel schien zu rufen: Such dir etwas aus! Gerne wählte man aus, und während die Speisen garten, wärmte die schöne, festliche Flamme der brennenden Reisigbündel oder Rebstöcke den Reisenden auf.«

Eine englische Version des idealen Gasthauses bietet uns Washington Irving in seinem *Sketch Book*:

»Am Abend erreichten wir das Dorf, das ich für unsere Übernachtung ausgesucht hatte. Als wir auf den großen Vorplatz des Gasthauses fuhren, sah ich auf einer Seite den hellen Widerschein eines einladenden Küchenfeuers durch die Fenster leuchten. Ich trat ein und bewunderte zum hundertsten Mal dieses Bild der Behaglichkeit, Sauberkeit und des anständigen, ehrlichen Wohlbefindens, das die Küche eines englischen Gasthauses bietet. Diese hier war groß und geräumig, überall hingen blitzblank polierte Kupfertöpfe und Zinngefäße, und hier und da war sie mit Weihnachtsschmuck dekoriert. Von der Decke hingen Schinken, geräucherte Zungen und Speckschwarten herunter; vor der Feuerstelle knackte ununterbrochen ein Bratspieß und aus einer Ecke tickte eine Uhr. Auf einem fein abgeschliffenen Kiefernholztisch, so lang wie eine ganze Wand der Küche, lagen ein großes Stück kaltes Rindfleisch und andere köstliche Speisen, vor denen zwei Krüge mit schäumendem Bier Wache bezogen zu haben schienen. Einige Reisende niederen Standes bereiteten sich darauf vor, über diese kräftige Mahlzeit herzufallen, während andere am Feuer auf zwei Bänken aus Eichenholz mit hohen Rückenlehnen saßen und über ihren Biergläsern rauchten und miteinander schwatzten.«

Etwas wirklichkeitsgetreuer zeigt sich der amerikanische Romancier W.D. Howells, der nicht verschweigt, daß er einige Vorbehalte gegenüber den italienischen Hotels hat.

So bemerkt er 1860, daß die Hotels in Italien normalerweise um einen Hof herum liegen, der die Karren und Kutschen beherbergt, und auf den auch die Ställe zugehen. »Warum aber gerade dieses Hotel nicht vom Keller bis zum Dachboden nach Stall stinkt, wie alle anderen«, fährt Howells fort, »kann ich wirklich nicht sagen, zumal jedes andere Hotel in Italien so nach Dung riecht, als ob im Eingangssaal seit unvordenklichen Zeiten Schafherden weiden würden und man die Pferde in den Hotelzimmern untergebracht hätte, oder als ob die einzigen Kunden reisende Zentauren gewesen wären.« Etwa dreißig Jahre früher hatte Lady Blessington sich über den durchdringenden Modergeruch nach Blumenkohl in den Hotels von Florenz beklagt. Da liegt es nahe, daß die wirklich ernsthaften Ärgernisse für die Reisenden in den besonders abgelegenen Gasthöfen oder in den Häusern an Nebenstraßen begannen. In dieser Hinsicht halten die Gasthäuser mehrerer deutscher Staaten den Rekord an Unannehmlichkeiten, obwohl natürlich jedes Land seine besonders verrufenen Spelunken hat. Das angesehene »Weekly Journal« schrieb 1722, daß man in Deutschland tagelang reisen könne, ohne ein Bett zu finden; arme Leute und das Vieh müßten sich das Lager teilen. Reisende Landsleute hätten beobachtet, fährt die Londoner Zeitung fort, daß in Deutschland sogar die Fürsten nicht immer aufgeklärte Individuen seien. Noch schlechtere Bedingungen herrschen in Rußland, Polen und Preußen, wie Bernardin de Saint-Pierre erzählt. »Auf meiner Rückreise von Rußland nach Frankreich im Jahre 1807«, schreibt der Schriftsteller, »befand ich mich mit einer Anzahl Reisender aus verschiedenen Ländern auf einem Postwagen, der uns von Riga nach Breslau brachte. Man hatte uns paarweise auf Holzbänke gesetzt, die Koffer unter den Füßen, den Himmel über dem Kopf. So reisten wir viele Tage und Nächte lang, waren jedem Unwetter ausgesetzt und bekamen in den Wirtshäusern nur einen Kanten Schwarzbrot, Kornschnaps und eine dünne Kaffeebrühe.«

Den übelsten Ruf genießt in Italien, wie Reisende aller Klassen, von Joseph Fürttenbach bis Charles Dickens, einhellig

50 *Innenhof einer Postkutschenstation*, England um 1850

bestätigen, das Gasthaus der Poststation von Radicofani an
der stark befahrenen Via Francigena. Die äußerst trostlose
Landschaft der Umgebung trägt das Ihre dazu bei. Aber
nichts kommt zwischen dem 18. und 19. Jahrhundert bestimmten Gasthäusern in der Ciociaria, in Kalabrien oder Sizilien gleich. Auf eine dieser Unterkünfte bezieht sich Roland
de la Platière, als er 1777 bemerkt: »Das Ganze ist nichts weiter als ein geräumiger Stall, an dessen hinterem Ende ein of-
fenes Feuer brennt und ohne Rauchabzug oder Herd gekocht
wird; hier ißt man und legt sich hin, oder man schläft auf
einer Art Lager aus Ziegelsteinen, die in der Mitte des Stalls
hinter den Pferden aufrecht zusammengestellt werden. Wenn
noch Platz ist, kann man auch in der Futterkrippe schlafen.«
Noch um die Mitte des vorigen Jahrhunderts, als die größten
städtischen Hotels bereits begannen, jedes ihrer Zimmer
mit Heizöfen und anderen Bequemlichkeiten auszustatten,
konnte Edward Lear im Cilento in ein Gasthaus geraten, das
aus längst vergessenen Zeiten aufgetaucht zu sein schien: »Es
bestand aus einem einzigen Zimmer, mit unverputzten Wänden und niedriger Decke, das auch als Laden diente. Ich warf
einen raschen Blick auf die ausgestellten Waren, während ich
um eine Flasche Wein bat. Wegen der Enge des Raums hing
bei ihnen alles von der Decke herunter, mit Ausnahme des

Weines (...). Es gab drei Tische und einige höchst plumpe, ungehobelte Bänke, auf denen sich träge ein paar verlorene Gestalten lümmelten, die Salvator Rosa hätten Modell stehen können.«

Gleichzeitig wächst in diesen Jahren vor allem in Italien, im Süden Frankreichs und in der Schweiz die Vorliebe für eine Form des Tourismus, die gelegentlich mit langen Aufenthalten an einem Ort verbunden ist. Kunststädte wie Florenz, das nicht zufällig »Little London« genannt wurde, oder Thermalbäder und Luftkurorte erhalten eine neue Bedeutung. Diese Art Tourismus, zu dem neue gesellschaftliche Schichten Zugang haben, wertet, bei gleichzeitiger Verbesserung der Straßen und Verkehrsmittel, die kleinen Hotels und Pensionen auf. Sie erhalten nun, da der Reisende viel mehr Muße hat, sich umzusehen, »Zimmer mit Ausblick«. Bei den Pensionen wie bei den Häusern, die vermietet werden, tritt der Unterschied der Wohnkulturen an den außergewöhnlichen Reaktionen zutage, die sie hervorrufen. Ein Beispiel ist das »puritanische« Befremden, mit dem Männer wie Hawthorne oder Melville ihren Blick über die freskengeschmückten Decken der Hotelzimmer schweifen lassen, die in ererbten Palästen eingerichtet wurden. Auch die ironischen Beobachtungen des Engländers Frances Power Cobbe über die Florentiner Häuser um das Jahr 1860 gehören in diesen Zusammenhang: »In der Ausstattung herrscht eine derartige Dürftigkeit, daß man sich, wenn es gilt, sich in einem italienischen Zimmer häuslich einzurichten, zunächst einmal verwirrt umschaut und sich fragt, wie man es mit den wenigen vorhandenen Gegenständen, von denen überdies mindestens die Hälfte statt nützlicher rein dekorative Funktionen erfüllt, als Schlaf-, Speise- oder Wohnzimmer herrichten soll. Ich habe mich zum Beispiel monatelang eines Umkleideraumes bedient, in dem eine ausgezeichnete Kopie der *Grazien* von Canova die Rolle eines Waschbeckens übernehmen mußte, und wo man in Ermangelung eines Spiegels auf reizende Fresken mit Zentauren blickte.«

Nachdem die Mitte des 19. Jahrhunderts überschritten ist, befinden wir uns jetzt in einer Epoche, in der überall in

Europa eine gewisse Angleichung der Gasthäuser und kleinen Hotels stattfindet, was die Ausstattung und Führung betrifft. Ein Bild davon vermittelt uns Paul Bourget, der die ländlichen Gasthäuser den anspruchsvollen städtischen Hotels vorzieht. »Von dem Moment an, da man eintritt, strahlt das Gasthaus eine Atmosphäre der Wohlanständigkeit aus, zu der die üblichen Gäste, nämlich in Amtsgeschäften reisende Staatsdiener, Ingenieure und Anwälte, eben die Vertreter des neuen Bürgertums, nicht wenig beitragen. Überall«, so fährt Bourget fort, »habe ich diese Art Gasthäuser mit einfacher, aber durchaus würdiger Einrichtung angetroffen, die von einer ganzen Familie geführt werden. Der Vater beschäftigt sich mit der Küche, die Tochter serviert am Tisch, ihre ältere Schwester hat die Kasse unter sich, während die Mutter und eine Cousine sich um die Zimmer kümmern. Überall umgibt dich eine schlichte und höfliche, gutbürgerliche Atmosphäre.«

Im Inneren der Gasthäuser

In der Entwicklungsgeschichte der Gasthäuser und kleinen Hotels gibt es mindestens zwei Phasen. Zunächst wird die Küche streng von den Schlafzimmern getrennt, womit die Zeiten, als alles noch aus einem einzigen großen Raum bestand, dunkel wie eine Höhle, mit mehreren Funktionen und einem Durcheinander von Menschen und Tieren, über das sich viele Reisende bitter beklagten, natürlich sogleich in die Mythologie des Reisens oder in eine weit entfernte Vergangenheit verbannt wurden. Aus dieser frühen Phase stammt die eindrucksvolle, mitreißende Beschreibung eines Postgasthofes, die Victor Hugo uns überlieferte. Er beginnt mit der Küche, die gleichzeitig als Eßzimmer dient:

»Eine richtige Küche, ein riesiger Saal. Gegenstände aus Kupfer an der einen, aus Steingut an der anderen Wand. In der Mitte, den Fenstern gegenüber, der Kamin, eine große Höhle (...). An der Decke ein schwarzes Netz aus Stützbalken, herrlich verrußt, an denen alle nur erdenklichen, schönen Dinge hängen, Körbe, Lampen,

51 David Allan,
Kaffeehaus in Rom, 1775

ein kleines Schränkchen, ein Vogelkäfig und, in der Mitte, eine
stattliche Ansammlung eßbarer Dinge, aus der breite Speckschwarten hervorstechen. Unter dem Rauchfang des Kamins blitzt außer
dem Bratspieß, der Kette um die Feuerstelle und dem Kessel, eine
Reihe glänzender Zangen in allen Formen und Größen. Laufbur-
schen, Kellner, Küchenjungen, Fuhrmänner, die am Tisch sitzen,
Tiegel auf den Kochherden, brodelnde Kochtöpfe, brutzelnde
Pfannen, Pfeifen, Spielkarten, herumtollende Kinder, Hunde, Katzen und der Gastwirt, der alles überwacht. Die Männer fluchen,
die Frauen zetern, die Kinder kreischen, die Hunde bellen. Die
Katzen miauen, die Uhr schlägt, das Beil hackt, der Fettfänger
quillt über, der Bratspieß knarrt, der Brunnen weint, die Flaschen
schluchzen, die Fenstergläser zittern, die Postkutsche fährt vorbei
und erschüttert das Gebäude bis ins Deckengewölbe.«

In der darauffolgenden Phase wird die Küche vom Speise-
oder Wartesaal getrennt. Mit dem letzteren entsteht ein Raum,
wo die An- und Abreisenden sich begegnen, also ein geeig-
neter Ort für Gespräche. Hier werden Neuigkeiten über die
Herkunftsorte oder Nachrichten aus den Heimatländern der
Reisenden ausgetauscht, hier erzählt man sich die letzten

Reiseabenteuer, phantasiert über Straßenräuber, Unfälle auf den Straßen, ungewöhnliche Begegnungen. Der Wartesaal erhält schon bald eine sakrale Funktion, er wird zur Schwelle, an der man nach der langen Reise empfangen oder von der aus sie fortgesetzt wird. Hier finden die umständlichen An- und Auskleideprozeduren statt, die den aufreibenden und gefahrvollen Reisen in der Kutsche vorausgehen und nachfolgen. Seinen scharfsinnigsten und ironischsten Chronisten hat der Wartesaal vor allem englischer Gasthäuser in Washington Irving gefunden. Dieser unermüdliche Reisende schrieb unter anderem die unterhaltsamen *Tales of a Traveller* (1824), aus denen die folgende Beschreibung stammt:

»Ich war einsam und traurig und wollte mich vergnügen. Das Zimmer wurde mir unerträglich. Ich verließ es, um das zu suchen, was man im Jargon den Wartesaal nennt. Das ist ein gewöhnlicher Saal, der von den übrigen Räumen des Gasthauses getrennt ist, damit sich eine bestimmte Sorte Pilger, die Reisende oder Postillione genannt werden, dort bequem aufhalten kann: eine Art fahrender Ritter des Handelswesens, die ohne Unterlaß für das Königreich in Kaleschen, zu Pferd oder mit der Postkutsche umherziehen. So weit ich weiß, sind sie die einzigen Nachfolger der fahrenden Ritter früherer Zeiten. Sie führen das gleiche abenteuerliche Vagabundenleben, haben nur die Lanze mit der Peitsche vertauscht, den Rundschild mit der Fahrerlaubnis, den Harnisch mit dem langen Überrock. Anstatt sich zu galanten Beschützern von unvergleichlichen Schönheiten aufzuschwingen, irren sie ziellos herum, verbreiten den Ruhm irgendwelcher wohlhabender Kaufleute oder Manufakturbesitzer, deren Anhänger sie sind, und zeigen sich jederzeit bereit, im Namen dieser Leute klein beizugeben, da es heutzutage Mode ist, Handel zu treiben, statt einen Zweikampf zu führen. So wie sich in den schönen Zeiten der alten Ritter der Saal der Herberge am Abend ringsumher mit den Rüstungen der von der Pilgerfahrt ermüdeten Krieger schmückte, nämlich Harnischen, Türkensäbeln und gespaltenen Helmen, erscheint der Saal der Reisenden heute garniert mit den Ausrüstungen ihrer Nachfolger: schwere Überröcke, Peitschen aller Art, Reitsporen, Gamaschen, gewachste Hüte.«

Weit häufiger als die traditionellen Reisebeschreibungen haben die Literatur und besonders der Roman die Wartesäle
der Gasthöfe zu idealen Schauplätzen abenteuerlicher, eroti-
scher oder verbrecherischer Verwicklungen gemacht. Die Liste reicht vom Saal des Tabarro bei Chaucer bis zu demjenigen von Upton in Fieldings *Tom Jones.* Die Gasthäuser werden
zu Orten, wo Schicksale sich kreuzen; ihre Türschilder gehören bald zur Wappenkunde des Reiches unvorhersehbarer
Zufälle. Berücksichtigt man allerdings den Tenor der Erzählungen und die tatsächlichen Mühen des Lebens auf der
Straße, dürften es vor allem die ersten Hotels des 19. Jahrhunderts gewesen sein, die romanhafte Phantasien in die Wirklichkeit einfließen ließen.

Darüberhinaus gibt es bestimmte Orte, in diesem Fall vorwiegend in größeren Städten, wo Kunst und Literatur besonders gerne verweilten. Zu bestimmten geschichtlichen Zeit-
punkten kamen an solchen Orten Künstler und Persönlichkeiten der internationalen Kultur zusammen. Besondere Aufmerksamkeit verdienen die Kaffeehäuser der größten Städte
jedes einzelnen Landes, denn in einigen Fällen werden sie zu
wichtigen Bezugspunkten des europäischen und amerikani-
schen Kulturlebens. Dank ihres Ruhms verwandeln sie sich
schon bald in rechte Heiligtümer für die Neuankömmlinge
und in obligatorische Ziele für die Fremden, die in der Stadt
zu Besuch sind. Kein Reisender, der sich nicht beeilte, die Lo-
kale und Kaffeehäuser zu erwähnen, die gerade in Mode sind,
kein Reiseführer, der versäumte, sie unter den Sehenswürdigkeiten der Stadt aufzuzählen. Der Amerikaner De Forest zum
Beispiel präsentiert uns um 1855 den typischen Treffpunkt der
kosmopolitischen Florentiner Gesellschaft in der Via Torna-
buoni: »Das Doney, immer blitzsauber, mit seinen drei Salons,
den cremefarbenen Säulen, den Marmortischchen, den weißen Uniformen der österreichischen Offiziere, den bequemen
Jacken der englischen Touristen und den lärmenden Kellnern,
die wie Inkarnationen des Perpetuum mobile hin- und herlau-
fen, während sie die Bestellungen der Kunden mit der Laut-
stärke von Kapitänen auf einem Schiff im Sturm heraus-

52 *Künstler im Café Greco in Rom,* um 1850

schreien.« Eine lebendige Erinnerung an das Caffè Pedrocchi
in Padua überlassen wir dagegen W. D. Howells, der es um 1860
folgendermaßen beschreibt:

»Abends saßen wir plaudernd im Caffè Pedrocchi mit einem Abt,
einem Bekannten von uns, der Professor an der Universität von Padua war. Das Pedrocchi ist das große Kaffeehaus von Padua, ein
Gebäude aus Granit im Stil ägyptischer Architektur, das für den Besitzer zum Mausoleum seines Wohlstands geworden ist. (...) Schon
früh am Abend beginnen die Gäste, sich in den eleganten Sälen
des Kaffeehauses zu versammeln – Säle, die vielleicht ein bißchen
zu groß sind für eine so kleine Stadt wie Padua –, und dort bleiben
sie dann bis spät in die Nacht über ihren munteren Tassen und Eis-
bechern, mit ihren Zeitungen und Plaudereien sitzen. Man sieht
hier nicht so viele Damen wie in den Kaffeehäusern von Venedig,
denn sie lassen sich nur in den größeren Städten häufig in der Öf-
fentlichkeit sehen. Nur wenige Studenten sitzen bei Pedrocchi, da
sie eher in billigere Kaffeehäuser gehen; aber man trifft hier fast
immer einen Professor der Universität der Stadt.«

Die Überraschungen im Schlafzimmer

Wir haben bereits erwähnt, daß der Reisende vergangener Zeiten, wenn er nach einer endlosen, zermürbenden Reise an der Herberge einer Poststation ankommt, am allerwenigsten das Bedürfnis nach schön anzuschauenden Äußerlichkeiten verspürt. Das Gasthaus und darin sein Schlafzimmer stellen in seinen Augen den ersehnten Hafen der Ruhe, den geschlossenen und begrenzten, auf seine Weise auch beschützenden Raum dar, den er eine Nacht lang als Entschädigung für endlos sich hinziehende Straßen, für das Schlingern der Kutsche und die Gnadenlosigkeit der Elemente genießen darf. Manchmal jedoch hält die Gastfreundlichkeit der Herberge einige Überraschungen für ihn bereit und läßt den Halt noch aufregender werden als die gerade zurückgelegte Strecke.

Einer der ersten, der die Reisenden in diesem Zusammenhang warnend vorbereitet, ist Misson. Im Anhang zu seinem Führer aus dem Jahre 1688, einer Art Memorandum, bemerkt er, daß man, wenn man sich schon kein ganzes Bett mitnehmen könne, wenigstens einen Vorrat an Bettüchern und Decken bei sich führen solle, um für die allerschlechtesten Unterkünfte gewappnet zu sein. Das alles sei nicht dafür gedacht, fügt er hinzu, besonders »zimperlich« zu erscheinen, sondern um sich vor den Widerwärtigkeiten eines schmutzigen Bettes zu schützen. Er läßt dann eine weitere Warnung folgen, die uns daran erinnert, daß in den Gasthäusern der Poststationen mit Einzelzimmern die Türen normalerweise offenstanden. Es gab keine Türschlösser, was ernste Gefahren für die persönliche Sicherheit zur Folge hatte. Misson betont darum, wie wichtig es sei, sich für die Reise mit einer Art Universalschloß zu versehen: »Keinesfalls darf man vergessen, ein Gerät aus Eisen mit sich zu führen, mit dem die Tür von innen verschlossen werden kann. Es ist nicht schwierig, verschiedene Ausführungen davon zu ersinnen und herstellen zu lassen: häufig kommt es vor, daß die Türen der Zimmer, in denen wir schlafen müssen, weder Schlösser noch Riegel haben, und man weiß ja, daß Gele-

53 George Dance, *Morgendliches Punschvergnügen*
vor dem Ausflug nach Tivoli, 1780

genheit Diebe macht.« Noch anderthalb Jahrhunderte nach
Misson rät der sehr beliebte Reiseführer von Mariana Starke
im Jahre 1833 dem Reisenden, sich mit einem Schloß für die
Zimmertüren zu bewaffnen, »eine Vorrichtung, die man überall in den Londoner Gemischtwarenhandlungen bekommt,
und die sich ganz leicht in weniger als fünf Minuten an jeder
Tür anbringen läßt«. Natürlich rät auch sie dazu, sich wenigstens Bettwäsche mitzunehmen, wenn man wirklich nicht in
der Lage sein sollte, ein klappbares Feldbett griffbereit mitzu-
führen.

Situationen, in denen es zur Vermischung der Geschlechter
kommt, und schwerwiegende hygienische Mängel sind zwischen dem 17. und 18. Jahrhundert die häufigsten Mißstände
der Unterkünfte in ganz Europa. Vor allem in rückständigen
Gegenden klagen die Reisenden immer wieder über ver-

schmutzte Bettwäsche (sofern vorhanden) und über Flöhe, Wanzen und Läuse. Durch mehrere Jahrhunderte zieht sich die mehr oder weniger versteckte Anspielung auf »bewohnte« Betten. Moryson zum Beispiel bemerkt, daß die Gasthausbetten zu hart seien und den Verdacht erregten, man könne sich dort mit Geschlechtskrankheiten anstecken. Der Reisende solle darum eine Art »Pyjama« (so heißt es im Original) überziehen, bevor er sich hinlege.

Montaigne ist offenbar der erste gewesen, der versuchte, den gefährlichen Kontakt mit den »Bewohnern« des Bettes zu vermeiden, indem er sich auf den Bänken des Gemeinschaftsraumes zur Nachtruhe ausstreckte. Erlaubte diese Methode im Sommer, der Hitze zu trotzen, so hält man sich im Winter vom Boden und den Heerscharen von Insekten und Küchenschaben fern, indem man Matratzen und Bettlaken einfach auf dem Tisch ausbreitet. Die ungewöhnlichste Methode aber, das Bett von den mit Parasiten verseuchten Fußböden zu trennen, wird von einem deutschen Reisenden empfohlen. Sie bestand darin, alle vier Beine des Bettes in Schüsseln mit schwefelsäurehaltigem Wasser zu stellen, als ginge es darum, eine schwimmende Festung gegen die Ratten zu errichten. Daß es erforderlich war, die Zimmer zu lüften oder die Bettwäsche zu trocknen, da die Zimmermädchen die Angewohnheit hatten, etwas Wasser über das Bett zu spritzen, um so den recht unwahrscheinlichen Zustand frischgewaschener Wäsche vorzutäuschen, oder auch Matratzen und Decken einer genauen Prüfung zu unterziehen, ist noch eine relativ harmlose Unbequemlichkeit, vergleicht man sie mit den sehr viel hoffnungsloseren, aber nicht eben seltenen Fällen, in denen der Reisende nichts als eine Pritsche oder einen Strohsack vorfindet, die er mit wer weiß wie vielen Unbekannten teilen muß. »Als die Nacht hereinbrach«, schreibt der Baron von Pöllnitz, der im Jahre 1730 von Nürnberg nach Württemberg reist,

»waren wir gezwungen, in einem kleinen, gewöhnlichen Städtchen unterzukommen. Das Gasthaus machte einen guten Eindruck, das Abendessen erwies sich als leidlich und der Wein war hervorragend. Dann baten wir das Zimmermädchen, uns die Betten zu zeigen. Sie führte uns in einen langen, großen Raum; an den Wänden lag ringsum ein Strohteppich, dessen Funktion wir nicht recht verstanden, da ihre Ställe unmöglich so hoch oben liegen konnten. Zu unserem großen Erstaunen teilte uns das Mädchen mit, daß eben dieser der Raum sei, in dem wir schlafen sollten, da es im ganzen Haus nur ein einziges Bett gab, welches von den Wirtsleuten belegt war. Uns blieb nichts anderes übrig, als uns, angekleidet wie wir waren, auf dem Stroh niederzulassen, als ob wir Pferde wären. Wenig später kam ein Dutzend gut gekleideter Reisender hinzu, die mit den örtlichen Gepflogenheiten vertraut waren und sich glücklich und zufrieden auf das Stroh warfen, um bald wie Murmeltiere zu schlafen. Was mich betraf, so schlief ich herzlich wenig und war froh, als ich den Morgen anbrechen sah.«

Mindestens ebenso denkwürdig ist das Erlebnis, das Sacheverel Stevens 1738 ebenfalls in Deutschland hatte:

»Da ich mir mit dem Gasthaus eines armseligen Dorfes in Westfalen behelfen mußte, fand ich mich in einem großen Raum wieder, in dem sich an einer Seite, neben der Feuerstelle, eine Reihe Kabuffe befanden, die aussahen wie Schränke oder Abstellkammern mit Klapptüren. In jeder stand ein Bett, in das man über eine kleine Leiter hineinkletterte. Man mußte sich vor der Wirtin ausziehen, die jeden Reisenden an sein Bett geleitete und dann die Klapptür schloß. Ich bat darum, daß meine Tür offenblieb, denn ich hatte Angst, zu ersticken. Wenige Meter von mir entfernt standen an einer Wand des Raumes mehrere Kühe und an der anderen viele Schweine in ihren Koben. Dies war die schlechteste Unterkunft, die mir je begegnet war und ich weinte dem sauberen Stroh in Norddeutschland bittere Tränen nach.«

Aber es gibt solche und solche Gasthäuser. Zwischen dem 18. und 19. Jahrhundert werden vor allem in den Städten einige durchaus wichtige Verbesserungen für die Reisenden eingeführt. Im Italien des Jahres 1818 staunt von Raumer, ein berühmter deutscher Historiker, als er in den Zimmern eines Hotels in Vicenza den bekannten fahrbaren Stuhl mit entsprechendem Behälter für jede Art Bedürfnis erblickt. Der »Nachtstuhl« galt in Frankreich und Italien nämlich als Raffinesse vornehmer Herrschaften.

Schon seit dem 16. Jahrhundert bieten Hotels und Gasthäuser ihren Kunden zusätzlich Dienste anderer Art an. John Ray gibt nicht ohne Grund einen Ausspruch über die Stadt Messina wieder, der besagt: »Reichlich Wüstenstaub, Wanzen und Weiber in Messina«. Venedig ist in ganz Europa als Hauptstadt der Lust sattsam bekannt. In den Hotels werden die Fremden zu jeder Tages- und Nachtzeit von Kupplern und Huren buchstäblich überrannt. Andererseits bestätigt ausgerechnet der Keyssler, im 17. Jahrhundert ein Vorläufer des Baedekers, daß alle Hotelbesitzer, nicht nur die italienischen, die hartnäckige Angewohnheit haben, ihren Kunden ein sogenanntes »garniertes Bett« anzubieten, also eines, das mit allem Nötigen versehen ist, einschließlich einem »reizenden Gänschen«. Und die unternehmungslustigsten Reisenden lassen sich die Gelegenheit nicht entgehen. Für die jungen Sprößlinge des europäischen Adels nimmt die Grand Tour sogar in einem so hohen Maß die Bedeutung eines sexuellen Initiationsritus an, daß Lord Chesterfield sich verpflichtet fühlt, seinen Sohn daran zu erinnern, wie unschicklich es sei, sich allzu sehr mit Zimmermädchen und Wäscherinnen abzugeben, wenn Damen und Fräulein von Rang anwesend sind, die doch auch nichts anderes begehren.

Qualen und Wonnen der Küche

Wer in den Tagebüchern der Reisenden blättert, kann sich eine genaue Vorstellung von der Verpflegung machen, die ihnen in Wirtshäusern und Hotels angeboten wurde. Besonderes Interesse brachten die Touristen zu allen Zeiten natürlich den Mittelmeerländern, und hier vor allem Frankreich und Italien entgegen, weil deren Küche sich so charakteristisch von der ihrer Heimatländer in Nordeuropa unterschied. Ein recht umfassendes Bild der französischen Küche um die Mitte des 18. Jahrhunderts bietet uns Charles Thomson:

»Die Franzosen kleiden sich ebenso seltsam wie sie Speisen zubereiten. Sie essen nicht so viel Fleisch wie die Engländer und kochen es auch nicht auf die gleiche Weise. Sie essen lieber Suppen, Frikassee, Ragout und ein Gulasch, das mit Zwiebeln, Gewürzen und Kräutern angemacht wird und aus gedünsteten oder gebratenen Fleischstücken besteht, aber auch das Fleisch, das sie kochen oder am Spieß rösten, wird ohne einen einzigen Tropfen Soße serviert. Sie lassen das Fleisch derart mürbe werden, bevor sie es zubereiten, daß ein Engländer nicht wüßte, was er damit noch anfangen soll. Wenn es nicht mit diesen aromatischen Kräutern und starken Gewürzen angemacht wäre, könnte man es überhaupt nicht essen. Zum Ausgleich verbrauchen sie doppelt so viel Brot wie wir, ein wirklich gutes und leichtes Brot. Während der Fastenzeit essen die einfachen Leute weiße Bohnen und Linsen, letztere sind Hülsenfrüchte, die man in England nicht kennt. Die Franzosen sind ganz verrückt nach Salaten und Wurzeln, von Pilzen ganz zu schweigen...«

Ungefähr zur gleichen Zeit faßt Martyn, der Autor eines sehr verbreiteten Reiseführers, die italienische Hotelgastronomie folgendermaßen zusammen: »In Italien ist das Essen gut und reichhaltig. Ausgezeichnet das Fleisch von weiblichen Kälbern sowie das Schweinefleisch. Am schlechtesten ist das Hammelfleisch. Sie haben auch Fleisch von jungen Ziegen, Hirschen und Rehböcken, aber dieses hat den Nachteil, daß es außerordentlich mager ist. Hühner und Geflügel sind von sehr guter Qualität und reichlich vorhanden.« Dann läßt er einen typisch britischen Seitenhieb folgen: »Sie essen sämtliche Vogelarten bis hinunter zum Zaunkönig und überdies anderes Federvieh, das wir niemals anrühren würden: Falken, Häher, Elstern und Spechte. Sehr vielseitig ist ihre Auswahl an Fischen, Salz- wie Süßwasserfische.« Zu Scherzen aufgelegt, behauptet Washington Irving sogar, daß man in den Wirtshäusern von Terracina statt Aal Vipern serviert, die »aus den Felslöchern herausgeholt wurden«.

Was speziell die holländische Küche anbetrifft – doch die entsprechenden Beobachtungen lassen sich auf die Küche der deutschen Staaten ausdehnen –, äußern viele Reisende ihr Mißbehagen über die verbreitete Gewohnheit, große Mengen einer Speise zu kochen, damit sie für mehrere Tage reicht, was dazu führt, daß sie jedesmal aufgewärmt werden muß oder

sogar kalt, mit viel Brot, Butter und ein paar Gallonen Bier
serviert wird. »Butter, Käse und gepökeltes Fleisch, von dem
sie hier hauptsächlich Gebrauch machen«, bemerkt der Abt
Sartre, »verlangen nicht viel Vorbereitung; ihre Brühe ist
außerdem nichts anderes als gesalzenes oder mit Muskatnuß
gewürztes Wasser, dem ein wenig Kalbsbries und winzige Stück-
chen Fleisch zugefügt wurden; und wirklich, sie schmeckt fast
gar nicht nach Fleisch, und man merkt sofort, daß sie nicht mal
eine Stunde gekocht hat.«

Augenzeugenberichte aus den Hotels verschiedener Länder
schildern einige typische Merkmale, die mit den allgemeinen
Beobachtungen der Reiseführer übereinstimmen. Dabei spielt
es keine Rolle, ob man nun mit Tobias Smollett eine Rast in Paris macht: »Alle Arten von Fleisch und Geflügel sind hier ausgezeichnet; hervorragend ist das Kalbfleisch und unvergleich-
lich gut ihre Art, zu kochen, gar nicht zu reden von den *petits
pains* und den gebutterten *pâtes*, die sie zum Frühstück anbieten...«; ob man mit Thomas Walker im Albergo Reale in Mailand absteigt, wo ein »ausgezeichnetes Mittagessen aus Huhn,
gekochtem Kalbfleisch, köstlichen Grasmücken und Känn-
chen mit geschmolzener Butter für den Spinat« serviert wird;
oder ob man schließlich mit Friedrich Hebbel in Rom zu
Abend ißt: »Ich habe vom ersten Tag an nach italienischer
Sitte gelebt: Suppe am Abend, am Tag Makkaroni, die ich leidenschaftlich liebe, und Wein mit ein wenig Wasser.« Vom
Ende des 18. Jahrhunderts an enthalten die Stadtführer sogar
richtige Listen der Hotels und Gaststätten mit besonders typischen Mahlzeiten. 1845 teilt der Amerikaner W. M. Gillespie
in seinem Romführer mit, die berühmteste Gastwirtschaft der
Stadt sei die von Bertini am Corso, während man bei Falcone,
neben dem Pantheon, die beste landestypische Kochkunst
genießen könne. Die besten Steaks fänden die Engländer dagegen im Gabbione, einer düsteren Spelunke in der Nähe vom
Trevibrunnen; die Künstler gingen allerdings in die Scalinata,
wohingegen die jüngeren Künstler aus Frankreich, Deutschland, England und Amerika sich bei Sonnenuntergang träfen,
um im Lepre, in der Via Condotti, eine Mahlzeit aus Makka-

54   Ditlev Conrad Blunck, *Dänische Künstler in der
Osteria ›La Gensola‹ in Rom*, 1837

roni, Rindfleisch und Wildschwein zu essen. Aus dem Lepre
überliefert Gillespie eine sehr ausführliche Speisekarte, die
ein interessantes gastronomisches Zeugnis der römischen
Küche des vorigen Jahrhunderts darstellt.

Zuweilen werden die Vorlieben für besonders häufig auf-
tauchende Speisen von den Reisenden als vorherrschende
Charakterzüge der örtlichen Bevölkerung interpretiert, dann
geraten diese Mahlzeiten zu Sinnbildern der ethnischen Gemeinplätze. Thomson bemerkt, daß es der dünnen Luft in ihrem Land und vor allem den Weinen und der Küche zu verdanken sei, wenn die Franzosen so geistvoll und lebhaft erschienen; tatsächlich, so fährt er fort, zeigten sich alle, die

Malzgetränke bevorzugen und große Mengen Fleisch essen, sehr viel schwerfälliger in ihren Bewegungen und langsamer im Begreifen. Der Ire James St. John stellt fest, daß die französische Form der Ernährung, welche auf Salat basiere, unvermeidlich Sodbrennen hervorrufen müsse, denn Gemüse passe nicht zur Natur des Menschen, da es einen hohen Wassergehalt habe und mit ungeeigneten Dingen wie Öl, Salz und Essig angerichtet werde. Auch der übermäßige Gebrauch von Gewürzen, den die Franzosen bei ihren Soßen und im Frikassee machen, so St. John weiter, stimme nicht mit einem milden und gemäßigten Klima überein und schade dem Organismus. Besonders flüchtige Betrachtungen über die kulinarischen Charakteristika eines Ortes neigen zwangsläufig zur Stereotypie, ob man nun mit Lady Craven die holländischen Käse lobt; mit dem Schauspieler Garrick die bayrischen Suppen; mit Fanny Mendelssohn die italienischen Schmorbraten, Tunken und Nudeln; oder zu guter Letzt die »köstlichen gesalzenen Bohnen in Butter«, die Jacob Burckhardt so sehr liebte, daß er sie sogar in einer Widmung seines Italienführers zitierte.

In den Tagebüchern der Reisenden finden sich auch einige Hinweise auf die Tischsitten als Spiegel einer Kultur und ihrer Eigenarten. Robert Wharton zum Beispiel schreibt seiner Mutter, daß es in Frankreich, im Gegensatz zu den Sitten in England, eine grobe Ungezogenheit wäre, die Gabel mit der linken Hand zu benutzen oder den Löffel seitlich zum Mund zu führen, ja, es sei sogar ungebührlich, das Messer an den Mund zu heben; jedoch sei es kein Zeichen schlechter Erziehung, die Soße mit dem Brot aufzutunken, Geflügel an einem Bein anzufassen, um es zu zerteilen, eine Lammkeule, die meistens in dünnes Papier gewickelt ist, in die Hand zu nehmen, um sie in Scheiben zu schneiden, oder mit der Messerspitze in den Zähnen herumzustochern. Der Abt Sartre bemerkt wiederum, daß die Holländer die schlimme Angewohnheit haben, nach dem Essen sofort eine Pfeife zu rauchen, ja sogar zwischen den einzelnen Gängen ein paar Züge zu tun und dabei immer wieder in die Spucknäpfe zu spucken, die neben ihren Stühlen stehen. Grosley behauptet, die Rauchwolken hätten ihn fast erstickt, als er die Tür eines Kaffeehauses aufgemacht habe, in dem sämtliche Gäste wie besessen rauchten.

Wiederum sind es die abgelegenen Wirtshäuser und solche in kleineren Städten, die für die Reisenden, auch was das Essen betrifft, die größten Überraschungen bereithalten. Dieses Phänomen trifft man in ganz Europa an. In den dreißiger Jahren des 18. Jahrhunderts schreibt der Baron von Pöllnitz, daß jeder, der beabsichtige, sich in Karlsbad aufzuhalten, mindestens drei Dinge mitnehmen müsse: ein Bett, Wein und einen Koch. Es erscheine ihm unglaublich, daß eine so reiche Region wie Sachsen nicht über Gasthäuser verfügt, die wenigstens leidlich annehmbar sind. Tatsächlich aber böten die Gasthöfe in den Dörfern auf der Strecke zwischen Leipzig und Dresden Speisen, die so schlecht zubereitet, und Zimmer, die derart schmutzig seien, daß sich einem der Magen umdrehe. Als er im Jahre 1775 in Dijon Rast machte, um zu Abend zu essen, erzählt Wharton, habe er ein ausgezeichnetes Frikassee gekostet, ohne zu wissen, von welchem Fleisch es stammte. Die große Menge kleiner Knöchelchen, die auf dem Teller zurückblieben, habe ihn allerdings neugierig gemacht, und so habe er entdeckt, daß er soeben eine stattliche Anzahl Frösche verzehrt hatte. Einige Poststationen hinter Siena, auf der Straße nach Rom, macht Dickens mit der ganzen Familie Halt, um in einem einsamen Wirtshaus, »wo alles das finstere Aussehen einer Räuberhöhle hatte«, das Abendessen einzunehmen. Die Aufzählung der Speisenfolge ist auf ihre Art ein kleines Meisterwerk, sie beginnt mit einer mageren Gemüsesuppe aus Kräutern, die mit einer Handvoll Reis angereichert ist und einer guten Dosis Salz, Pfeffer und Käse bedürfte, um überhaupt Geschmack zu bekommen, setzt sich dann fort mit einem halben Huhn, aus dem die Brühe für die Gemüsesuppe gemacht worden war, einer geschmorten Taube mit Innereien, ringsum garniert mit Geflügelleber und verschiedenen Vögeln, ein wenig geröstetes Fleisch von der Größe einer kleinen französischen Roulade, einer Scheibe Parmesankäse und »fünf verschrumpelten Äpfelchen, die sich auf dem Tablett eng aneinanderdrängten aus Furcht, gegessen zu werden«.

Ein ganz anderer Ton herrscht in der Beschreibung, die uns der Kunsthistoriker J. A. Symonds etwa zwanzig Jahre nach Dickens von einer Rast in einem Wirtshaus in Gubbio hinterlassen hat. Der Passus zeugt von feiner Beobachtungsgabe und verdient es, vollständig wiedergegeben zu werden, nicht zuletzt wegen der Beschwörungskraft eines guten visuellen Gedächtnisses:

»In Gubbio deckt man den Tisch immer noch nach altem italienischen Brauch. Ein cremefarbenes Tischtuch aus Leinen mit einem Saum aus groben Spitzen wird über ihn gebreitet (es trägt noch die Spuren der Stellen, an denen es zusammengefaltet war und den Wohlgeruch der duftenden Kräuter, mit denen es im Schrank gelegen hat), und nicht sehr tiefe, aufgewärmte Teller aus weißem Steingut mit Rändern, die gitterartig gearbeitet und offen sind wie ein Brotkorb, werden aufgedeckt. Sie enthalten kleine, voneinander getrennte Portionen Fleisch, Gemüse, Käse und kandierter Früchte. Der Wein kommt aus seltsamen, dünnwandigen Fläschchen mit Stöpseln; das bernsteinfarbene, zu schönen, runden Laiben geformte Brot liegt einfach auf dem Tischtuch. In dieser Weise zu speisen ist, als säße man beim Abendmahl in Emmaus, so wie es auf manchen Bildern Giovanni Bellinis oder Masolinos dargestellt ist.«

Schlußwort

»Er betrachtete sich nicht als einen Touristen, sondern als einen Reisenden«, läßt Paul Bowles den Helden des Romans *The sheltering sky* sagen, der bei uns unter dem Titel *Himmel über der Wüste* bekannt ist. »Während der Tourist sich beeilt, nach ein paar Wochen wieder nach Hause zurückzukehren, bewegt der Reisende sich jahrelang von einem Punkt der Erde zum anderen.« Aus einander entgegengesetzten Gründen sind weder der Tourist noch der ewige Reisende in der Lage, *carnets de voyage* oder Berichte zu verfassen, die einen gewissen literarischen Wert besitzen, denn beiden muß der eigentliche Sinn des Reisens und die Lust an der Eroberung entgehen, die eine Reise nur als abgeschlossenes Ganzes vermittelt. Wo diese Tatsache jedoch bewußt ist – und an einem solchen Bewußtsein erkennt man den wahren Reisenden –, sind der Vielfalt der Reisebücher und -notizen keine Grenzen gesetzt. Und doch fragt man sich unwillkürlich, ob es in einer Zeit, in der wir uns ununterbrochen bewegen und neue Ziele ansteuern, noch möglich ist, von der Kunst des Reisens zu sprechen. Die gebildetsten Nationen haben es seit jeher als eine der Schönen Künste praktiziert und ihm damit einen besonderen erzieherischen Wert beigemessen. Im übrigen war jede Reise, die diesen Namen verdient, schon immer bestrebt, sich in ihre eigene Erzählung zu übersetzen.

Als Aldous Huxley in den Zwanziger Jahren bemerkte, er habe in Stendhal stets einen »angenehmen Reisegefährten« gefunden, schlug er eine scheinbar widersinnige Dimension des Reisens vor, die gewisse Ähnlichkeiten mit Henry James' Angewohnheit hat, eine Stadt oder einen Ort mit einem Führer zu besuchen, der hundert Jahre zuvor erschienen war. Aber können wir in diesem Zusammenhang heute noch von einem Paradox oder von Ironie sprechen? Wenn uns endlich auch die letzten Zipfel des Paradieses vertraut geworden sind, um es mit Enzensberger zu sagen, und das Unbekannte sich zurückzieht wie eine Haut, die welk zusammenschrumpft, wird uns die Möglichkeit, Städte und Kulturen neu zu entdecken, indem wir uns von den Reisenden leiten lassen, die vor vielen, vielen Jahren mit ihren schwankenden Fahrzeugen und ihren moralischen und ästhetischen Vorurteilen durch diese Orte kamen, schon viel weniger ironisch und absonderlich erscheinen. Sich einem angesehenen Führer aus dem letzten oder noch weiter zurückliegenden Jahrhunderten anzuvertrauen, sei es nun Heine oder Paul Bourget, bedeutet, die Reise von einer simplen Ortsveränderung in eine Entdeckungsfahrt durch die Zeit und die Ideengeschichte zu verwandeln. Seine Augen auf der ganzen Reise für die geringfügigsten Begebenheiten, die Zwischenfälle, die Hindernisse, das Unvorhergesehene, die Gefährdungen durch Menschen und Elemente offen zu halten, heißt ferner, eine vollkommen unbekannte Seite des Umherfahrens zu entdecken. Und doch handelt es sich dabei um einen grundlegenden Aspekt der Kunst des Reisens, denn diese Kunst hatte sich nicht zuletzt ausgebildet, um all das aus dem Weg zu räumen, was, wie Paul Hazard es definiert, »le goût du voyage« in Gefahr bringen könnte.

In einer Zeit, in der alle Reisen hinter uns zu liegen scheinen, haben wir hier eine Möglichkeit, uns die Kunst des Reisens neu zu erobern. Wie man dabei verfährt, zeigen uns auf originelle und gewitzte Weise die Notizen und Aufzeichnungen der »leidenschaftlichen Pilger«. Um das Paradox noch einmal aufzugreifen, ließe sich noch hinzufügen, daß das Zeitalter der Geschwindigkeit und des Komforts ein wachsendes Interesse an der Verführungskraft erzählter Reisen zeigt und das beflügelnde, phantasievolle Vergnügen des seßhaften Reisenden entdeckt hat, der in seine dichtbevölkerte Einsamkeit verbannt bleibt.

Lévi-Strauss schrieb in den *Traurigen Tropen*, daß das Reisen uns keine Erfüllung unserer Träume und keine unberührten Schätze mehr gewähren kann, denn das Erste, was wir erblicken, wenn wir um die Welt reisen, ist unser eigener Dreck, den wir der Menschheit vor die Füße geworfen haben. Auch darum, fährt Lévi-Strauss fort, erzeugen die Reisebücher die Illusion von etwas, das nicht mehr existiert, von dem wir uns aber wünschen, es möge noch existieren.

Zur Orientierung auf der ›Grand Tour‹

Allgemeine Abhandlungen

Ein großer Teil der aufgeführten Bände enthält ausgezeichnete und umfangreiche Bibliographien, auf die hiermit verwiesen wird.

Astengo, D., *In carrozza verso l'Italia. Appunti su viaggi e viaggiatori fra Sette e Ottocento*, Savona, 1992.

Baker, P. R., *The Fortunate Pilgrims. American's Italy, 1800–1860*, Harvard, 1964.

Bates, E. S., *Touring in 1600*, London, 1911.

Batten, C. L., *Pleasurable Instructions. Form and Convention in XVIIIth Century Travel Literature*, Berkeley/Los Angeles, 1978.

Bernardi, C., De Seta, C., Mozzillo, A.,Vallett, G., (Hg.), *L'Italia dei grandi viaggiatori*, Rom, 1986.

Black, J., *The British and the Grand Tour*, London, 1985.

Botta, G., (Hg.), *Cultura del viaggio. Ricostruzione storico-geografica del territorio*, Mailand, 1989.

Brand, C. P., *Italy and the English Romantics. The Italianate Fashion in Early Nineteenth Century England*, Cambridge, 1957.

Brilli, A., *Viaggiatori in terra di Siena*, Rom, 1986.

– *Il viaggio in Italia*, Mailand, 1989.

– *Il Petit Tour*, Mailand, 1990.

– *Arte del viaggiare. Il viaggio materiale dal XVI al XIX sec.*, Mailand, 1992.

Brizzi, G. P., »La pratica del viaggio d'istruzione in Italia nel Seicento«, in: *Annali dell'istituto italo-germanico* 2 (1976).

Brooks, Van Wyck, *The Dream of Arcadia. American Writers and Artists in Italy, 1760–1915*, London, 1959.

Burgess, A., Haskell, F. (Hg.), *Age of Grand Tour*, London, 1967.

Charbon, P., *Sur les routes de France, à pied, à cheval et en voiture de poste*, Paris, 1988.

Chesterfield Lord (Philip Dormer), *L'educazione del gentiluomo*, Milano, 1984.

Claudon, F., *Le voyage Romantique*, Paris, 1986.

Comparato, V. I., »Viaggiatori inglesi in Italia fra Sei e Settecento: La formazione di un modello interpretativo«, in: *Quaderni Storici 42* (1979), S. 850–886.

Cox, E. G., *A Reference Guide to the Literature of Travel*, Bd. 3, Seattle, 1935–48.

Cusatelli, G., *Viaggi e viaggiatori del Settecento in Emilia e in Romagna*, 2 Bde., Bologna, 1986.

D'Agostini, M. E., *La letteratura di viaggio. Storie e prospettive di un genere letterario*, Mailand, 1987.

D'Ancona, A., *Viaggiatori e avventurieri* (1. Aufl.1912), Florenz, 1974.

– »Saggio di una bibliografia ragionata dei viaggi e delle descrizioni d'Italia e dei costumi italiani in lingue straniere«, in: *Appendice al Giornale di viaggio di Michele di Montaigne*, Città di Castello, 1889.

De Seta, C., »L'Italia nello specchio del Grand Tour«, in: *Storia d'Italia. Annali*, Bd. 5, Turin, 1982.

– *L'Italia del Grand Tour da Montaigne a Goethe*, Mailand, 1992.

Hibbert, C., *The Grand Tour*, London, 1987.

– *L'Invitation au Voyage, Autour de la Donation Louis Vuitton*, Paris, 1987.

Johnston, W. M., *In Search of Italy. Foreign Writers in Search of Italy since 1800*, London, 1987.

Kanceff, E., *Poliopticon italiano*, 2 Bde., Genf, 1994.

Kenneth, C., *Italy and English Literature*, London, 1980.

Kirby, P. F., *The Grand Tour in Italy*, New York, 1948.

Lambert, R. S., *The Grand Tour*, London, 1935.

– *The Fortunate Traveller*, London, 1950.

Leed, E.J., *La mente del viaggiatore. Dall'Odissea al turismo globale*, Bologna, 1992.

Ludovici Samek, S., »Bibliografia di viaggiatori stranieri in Italia nel secolo XIX«, in: *Annales Institutorum Urbis Romæ* 7 (1934–35), 8 (1935–36), 9–10 (1936–37).

Maczak, A., *Viaggi e viaggiatori nell'Europa moderna*, Bari, 1992.

Malvezzi, P., *Viaggiatori inglesi in Valle d'Aosta*, Mailand, 1972.

Mengin, U., *L'Italie des Romantiques*, Paris, 1902.

Menichelli, G., *Viaggiatori reali o immaginari nell'Italia dell'Ottocento*, Rom, 1962.

Michea, R., *Le voyage en Italie de Goethe*, Paris, 1945.

Morrison, H. B., *The Golden Age of Travel*, London, 1953.

Mozzillo, A., *Viaggiatori stranieri nel sud*, Mailand, 1964.

– *La frontiera del Grand Tour. Viaggi e viaggiatori nel Mezzogiorno borbonico*, Neapel, 1992.

Nette, H., *Die Grossen in Italien*, Darmstadt, 1938.

Olschki, F., *Viaggi in Europa, secoli XVI–XIX*, Florenz, 1990.

Parks, G. B., *The English Traveller to Italy. The Middle Ages*, Rom, 1954.

Pescarzoli, A., (Hg.), *I libri di viaggio e le guide della raccolta Luigi Fossati Bellani*, 3 Bde., Rom, 1957.

Peyer, H. C., *Viaggiare nel Medioevo. Dall'ospitalità alla locanda*, Bari, 1990.

Pine-Coffin, R. S., *Bibliography of British and American Travel to Italy*, Florenz, 1974.

Prezzolini, G., *Come gli americani scopersero l'Italia*, Mailand, 1933.

Richardson, E. P., Wittman, O. Jr., *Travellers in Arcadia: American Artists in Italy, 1830-1875*, Detroit, 1951.

Ritter Santini, L., *Nel giardino della storia*, Bologna, 1988.

– »Lessing e le vespe. Il viaggio in Italia di un illuminista*, Bologna, 1991.

Ruskin, J., *Praeterita*, 2 Bde., London, 1907.

Schott, R., *Reise in Italien, Erlebnis und Deutung*, Dresden, 1924.

Schudt, L., *Italienreisen im 17. und 18. Jahrhundert*, München, 1959.

Segre, C., *Itinerari di stranieri in Italia*, Mailand, 1938.

Trease, G., *The Grand Tour. A History of the Golden Age of Travel*, New York, 1967.

Tresoldi, L., *Viaggiatori tedeschi in Italia*, Rom, 1977.

Venturi, F., »L'Italia fuori d'Italia«, in: *Storia d'Italia. Annali*, Bd. 3, Turin, 1973.
– *Viaggio e scrittura. Le straniere nell'Italia dell'Ottocento*, Turin, 1988.

Viola, G. E., (Hg.), *Viaggiatori del Grand Tour in Italia*, Mailand, 1987.

Waetzold, W., *Das klassische Land. Wandlungen der Italiensehnsucht*, Leipzig, 1927.

Zaniboni, E., *Alberghi italiani e viaggiatori stranieri, sec. XIII–XVIII*, Neapel, 1921.

Reisende des 17. und 18. Jahrhunderts

Addison, J., *Remarks on the Several Parts of Italy*, London, 1705.

Baretti, G., *A Journey from London to Genoa, through England, Portugal, Spain, and France*, London, 1760.

Bartels, J. H., *Briefe über Kalabrien und Sizilien*, 3 Bde., Göttingen, 1778–92.

Beckford, P., *Familiar Letters from Italy*, 2 Bde., Salisbury-London, 1787.

Beckford, W., *Italy with Sketches of Spain and Portugal*, London, 1834.
– *Dreams, Waking Thoughts and Incidents*, hg. v. R. J. Gemmett, Rutherford, Fairleigh Dickinson University Press, 1971.

Belgrave, Robert Earl Grosvenor, »Letter to Keith, 19 May 1787«, *Correspondence*, British Library.

Bergier, N., *Histoire des grands chemins de l'Empire Romain*, Brüssel, 1728.

Berchtold, Leopold von, *An Essay to Direct and Extend the Inquiries of Patriotic Travellers*, London, 1789.

Berkeley, G., *Journal of a Tour in Italy, 1717-18*, in: ders., *Works*, Bd. 4, Oxford, 1871.

Boswell, J., *An Account of Corsica... and Memoirs of Pascal Paoli*, London, 1768.

Boyle, J., *Letters from Italy in the Years 1754–55, by the Late Right Honorable John Earl of Corke and Orrery*, London, 1773.

Breval, J. D., *Remarks on Several Parts of Europe*, 2 Bde., London, 1723–26.

Brosses, C. de, *Lettres historiques et critiques sur l'Italie*, Paris, 1799.

Brydone, P., *A Tour through Sicily and Malta, in a Series of Letters*, London, 1773.

Burnet, G., *Some Letters Containing an Account of What Seemed most Remarkable in... Italy*, Amsterdam, 1686.

Chesterfield Lord (Philip Dormer), *Letters To His Son*, in: *Letters*, hg.v. B. Dobrée, London, Eyre and Spottiswoode, 1932.

Coryate, T., *Coryate's Crudities*, Glasgow, 1905.

Defoe, D., *A Tour through the whole Island of Great Britain*, 4 Bde., London, 1753.

Douglas, J., *Travelling Anecdotes through Several Parts of Europe*, London, 1785.

Drummond, A., *Travels through Different Cities of Germany, Italy, Greece*, London, 1754.

Dryden, J. Jr., *A Voyage to Sicily and Malta*, London, 1776.

Dubocage, A. M., *Recueil des oeuvres*, Lyon, 1762, Bd. 3: *Lettres sur l'Angleterre, la Hollande et l'Italie*.

Duclos, L., *Mémoires d'un voyageur qui se repose*, London, 1807.

Essex, J., *Journal of a Tour through part of Flanders and France in August 1773 by James Essex*, hg.v. W. M. Fawcett, Cambridge, 1888.

Evelyn, J., *The Diary of John Evelyn*, hg. v. E. de Beer, London, 1959.

Ferber, J. J., *Travels through Italy in the Years 1771–72*, London, 1776.

Fürttenbach, J., *Neues Itinerarium Italiae*, Ulm, 1627.

Gardenstone, F. G., *Travelling Memorandums, Made on the Continent of Europe*, Edinburgh, 1792.

Garrick, D., *The Journal of David Garrick, Describing his Visit to France and Italy in 1763*, New York, 1939.

Gibbon, E., *Letters*, hg. v. E. Prothero, London, 1897.

– Gibbon, E., *The Autobiography of Edward Gibbon*, hg. v. J. Murray, London, 1897.

Gilpin, W., *Three Essays: On Picturesque Beauty; On Picturesque Travel; and On Sketching Landscape*, London, Blamire, 1792.

Goethe, J.W. von, *Italienische Reise*, in: *Sämtliche Werke. Briefe. Tagebücher und Gespräche*, Bd. 15/1., hg. v. Ch. Michel und H. G. Demitz, Frankfurt/M., 1993

Gray, R., *Letters during the Course of a Tour through Germany, Switzerland and Italy in 1791–92*, London, 1794.

Gray, T., *Correspondence of Thomas Gray*, hg.v. P. Toynbee und L. Whibley, Bd.1, Oxford, 1935.

Herder, J. G., *Herders Briefwechsel mit seiner Gattin vom August 1788 bis Juli 1789*, Giessen, 1859.

Hervey, C., *Letters from Portugal, Spain, Italy and Gemany in the Years 1759–61*, 3 Bde., London, 1785.

Hill, Rev. B., *Observations and Remarks in a Journey through Sicily and Calabria in the Year 1791*, London, 1792.

Hull, T., *Selected Letters between the Late Duchess of Somerset, Lady Luxborough, Miss Dolman... and Others*, 2 Bde., London, 1778.

Jacobi, G. A., *Briefe aus der Schweiz und Italien*, Lübeck, 1796–97.

Keylser, J. G., *Travels through Germany, Bohemia, Hungary, Switzerland, Italy and Lorraine*, London, 1756.

Knight, Lady, *Lady Knight's Letters from France and Italy (1776–95)*, hg. v. Lady Eliot-Drake, London, 1905.

Knight R. Payne, *Expedition into Sicily (1777)*, London, 1986.

Lalande, J. de, *Voyage d'un Français en Italie, fait dans les années 1765–1766*, 10 Bde., Venedig, 1769.

Lassels, R., *The Voyage of Italy*, Paris/London, 1670.

Lyttleton, T., *The Works of George Lord Lyttleton*, hg. v. George Edward Ayscough, 2 Bde., Dublin, 1774.

Mann, H., *Man and Manners at the Court of Florence, 1740–1786*, hg. v. John Doran, 2 Bde., London, 1876.

Martyn, T., *The Gentleman's Guide in His Tour through Italy*, London, 1787.

Melmouth, C., *Travels for the Heart*, 2 Bde., London, 1777.

Miller Riggs, A., *Letters from Italy*, London, 1777.

Milton, J., *Joannis Miltoni Angli pro Populo Anglicano Defensio*, London, 1654.

Misson, F. M., *Nouveau Voyage d'Italie*, Den Haag, 1691.

Montagu, Lady M., *Letters Written during her Travels in Europe, Asia and Africa*, (4. Aufl.), New York, 1766.

– *Letters*, London, 1887.

Montaigne, M. de, *Journal du voyage en Italie*, Paris, 1774.

Montesquieu, *Voyage de Gratz à la Haje, Italie*, in: ders., *Œuvres*, Paris, 1949.

Moore, Dr. H., *A View of Society and Manners in Italy*, Boston, 1792.

Morellet, A., *Mémoires inédits*, Paris, 1821.

Moritz, K.P., *Reisen eines Deutschen in Italien*, Berlin, 1793.

Moryson, F., *An Itinerary*, London, 1611, hg. v. Mac Lehose, 4 Bde., Glasgow, 1907–1908.

Muirhead, L., *Journey of Travel in … Tuscany in 1784 and 1789*, London, 1803.

Nashe, Th., *The Unfortunate Traveller*, deutsch: *Der unglückliche Reisende oder Die Abenteuer des Jack Wilton. Ein elisabethanischer Schelmenroman*, übers. v. Werner von Koppenfels, München, 1970.

Northall, Capt. J., *Travels through Italy*, London, 1766.

Nugent, T., *The Grand Tour*, 4 Bde., London, 1749.

Owen, J., *Travels into Different Parts of Europe in the Years 1791–1792*, 2 Bde., London, 1796.

Palmer, T., *An Essay of the Meanes how to Make our Travailes into forraine Countries*, London, 1606.

Piozzi, H. Lynch, *Observations and Reflections Made in the Course of a Journey through France, Italy and Germany*, 2 Bde., London, 1789.

Platière, J. M. Roland de la, *Lettres écrites de Suisse, d'Italie, de Sicile et de Malte*, Amsterdam, 1780.

Pöllnitz, K. L. Baron von, *Das galante Sachsen*, Nachdruck d. Ausg. Offenbach 1735, Magdeburg, 1910.

Pope, A., *Die Dunciade*, übers. v. J. J. Bodmer, Zürich, 1774.

Pückler-Muskau, H. L. H., *Jugend-Wanderungen*, Stuttgart, 1835.

– *Briefe eines Verstorbenen*, hg. v. Heinz Ohff, Berlin, 1986.

Ray, J., *Travels through the Low-Countries, Germany, Italy and France with Curious Observations... also a Catalogue of Plants*, London, 1673.

Richardson, J., *An Account of Some of the Statues, Bas-Reliefs, Drawing and Pictures in Italy*, London, 1720.

Riedesel, J. H. von, *Reise durch Sizilien und Grossgriechenland*, Zürich, 1771.

Rousseau, J. J., *Bekenntnisse*, München, 1978.

Russel, J., *Letters from a Young Painter Abroad to his Friends in England*, 2 Bde., London, 1750.

Saussure, H. B. de, *Voyages dans les Alpes*, hg. v. Jean Senebier, 4 Bde., Genf, 1978.

Sharp, S., *Letters from Italy*, London, 1766.

Shaw, J., *Letters to a Nobleman*, London, 1709.

Sherlock, Rev. M., *Letters from an English Traveller*, London, 1779.

Smith, Sir J., *A Sketch of a Tour on the Continent in the Years 1786–1787*, 3 Bde., London, 1793.

Smollett, T., *Travels through France and Italy*, 2 Bde., London, 1766.

– *The Adventures of Peregrine Pickle*, deutsch: *Die Abenteuer des Peregrine Pickle*, neu übertragen und mit einem Nachwort versehen von Hans Matter, München, 1966.

Spence, W., *Polymetis*, London, 1747.

Starke, M., *Letters from Italy between the Years 1792 and 1798*, 2 Bde., London, 1800.

Sterne, L., *The Letters and Sermons and Miscellaneous Writings of Laurence Sterne*, 2 Bde., hg. v. G. Saintsbury, London, 1844.

– *A sentimental Journey through France and Italy*, 1768, deutsch: *Eine empfindsame Reise durch Frankreich und Italien*, übers. v. S. Schmitz, München, 1963.

Stevens, S., *Miscellaneous Remarks... in a Tour through France, Italy, Germany and Holland*, London, 1756.

Sturrock, J., »Letter to Richard Neville Aldworth, 19 Dec. 1740«, in: J. Black, *The British and the Grand Tour*, Beckenham, 1985.

Swinburne, H., *Travels in the Two Sicilies in the Years 1777–1780*, 2 Bde., London, 1783–1785.

Thicknesse, P., *A Years Journey through France and Part of Spain*, 2 Bde., London-Bath, 1777.

Thomson, C., *The Travels of the Late Charles Thomson containing his Observations on France, Italy...*, 3 Bde., London, 1744.

Walker, T., *Ideas suggested in an Excursion through Flanders, Germany, Italy and France*, London, 1970.

Walpole, H., *The Letters of Horace Walpole*, Bd. 1: 1732–1743, Oxford, 1993.

Warcupp, E., *Italy in its Original Glory, Ruin and Revival*, London, 1660.

Watkins, T., *Travels in 1787–1789, through Switzerland, Italy, Sicily, etc.*, 2 Bde., London, 1794.

Wilkinson, J. L., *The Wanderer... in 1791–98 in France, Germany and Italy*, 2 Bde., London, 1795.

Wright, E., *Some Observations Made in Travelling through France, Italy... in 1700–1722*, 2 Bde., 42 Bildtafeln, London, 1730.

Young, A., *Travels in France. During the Years 1787–1789*, 2 Bde., London, 1792.

Reisende des 19. Jahrhunderts

Aoust, J. d', *De Paris a Naples. Souvenir de l'Italie en 1852*, Arras, 1853.

Asselin, A., *Journal de voyage d'un touriste dans le midi de la France et en Italie*, Paris, 1854.

Aubert De Linsolas, E., *Souvenir de l'Italie*, 3 Bde., Avignon, 1835–37.

Batty, E. F., *Italian Scenary from Drawings Made in 1817*, London, 1820.

Berlioz, H., *Voyage musical en Allemagne et en Italie*, Paris, 1844.

Berrian, W., *Travels in France and Italy in 1817 and 1818*, New York, 1821.

Blessington, Lady M., *The Idler in Italy*, Paris, 1839.

Boito, C., *Baciale 'l piede e la man bella e bianca*, in: *Senso e altri Racconti*, Mailand, 1975.

Bourget, P., *Sensations d'Italie*, Paris, 1890.

Boyd, W., *A Guide and Pocket Companion through Italy*, London, 1830.

Bruen, M., *Essays, Descriptive and Moral on Scenes in Italy, Switzerland and France by an American*, Edinburgh, 1823.

Burney, F., (Madame d'Arblay), *Journals and Letters*, hg. v. J. Hemlow u. a., Oxford, 1972–84.

Carter, N. H., *Letters from Europe*, 2 Bde., New York, 1827.

Castellan, A. L., *Lettres sur l'Italie*, Paris, 1829.

Chambord, H., *Voyage en Italie*, Paris, 1933.

Chateaubriand, F. A. R., *Voyage en Italie*, Paris, 1827.

Cobbett J. P., *Journal of a Tour in Italy*, London, 1830.

Colet, L., *L'Italie des italiens*, 4 Bde., Paris, 1862–64.

Colomb, R., *Journal d'un voyage en Italie et en Suisse, pendant l'année 1828*, Paris, 1833.

Cooper, J. F., *Excursions in Italy*, Paris, 1838.

Delecleuze, E. J., *Lettres écrites d'Italie en 1824*, Paris, 1843; *Journal 1824–28*, hg. v. R. Baschet, Paris, 1948; »Carnet de Route inédit 1824«, in: *Stendhal Club* 47–48 (1970).

De Quincey, *The English Mail-Coach*, in: ders., *Collected Writings*, hg. v. D. Mason, Edinburgh, 1899.

De Saint-Pierre, B., *Correspondence de Bernardin De Saint-Pierre précédée d'un supplément aux mémoires de sa vie par L. Aimé-Martin*, Paris, 1926.

Dickens, C., »American Notes and Pictures from Italy«, in: *The Oxford Illustrated Dickens,* Bd. 21, London, 1957.

Eddy, D. C., *Europa: or Scenes and Society in England, France, Italy and Switzerland,* Boston, 1869.

Ermeler, W., *Briefe aus Italien,* Berlin, 1861.

Eustace, J. C., *A Classical Tour through Italy in 1802,* 4 Bde., London, 1821.

Evans, G.W. D., *The Classic and Connoisseur in Italy and Sicily,* 3 Bde., London, 1835.

Falletans, T. de, *Le Nord et le Sud d'Italie,* Paris, 1864.

Fisk, W., *Travels in Europe,* New York, 1838.

Forest, J.W. de, *European Acquaintance: Being Sketches of People in Europe,* New York, 1838.

Forsyth, J., *Remarks on Antiquities, Arts, and Letters,* London, 1816.

Frommel, C., *Pittoreskes Italien,* 2 Bde., Leipzig, 1840.

Fulchiron, J.C., *Voyage dans l'Italie méridionale. Pise, Florence, Sienne et Rome, Royaume de Naples en 1838,* 5 Bde., Paris, 1840–42.

Galt, J., *Voyages and Travels in the Years 1809, 1810 and 1811 Containing Observations on Gibraltar, Sardinia, Sicily, Malta,* London, 1812.

Gautier, T., *Voyage en Italie,* Paris, 1875.

Gell, W., *Reminiscences of Sir Walter Scott's Residence in Italy,* hg.v. J. C. Corso, London, 1953.

Goncourt, E. und J., *L'Italie d'hier. Notes de voyage 1855–56, entremêlées des croquis de Jules de Concourt jetés sur le carnet de voyage,* Paris, 1894.

Greeley, H., *Glances at Europe,* New York, 1851.

Greenwood, G., *Haps and Mishaps of a Tour in Europe,* Boston, 1854.

Gregorovius, F., *Passeggiate in Italia,* 3 Bde., Rom, 1906–1909.

Grillparzer, F., *Tagebuch auf der Reise nach Italien, 24. März bis Ende Juli 1819,* in: ders., *Reisetagebücher,* hg. v. R.Walbiner, Berlin, 1971.

Griscom, J., *A Year in Europe in 1818 and 1819,* 2 Bde., New York, 1823.

Hall, F., *Rambles in Europe,* 2 Bde., New York 1839.

Haussez, C. d', *Voyage d'un exilé de Londres à Naples, et en Sicile en passant par la Hollande, la Confédération germanique, le Tyrol et l'Italie,* Paris, 1835.

Hawthorne, N., *Passages from the French and Italian Notebooks,* Boston, 1883.

Hawthorne, S., *Notes in England and in Italy,* New York, 1870.

Hazlitt, W., *Notes of a Journey through France and Italy,* in: *The Complete Works of William Hazlitt,* hg. v. P. P. Howe, Bd. 10, London/Toronto, 1932.

Headley, J.T., *Letters from Italy,* New York, 1848.

Hebbel, F., *Tagebücher (1835–1847),* in: ders., *Werke,* hg.v.G.Fricke/W.Keller/K. Pörnbacher, Bd. 4, München, 1966.

Heine, H., *Italien 1828,* Leipzig, 1912.

Hillard, G. S., *Six Months in Italy,* 2 Bde., Boston, 1853.

Howells, W. D., *Italian Journeys,* Boston/New York, 1867.

Hugo, V., *Excursions along the Banks of the Rhine,* London, 1843.

Huismans, J. B., *Voyage en Italie et en Orient,* Antwerpen, 1857.

Hunt, L., *Coaches (1816), Bad Weather (1828),* in: *Selected Essays,* hg. v. J. B. Priestly, London, 1929.

Irving, W., *Notes and Journal of Travel in Europe, (1804–1805),* 3 Bde., New York, 1920.

– *Tales of a Traveller,* Philadelphia, 1872.

– *The Sketch Book,* Philadelphia, 1873.

James, H., *Italian Hours,* Boston/New York, 1909.

Jameson, A., *The Diary of an Ennuyée,* London, 1829.

Jarves, J. J., *Italian Rambles,* New York, 1883.

Jewett, I. A., *Passages in Foreign Travel,* 2 Bde., Boston, 1838.

Lafond, E., *La Confession d'un vetturino. Souvenirs d'un voyage en Italie,* Paris, 1862.

Lagerotte, J., *Six mois en Italie en 1863. De Palerme à Turin,* Paris, 1864.

Lapierre, C.F., *Deux hivers en Italie,* Paris, 1861.

Lear, E., *Journals of a Landscape Painter in Southern Calabria,* London, 1852.

Lyman, T. Jr., *The Political State of Italy,* Boston, 1820.

Maney, H., *Memories over the Water,* Nashville, 1854.

Matthews, H., *The Diary of an Invalid Being, The Journal of a Tour in Pursuit of Health in Portugal, Italy, Switzerland and France,* London, 1820.

Mercey, F., *La Toscane et le Midi d'Italie. Notes de voyages, études et récits,* 2 Bde., Paris, 1858–59.

Moens, W., *English Travellers and Italian Brigands: a Narrative of Capture and Captivity,* 2 Bde., London, 1866.

Morgan Owenson, Lady S., *Italy,* London, 1821.

– *Memoirs, Autobiography, Diaries and Correspondance,* 3 Bde., Leipzig, 1863.

Mott, V., *Travels in Europe and The East in the Years 1834–41,* New York, 1842.

Norton, C. E., *Notes of Travel and Study in Italy,* Boston, 1859.

Parker, W.N., *Pencelling by the Way,* 3 Bde., London, 1835.

– *Loiterings of Travel,* 3 Bde., London, 1840.

Peale, R., *Notes on Italy written during a Tour in the Years 1829 and 1830,* Philadelphia, 1831.

Power, A., »Notes in Italy Written Immediately upon my Return on Scotland in 1829«, unveröffentl. Manuskript hg. v. Vittorio Gabrieli in: *English Miscellany* 3 (1952).

Power Cobbe, F., *Life of Frances Power Cobbe,* London, 1894.

Renan, E., *Nouvelles lettres intimes* (à Henriette Renan 1846–1850), Paris, 1923.

– *Italie,* Paris, 1949.

– »Vingt Jours en Sicile«, in *Revue des Deux Mondes,* 1875, auch in: *Melanges d'histoire et de voyage,* Paris, 1890.

Rogers, S., *The Italian Journal (1814)*, London, 1956.

Roscoe, T., *The Tourist in Italy*, London, 1832.

Ruskin, J., *The Stones of Venice*, 2 Bde., London, 1907.

– *Ruskin in Italy. Letters to his Parents*, hg. v. H. I. Shapiro, Oxford, 1972.

Sainte-Beuve, C. A. de, *Voyage en Italie*, Paris, 1922.

Sand, G., *Lettres d'un voyageur*, Paris, 1857.

Sansom, J., *Letters from Europe during a Tour through Switzerland and Italy in the Years 1801 and 1802*, 2 Bde., Philadelphia, 1805.

Sass, H., *A Journey to Rome and Naples*, London, 1818.

Sedgwick, C. M., *Letters from Abroad to Kindred at Home*, 2 Bde., New York, 1841.

Seume, J. G., *Spaziergang nach Syrakus*, Braunschweig–Leipzig, 1803.

Shelley, M., *Rambles in Germany and Italy in 1840, 1842 and 1844*, 2 Bde., London, 1888.

Silliman, B., *A Visit to Europe in 1851*, 2 Bde., New York, 1854.

Simond, L., *Voyage en Italie et en Sicile*, Paris, 1828.

Sloan, J., *Rambles in Italy in the Years 1816–1817*, Baltimore, 1818.

Staël Holstein, Mme. de, *Deutschland*, Berlin, 1814.

Starke, M., *Travels in Europe between the Years 1824–28*, London, 1828.

Stendhal, *Rome, Naples et Florence*, Paris, 1817.

Taine, H., *Voyage en Italie*, Paris, 1866.

Thouin, A., *Voyage dans la Belgique, la Holland et l'Italie*, Paris, 1843.

Trollope, T. A., *A Lenten Journey Through Umbria and the Marches*, London, 1861.

Tuckerman, H. R., *Italian Sketch Book*, New York, 1848.

Turnbull, R., *The Genius of Italy being Sketches of Italian Life, Literature and Religion*, New York, 1849.

Twain, M., *The Innocents Abroad*, London, 1869.

Valentin, L., *Voyage en Italie*, Paris, 1826.

Valery, M., *Voyages historiques et littéraires en Italie*, Paris, 1883.

– *De Florence à Rome*, Brüssel, 1842.

Viollet-Le-Duc, E. E., *Lettres d'Italie 1836–37*, Paris, 1971.

– *Lettres sur la Sicile*, Paris, 1860.

Waldie, J., *Sketches Descriptive of Italy*, London, 1820.

Wight, T., *A Journal of a Tour in Italy, in the Year 1821*, New York, 1824.

Willis, N.P., *Pencillings by the Way*, New York, 1844.

Wilson, J., *Journal of Two Successive Tours on the Continent*, London, 1816.

Witmer, T., *Wild Oasts, Sown Abroad*, Philadelphia, 1853.

Woods, J., *Letters of an Architect from France, Italy and Greece*, London, 1828.

Young, T. G., *A Wall-Street Bear in Europe*, New York, 1855.

In der deutschen Übersetzung wurde nach folgenden Ausgaben zitiert:

Schiller, *Über das Erhabene,* in: *Werke,* Bd. 4: *Schriften,* Frankfurt/M. 1966, S. 122–127.

Schlegel, F. *Ansichten und Ideen von der christlichen Kunst,* hg. Hans Eichner, in: *Kritische F. S.-Ausgabe,* Bd.4, Paderborn/München/Wien 1959, S. 188.

Shakespeare, *27 Stücke in der Übersetzung von Erich Fried,* 3 Bde., Berlin 1992.

– *Der Kaufmann von Venedig,* Bd. 1, S. 446.

– *Hamlet,* Bd. 1, S. 389.

Bildnachweis

S. 9: National Gallery London   S. 12: University of Manchester, Withworth Art Gallery   S. 16: Yale Center for British Art   S. 19: Musée des Beaux-Arts et d'Archéologie, Besançon   S. 28, 101, 113, 163: British Museum, London   S. 33: Powis Castle, The Powis Collection   S. 37: Palazzo Reale, Caserta   S. 41: De Rogissart, *Les délices de l'Italie,* Paris 1706   S. 56: Musée Cantonal des Beaux-Arts, Lausanne   S. 63: Galleria degli Uffizi, Florenz   S. 67: Musée Calvet, Avignon   S. 69, 207: Thorvaldsens Museum, Kopenhagen   S. 79: Archiv für Kunst & Geschichte, Berlin   S. 83: Cassa di Risparmio Genova e Imperia, Genua   S. 86: De Musset, *Voyage Pittoresque en Italie,* Paris 1780   S. 89, 199: Kunsthalle, Hamburg   S. 94: E. F. Batty, *Italian Scenary from Drawings made in 1817,* London 1820   S. 97, 169, 173: John Warwick Smith, *A Sketch of a tour on the Continent in the years 1786–1787*   S. 99: Birmingham Museum & Art Gallery   S. 103: Staatliche Graphische Sammlung, München   S. 104: Saint Non, *Voyage pittoresque,* Paris 1785   S. 121: Nationalmuseum, Stockholm   S. 122: British School, Rome Library   S. 125: Canterbury Dean and Chapter   S. 127: Biblioteca Labronica, Livorno   S. 135, 139: *Reiseleben, Lebensreise,* Schleswig-Holsteinisches Landesmuseum, Schloß Gottorf 1992   S. 143: Hermann Gersons Modezeitung, Berlin, 1858   S. 144: The Fan Museum, Greenwich   S. 165: Rijksprentenkabinet, Rijksmuseum, Amsterdam   S. 184: Goethe Museum, Anton und Katharina Kippenberg Stiftung, Düsseldorf   S. 188: Tate Gallery, London   S. 196: Schottische Nationalgalerie   S. 201: Fitzwilliam Museum, Cambridge.

Alle übrigen Bilder stammen aus dem Archiv Verlag Klaus Wagenbach.

Wagenbachs *neue* Taschenbücher

Stephan Hermlin *Lektüre*
Über Autoren, Bücher, Leser
Stephan Hermlin erzählt von Büchern und Autoren: der seltene
Glücksfall der Vorstellung von Literatur durch einen Schriftsteller.
WAT 276. 224 Seiten

Primo Levi *Der Ringschlüssel*
Ein Monteur erzählt, ein Chemiker hört zu: Geschichten über den
technischen Alltag in der Fremde, der zum Abenteuer wird. Auch
der Leser hört zu – und lernt, wie man ein richtiger Zuhörer wird.
Roman. Aus dem Italienischen von Barbara Kleiner
WAT 275. 208 Seiten

Elsa Morante *Arturos Insel*
Elsa Morante hat nicht nur, wie die Neue Zürcher Zeitung schrieb,
»durch Arturo die Weltliteratur um eine der schönsten Knaben-
gestalten bereichert«, sondern es gelang ihr auch, ein fast ver-
gessenes Italien in farbenprächtigen Bildern festzuhalten.
Aus dem Italienischen von Susanne Hurni-Maehler. WAT 277. 424 Seiten

Goffredo Parise *Der Padrone*
Der Bericht eines gelehrigen Angestellten aus dem Bauch der Macht:
wie überlebt man mit Vitaminspritzen und Comic-Sprüchen. Ein
Roman zwischen Koeppen, Orwell und Vian!
Roman. Aus dem Italienischen von Astrid Claes und Sigrid Gori
WAT 279. 272 Seiten

Boris Vian *Der Schaum der Tage*
Über Boris Vians Kultbuch einer seltsamen Liebe schrieb Simone
de Beauvoir: »Was mich verblüfft ist die Wahrhaftigkeit dieses Ro-
mans und auch seine große Zärtlichkeit.«
Aus dem Französischen von Antje Pehnt. Neu durchgesehen von Klaus
Völker. WAT 273. 192 Seiten

Viviana Zarbo *Die wahre Geschichte des Wilden Westen*
Eine informationsreiche (und die einzig lieferbare) Geschichte der
Indianer und Weißen zwischen 1860 und 1890, vom Mississippi bis
zu den Rocky Mountains. Die Wirklichkeit der Sioux und Apachen
und ihre Mythisierung zur Hollywood-Legende.
Aus dem Italienischen von Moshe Kahn
WAT 278. Deutsche Erstausgabe. 128 Seiten mit zahlreichen Abbildungen